中小尺度空间单元资源环境承载力评估与提升

田莉　黄安　李永浮　李晴　范晨璟　张晓明
熊彬宇　　于江浩　　高原　　段学军　　林晨

清华大学出版社
北京

内 容 简 介

中小尺度空间单元的资源环境承载力评估与提升是可持续发展的重要内容,而现有研究大多聚焦于宏观的区域或城市尺度,对中小尺度尤其是镇/乡和村庄的规划建设与资源承载力研究不足。本书基于社会-生态系统框架、综合评估法、系统动力学模型等,构建了中小尺度空间单元治理视角下的资源环境承载力评估、测算与提升的理论和方法体系,并对典型县域、镇域和村域资源环境承载力进行了综合评估与提升预测模拟。在此基础上,提出了承载力提升的规划应用工具箱与编制指南,并在典型村镇进行了承载力提升的规划应用实践。

本书对国土空间规划中的县/区、镇/乡和村庄规划编制与管理具有参考和借鉴作用,适合研究机构人员、大专院校师生和国土空间规划管理部门的规划师阅读。

图书在版编目(CIP)数据

中小尺度空间单元资源环境承载力评估与提升/田莉等著.—北京:清华大学出版社,2023.2
ISBN 978-7-302-62241-3

Ⅰ.①中… Ⅱ.①田… Ⅲ.①国土资源-承载力-研究-中国 Ⅳ.①F129.9

中国版本图书馆 CIP 数据核字(2022)第 228162 号

审图号:GS京(2023)0153 号

责任编辑:张占奎
封面设计:陈国熙
责任校对:欧 洋
责任印制:沈 露

出版发行:清华大学出版社
   网   址:http://www.tup.com.cn,http://www.wqbook.com
   地   址:北京清华大学学研大厦 A 座 邮 编:100084
   社 总 机:010-83470000   邮 购:010-62786544
   投稿与读者服务:010-62776969,c-service@tup.tsinghua.edu.cn
   质量反馈:010-62772015,zhiliang@tup.tsinghua.edu.cn
印 装 者:三河市人民印务有限公司
经 销:全国新华书店
开 本:185mm×260mm 印 张:14.25 彩 插:6 字 数:364千字
版 次:2023 年 4 月第 1 版   印 次:2023 年 4 月第 1 次印刷
定 价:118.00 元

产品编号:097506-01

国家重点研发计划

"村镇建设资源环境承载力测算系统开发"

项目组织与参加单位

项目名称:村镇建设资源环境承载力测算系统开发

项目编号:2018YFD1100100

所属专项:绿色宜居村镇技术创新

项目承担单位:中国科学院南京地理与湖泊研究所

专业机构:中国农村技术开发中心

推荐单位:中国科学院

项目负责人:段学军

课题负责人:王传胜、李恒鹏、欧维新、张龙江、田莉

起止时间:2018 年 12 月—2022 年 12 月

主要参加单位:

中国科学院地理科学与资源研究所

中国科学院南京地理与湖泊研究所

南京农业大学

生态环境部南京环境科学研究所

清华大学

中国科学院东北地理与农业生态研究所

陕西师范大学

江汉大学

中国科学院寒区旱区环境与工程研究所

湖北大学

中国科学院亚热带农业生态研究所

中国国土勘测规划院

华南农业大学

中国科学院南京土壤研究所

中国科学院水利部成都山地灾害与环境研究所

安徽农业大学

重庆交通大学

同济大学

上海大学

国家发展和改革委员会城市和小城镇改革发展中心

项目组主要成员

（按姓氏首字母排序）：

陈瑜琦	段学军	丁建军	董金龙	郭　杰	冯淑怡	顾朝林
李海东	李恒鹏	林　晨	李　晴	柳本立	刘　畅	刘臣炜
刘晓辉	刘　毅	李永浮	马荣华	欧维新	宋春桥	宋晓谕
苏伟忠	田　莉	王传胜	王　磊	王　璐	王　润	王晓龙
王雅竹	夏立忠	谢刚生	薛东前	徐昔保	岳跃民	虞孝感
于兴修	张继飞	张龙江	张落成	张汪寿	张云华	张晓明
朱　青						

PREFACE

前　言

　　2018 年,国家重点研发专项课题"村镇建设资源环境承载力综合测算平台研发及规划应用(2018YFD1100105)"启动,至今已走过近 5 个春秋。虽然 5 年中的 3 年都是在新冠肺炎疫情的反复与忐忑中度过,仍觉光阴飞逝、如梦如幻。5 年中,30 多人的研究团队,在面对"村镇建设资源环境承载力"这样的命题时,开始难免困惑。资源环境承载力的研究从提出到广泛应用,已近 1 个世纪,并非新题目。但是,在村镇这样的中小尺度上开展资源环境承载力研究并非易事。由于其系统的开放性、不稳定性、数据难获取等一系列问题,因此,相关研究并不多见,甚至在一些学者看来,可能是个伪命题。然而,在"五级三类"国土空间规划体系初步构建的今天,如何将生态文明、粮食安全的国家战略从宏观尺度传导到微观的村镇尺度,而不过度损害村民、集体的利益,为村镇国土空间规划的编制提供参考和依据,恰恰是本课题需要解决的科学问题。

　　为此,由清华大学牵头,上海大学、同济大学、中科院南京地湖所和中国城市和小城镇改革发展中心的专家共同组建了研究团队,从大量的国内外文献研究到适用于中小尺度空间单元的复杂模型的不断试验,最后针对不同村镇发展情况下的承载力测算与提升提出了适用的模型。其中,核心的模型借鉴了诺贝尔奖获得者、经济学家埃莉诺·奥斯特罗姆的"社会-生态系统框架"(social-ecological system,SES),将村镇治理系统引入了传统的系统动力学(system dynamics,SD)模型,提出了 SDES 模型,来定量模拟治理政策对承载力提升的影响,以弥补 SD 在政策干预情景模拟上的不足。此外,建立了各项治理行为的"成本-收益"分析框架,为提升资源环境承载力选择精准的政策工具提供参考。

　　在 5 年的研究历程中,虽然调研工作由于疫情原因不能按计划开展,但是仍完成了江苏、甘肃和湖南等地大量村镇的调研,并在此基础上结合国土空间规划管理提出了村镇建设资源环境承载力评估与提升的工具和规划策略,制定了基于资源环境承载力的村镇规划指南,以期为我国未来的村镇规划建设与生态文明、乡村振兴策略的实施提供微薄之力。在 5

年的工作即将画上句号之际,有欣慰,也有遗憾,然而更多的是对研究团队成员近5年来无私投入的感恩。当然,项目组课题负责人南京地湖所段学军研究员、虞孝感教授、苏伟忠研究员、李恒鹏研究员,中科院地理所王传胜研究员,南京农业大学欧维新教授,生态环境部南京环境科学研究所张龙江研究员等在课题研究进展中的建议,给了我们莫大的支持和帮助,没有他们,课题的研究不可能顺利进行。

全书大纲、目录、具体内容及主要参考文献由田莉拟定,并对全文内容进行统稿与修改。编写人员具体分工如下:

第一章由田莉、黄安、段学军撰写;

第二章由高原、黄安、于江浩、田莉、李晴撰写;

第三章由黄安、于江浩、田莉撰写;

第四章由田莉、李永浮、熊彬宇、黄安、王子璇、赵伯川、林晨撰写;

第五章由范晨璟、周玲玲撰写;

第六章由李晴、周兰、黄思梦撰写;

第七章由张晓明、吴若谷撰写。

本书获得了国家重点研发计划项目——村镇建设资源环境承载力综合测算平台研发及规划应用(2018YFD1100105)和自然资源部智慧人居环境与空间规划治理技术创新中心的资助。本书的出版得到清华大学出版社的鼎力支持,特此致谢。因时间及作者能力有限,文中的错误或疏漏在所难免,敬请读者不吝指正。

田莉

2022年6月于清华园

CONTENTS
目　录

第一章

绪　论

随着社会经济的不断发展,我国的社会主要矛盾已经转化为人民日益增长的美好生活需要和不平衡不充分的发展之间的矛盾。在以村镇为主体的中小尺度空间单元(县、镇、村)内,发展不平衡不充分的问题尤为突出。村镇发展问题面临突出的"贫困化、空废化、老弱化、非农化、污损化"("五化")问题,给国家的粮食安全、环境安全和生态安全带来了严峻挑战。"五化"问题本质上反映了中小尺度空间单元生产生活建设与资源环境承载力的不协调与矛盾。尤其是在乡村从全面脱贫到实现乡村振兴和实现农业农村现代化的过程中,大量要素向村镇转移,资源环境压力持续加大,中小尺度空间单元社会经济发展与资源环境承载力的矛盾将日益突显。因此,采取相应的干预措施、提升资源环境承载力将是协调中小尺度空间单元社会经济建设发展和资源环境矛盾的重要手段。

习近平总书记指出:农业强不强、农村美不美,决定着亿万农民的获得感和幸福感,决定着全面小康社会的成色和社会主义现代化建设的质量。在具体操作层面,国土空间规划中的县/镇/村规划成为统领社会、经济、资源、环境协调发展的重要规划工具。2019年5月,中共中央、国务院发布《中共中央国务院关于建立国土空间规划体系并监督实施的若干意见》(以下简称《意见》),标志着统一的国土空间规划体系的正式形成。根据《意见》,国土空间规划的编制应充分发挥国家和省级主体功能区在国土空间方面的战略性、基础性和约束性作用,按照不同区域的主体功能定位,进行科学的资源环境承载能力评价和国土空间开发适宜性评价("双评价"),实行差异化的国土空间利用和开发。可见承载能力评价工作是一系列国土空间规划的基础。然而,《资源环境承载能力和国土空间开发适宜性评价指南(试行)》("双评价"指南)指出"本指南适用于省级(区域)、市县级国土空间规划编制中的资源环境承载能力和国土空间开发适宜性评价工作",而对在中小尺度的规划过程中如何开展承载力研究并无详细介绍。因此,本书重点围绕中小尺度空间单元资源环境承载力综合评估、测算预测模拟以及提升规划应用展开研究工作,以期为完善国土空间规划体系、促进中小尺度空间单元可持续发展、缓解村镇"五化"问题、提升村镇社会经济建设与资源环境之间协调程度提供理论、方法和案例参考。

第一节　研究意义

一、破解村镇"五化"困境,建设绿色宜居村镇

中国是一个人口大国、农业大国,农业、农村、农民问题是关系国计民生的根本性问题。我国农业肩负着保障粮食安全、保护生态环境、保证数亿农民就业与增收的重要使命(刘彦随,2018)。同时,伴随着我国经济的快速发展,城乡发展不平衡、不协调等结构性矛盾日益凸显。21世纪以来,从统筹城乡发展到新农村建设,再到新时代的乡村振兴,我国"三农"战略发展,以县、镇、村为主的中小尺度空间单元的重要性日益突出。与城市相比,村镇地区承载着山水林田湖草等生态资源的开发保护使命,对"生态文明"战略的实施意义重大。

然而,盲目追求城镇化、工业化,漠视城乡统筹等问题导致农村"五化"现象愈演愈烈,成为制约我国全面建成小康社会、实现中国梦的主要障碍之一(郑小玉 等,2018)。首先,受限市场经济、产业等的发展,全凭资源禀赋发展的村镇地区社会经济发展缓慢;全国大多村镇地区依然以"靠天吃饭"的农业生产作为经济发展的主要来源,尤其是在地少人多、土地贫瘠的区域,村镇居民收入更加稀少,相对于社会经济发展的大城市而言,贫富极化现象愈演愈烈,贫困化现象凸显。其次,受社会经济发展较好的城市地区虹吸影响,村镇地区大量青壮年流动到城市地区生活和工作,留下了对城市生活生产适应性较差的老弱人群,独守村镇地区,造成了村镇"老弱化"现象;当青壮年在城市地区生活工作稳定后,逐渐将村镇地区的老弱小家人迁居城市地区,乡村逐渐衰败,久而久之,形成了农村"空废化"现象。再次,随着城镇化的快速推进,城乡发展大量占用农用地,乡村空废化带来的撂荒,以及农业用水严重减少、耕地地力下降带来的耕地退化等严重威胁着农用地保有量,我国日益加剧的耕地"非农化"现象严重威胁着耕地保护红线(段学军 等,2021)。最后,生活污水、生活垃圾排放量的增加(董玥玥,2016),农业生产中机械、农药、化肥等的过多使用,导致农业污染排放量持续增加(如2014年统计年鉴显示,农业污染排放量约占全国总量的50%)(姚成胜 等,2014);由于城市近郊区、乡镇企业的发展,以及城镇化或人口集中居住等(龙花楼 等,2018),因此,我国村镇环境呈现点源污染与面源污染共存,生活污染、农业污染和工业污染并存,新旧污染叠加,这使得农村"污损化"程度不断加大。

党的十九大针对乡村"五化"问题及时发出"乡村振兴战略"和"规划",为建设绿色宜居村镇指明了方向。英、美、日、德等国"一乡一品"振兴乡村的经验表明,因地制宜、充分利用当地水土等资源环境生态优势,发展特色农产品及其产业链是振兴乡村的成功途径。在我国,大部分水土生态资源都集中在中小尺度空间单元的村镇地区,这些资源环境对农民不仅是宜居的生活资料,更是重要的生产资料,资源总量大而人均量少,村镇建设条件复杂多样,区域差异大。如何从实际出发,正确评估与测算当地的水土资源状况与数量空间格局,是精确、高效、合理开发与保护资源环境,振兴乡村的前提和基础,也是促进绿色宜居村镇建设的基础。

二、强化资源环境承载力研究，完善中小尺度空间单元开发保护格局

在面对生态环境破坏、污染加剧和资源超负荷利用等诸多问题时，和城市相比，中小尺度空间单元针对社会-生态系统的管理能力和水平上也十分欠缺。粗放式发展导致村镇地区产生了土地低效利用问题；农业种植污染、养殖污染以及农村生活污染等点源和面源污染的集中处理并未完全推行。在村镇工业发展上，许多厂房、作坊及小型工业区的污染排放问题屡见不鲜，对环境影响的监测和管理松散；随着城市扩张和城乡一体化进程的推进，许多城市污染向农村转移，造成农村地区污染负荷严重。此外，村镇地区的生态保护和污染治理理念与意识较为薄弱，对生态问题发生后的修复和治理也不如城市地区及时、有效。这在很大程度上是由村镇规划覆盖率低、管理滞后、建设环境问题突出和基础设施严重不足等问题导致的，严重制约了我国中小尺度空间单元社会经济的发展，成为统筹城乡发展的"瓶颈"（段学军 等，2020）。

中小尺度空间单元的水、土、生态资源与环境承载力的定性分析与定量研究是解决村镇生态环境问题和资源环境管理的有效途径，能为县、镇、村级社会经济建设战略的实施和科学决策提供重要科学支撑，同时，中小尺度空间单元资源环境承载力研究也是服务和满足国土资源与空间精细化管理发展需要的重要技术保障（黄安 等，2021）。我国县、镇、村总体数量多、规模偏小、服务功能弱，且存在城乡经济失衡的态势，对这些区域的资源环境承载力进行综合研究和整合提升是破解城乡经济失衡、结构失调难题，优化村镇空间结构，强化村镇地域功能，深入探究新型村镇建设的功能类型及特征，揭示村镇生产要素组织化与发展方式转变科学途径的基础和关键（刘彦随，2020）。此外，中小尺度资源环境承载力评价研究能为国土资源环境承载力评价体系的构建与监测预警机制设计提供基础技术保障，是合理高效配置国土资源、科学确定国土空间开发格局的一项重要基础性工作。

在梳理已有国土空间规划研究的过程中，我们发现多数研究及相关技术指南主要集中在宏观和中观层次的省级（区域）、市级的土地资源、水资源、环境承载力（环境容量）等单项承载力测算与评估，缺乏针对中小尺度的综合承载力基础研究，以及技术指南和规划应用等。究其原因有三：①中小尺度空间单元的社会经济属性数据可得性较差，资源基础统计数据难以获取，环境质量监测站点覆盖不全；②中小尺度空间单元资源环境要素的流动导致其难以构建封闭的生态系统，因此，从系统角度进行的研究较少；③环境治理总体投入的人力物力偏低，这使得中小尺度空间单元资源环境政策的效用与城市相比相差甚远。

因此，对中小尺度单元的资源环境承载力进行评估、测算、模拟预测及提升，建立基于资源环境承载力的中小尺度空间单元绿色宜居规划技术指南，并在典型县、镇、村进行实证案例研究，是完善和丰富我国全尺度国土空间规划技术指南的重要行动。

三、提升中小尺度空间单元建设管理水平，优化村镇规划理论、方法与技术体系

中小尺度空间单元资源环境承载力是一个涉及资源环境自然生态系统（水、土、生态）、社会经济治理系统之间互动的复杂、有机系统（黄安 等，2021），尤其在以资源禀赋为发展基础的村镇地区，是多主体治理行动与山、水、林、田、湖、草、冰、沙等资源环境直接交融的空间场所（段学军 等，2021）。在国家治理水平现代化的时代背景下，如何提升资源环境承载力成为全面提升治理水平的重点研究工作。

中小尺度空间单元建设中的多利益主体包括政府—集体—公众—市场等,其治理行动在资源环境承载力提升过程中起着关键作用(Ostrom,2009;McGinnis et al.,2014),然而,在现有研究中,资源环境承载力综合评估的理论框架构建重点考虑承载力的基础要素,承载体(资源环境)、承载对象(生产生活活动、社会经济建设)等基础要素对承载力的相互协调关系(封志明 等,2017,2018)。在方法体系构建过程中,重点从压力、状态、响应3个维度考虑综合评估相对承载力以及识别关键限制性因素的空间分异特征(黄安 等,2021)。尚未考虑多利益主体治理行动在资源环境承载力形成机理中的角色与定位。

现有关于承载力情景模拟的研究中,很多以系统动力学(system dynamic,SD)模型为基础,选择的调控变量多为社会经济发展目标和资源环境消耗强度等状态变量和速率变量,如情景设定为经济高增长、中增长、低增长等,难以反映政府干预、市场主体和公众行为等对资源环境承载力的影响,也就难以判断各种干预行为对资源环境承载力的影响,为各种干预的政策情景提供决策参考。

社会-生态系统(social-ecological system,SES)框架是由诺贝尔经济学奖获得者奥斯特罗姆在多中心治理理论的基础上提出的链接自然生态管理、社会经济发展及治理等多系统内在逻辑关系的可持续性评估概念框架(Ostrom,2009)。在治理的框架内分解社会-生态系统相互关系是其最大的理论贡献(McGinnis et al.,2014)。中小尺度资源环境承载力的提升需要发挥多利益主体对供给端的资源环境和需求端的社会经济建设、生产生活活动的调节与干预,承载力的多个基础要素维度与SES高度相关。因此,基于SES框架,构建资源环境承载力SES框架,将治理要素纳入到中小尺度资源环境承载力综合评估、测算与提升的理论和方法体系研究中,可以为提升中小尺度空间单元资源环境治理水平提供参考与依据。

综上可见,我国的中小尺度空间单元的规划缺乏全面反映资源环境约束的评价指标体系,缺乏可操作层面的关键资源环境约束与胁迫的精准核算,缺乏中小尺度单元的规模、空间布局结构与形式等具体指导意见或规范,更为重要的是,在承载力理论与方法体系构建过程中,缺乏对治理要素的充分考虑,迫切需要探索不同区域、不同类型的村镇社会经济发展建设与资源环境相互作用关系及规律。为此,本研究将基于SES框架,结合PSR模型等形成基于SES的各种评估模型。考虑PSR模型等仅用于评估而难以用于模拟仿真,我们采用适用于复杂性系统模拟的SD模型,针对其对治理维度考虑不足的短板,将SD模型与SES框架相结合,提出SDES框架和基于治理维度的村镇资源环境承载力综合评估、测算、模拟与提升的理论与方法体系。在此基础上,提炼总结形成资源环境承载力提升工具箱并在典型区域开展规划应用,形成基于资源环境承载力的村镇规划技术指南,以期为村镇资源环境治理水平的提升与资源环境利用的优化提供基础支撑。

第二节　研究目标与主要内容

一、研究目标

本书研究的主要目标是:建立村镇资源环境承载力"多尺度-多维度-多目标"的综合承载力评价模型与对应的测算技术。结合水、土、生态承载力重点研究的典型村镇案例,提出承载力协调优化提升规划技术。以此为基础,选择示范区开展村镇承载力提升规划方案设定。制定基于资源环境的村镇建设规划设计标准与规范,并提出针对我国农村"五化"问题的村镇承载力分区调控方案与政策。总体研究框架如图 1-1 所示。

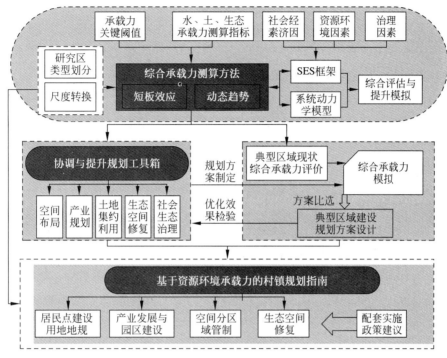

图 1-1 研究框架

二、主要内容

本书的主要内容共包括综述承载力研究进展,中小尺度空间单元资源环境承载力综合评估、提升情景模拟预测、规划工具箱,基于资源环境承载力的规划应用案例及技术指南等。具体如下。

(一)资源环境承载力评估与提升的国内外研究进展

第一,回顾资源环境承载力的国际国内研究进展,了解资源环境承载力的研究对象与重点、内容的变迁。第二,梳理资源环境承载力的概念与内涵,明确研究边界与关键变量。第三,整理资源环境承载力的评估体系与方法,分析它们的逻辑起源、核心内容等。第四,剖析资源环境承载力的评估体系与方法、提升路径与技术在中小尺度空间单元的适应性。第五,探讨治理概念与内涵,陈述 SES 框架的内容与研究进展,分析将 SES 框架应用于资源环境承载力评估与提升过程中的意义,在此基础上,构建资源环境承载力 SES 框架,以及承载力评估与测算的关键指标体系。

(二)基于"SES+PSR"模型的中小尺度空间单元资源环境承载力综合评估与提升的理论、方法和实证研究

综合评估是识别中小尺度资源环境承载力空间分异的重要路径。研究将借助资源环境承载力 SES 框架,以及压力(pressure,P)-状态(status,S)-响应(response,R)("PSR")模型的拓展模型,剖析水、土、生态等资源环境承载力相关要素的链接关系,构建中小尺度空间单

元资源环境承载力综合评估的理论框架。在此基础上,选择典型县(江苏溧阳市)、镇(北京大兴采育镇等)为实证案例区,利用层次分析法、专家打分法、指数叠加法等多种方法进行综合评估,获得研究区内的综合承载力空间特征。然后,通过障碍度模型、实地调查等方法,识别影响综合承载力的障碍因素,据此,提出资源环境承载力的提升路径。

(三)基于 SDES 的中小尺度空间单元资源环境承载力综合测算、模拟与提升的理论、方法和实证研究

综合测算与提升预测模拟是资源环境承载力提升的重要路径之一。提升情景模拟预测能为地方政府在管理资源环境与制定社会经济发展目标时,提供精准的阈值参考,以及定量化的政策方案。研究将在资源环境承载力 SES 框架的基础上,结合 SD 模型,提出 SDES 模型,从治理视角建构资源环境承载力长时间演化趋势情景模拟预测理论与方法体系。在此基础上,以县(江苏溧阳市、甘肃甘州区)、镇(大兴区采育镇、甘州甘浚镇、大满镇)、村(河口村、戴南村)等不同区域、不同尺度的案例进行实证研究。最后,根据模拟结果,结合案例区实际情况,提出案例区提升承载力的政策建议及提升规划方案。

(四)中小尺度空间单元资源环境承载力提升工具集

承载力提升工具箱是在总结研究成果的基础上,形成普适性规律和可推广的承载力提升路径的重要方法。研究将在 SES 框架的指导下,引入工具箱和工具集的框架,总结梳理中小尺度空间单元资源环境承载力理论、方法体系及实证案例分析结果,广泛吸纳目前已有的国内外提升承载力的方法,形成中小尺度空间单元资源环境提升工具箱,并分门别类形成工具集。从而为提升中小尺度空间单元资源环境承载力提供思路与工具。

(五)中小尺度空间单元资源环境承载力提升的规划策略库

规划策略库是如何将资源环境承载力与规划应用相衔接的关键内容,是承载力综合评估与测算基础研究的最终出口。研究将根据不同承载力提升工具集和工具箱,结合典型村庄,从空间约束评价工具、承载资源单位提升、物质承载与人类治理协调、人类活动预测及治理水平提升等多个方面,编制基于资源环境承载力的村镇规划方案。在此基础上,总结形成规划应用策略库,以期为村镇承载力提升规划提供参考。

(六)基于资源环境承载力的村镇规划指南

指南是引领行业发展的重要准则。研究将在资源环境承载力测算基础研究、工具箱和规划策略库研究的基础上,总结形成基于资源环境承载力的村镇规划指南,以期指导未来村镇规划如何融入资源环境承载力基础要素。

三、研究技术路线

本书立足于中小尺度资源环境承载力评估、测算与提升的目标,以"研究现状梳理→评估、测算、模拟预测→治理提升规划应用→指南"为主线,将理论分析与实证研究相结合,定性分析与定量分析相结合,融合统计、调查、实际监测等多源数据,以及 SES 框架、PSR 框架、SD 模型等,对江苏溧阳市、北京大兴采育镇、甘肃甘州区等典型中小尺度空间单元进行承载力评估、测算与提升规划。具体技术路线如图 1-2 所示。

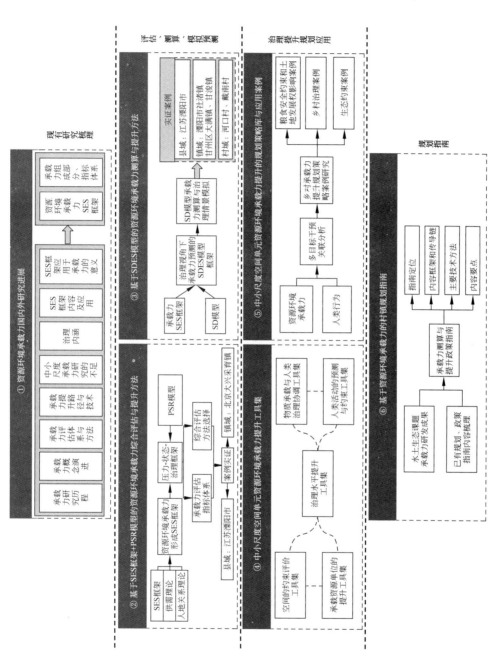

图 1-2 研究的技术路线

（一）国内外研究进展梳理

国内外研究进展梳理为本书的第二章,主要内容为梳理资源环境承载力的研究历程、概念与内涵、评估体系与方法,中小尺度承载力评估和提升路径与技术及其不足与挑战,陈述治理内涵、SES框架内容,分析将SES框架应用于资源环境承载力评估与提升的意义,构建资源环境承载力SES框架。

（二）资源环境承载力综合评估、测算、提升模拟预测

资源环境承载力综合评估、测算、提升模拟预测为本书第三章和第四章,主要内容分别基于"SES+PSR"模型的资源环境承载力综合评估与提升研究,基于SDES模型的中小尺度空间单元资源环境承载力测算与预测模拟提升研究。这两章是本书的核心和基础研究内容,主要在资源环境承载力SES框架的基础上,结合治理要素,改进PSR框架、SD模型在资源环境承载力综合评估和测算模拟中的应用,最后从治理视角提出提升承载力的政策建议。

（三）资源环境承载力提升的规划应用及规划指南

资源环境承载力治理提升规划应用主要在本书的第五章、第六章和第七章中体现,主要内容为SES视角下的中小尺度空间单元资源环境承载力提升工具集、提升规划策略库,以及基于资源环境承载力的村镇建设指南。这三章主要是根据第三章和第四章的研究成果,参照SES框架,凝练形成中小尺度空间单元承载力提升工具集、工具箱及规划指南等,并将研究成果推广应用到典型村镇规划中,以解决案例村镇中存在的资源环境问题。

第三节　小结

本研究解决的关键科学问题是建立中小尺度空间单元资源环境承载力综合测算技术。具体包括两条路径。一是基于SES框架+PSR模型的综合评估,用于识别和测度资源环境承载力空间差异及限制性因素。二是基于SDES模型的承载力测算与提升模拟仿真,主要对承载力的动态演化趋势和治理行动提升承载力的绩效进行定量模拟。在操作过程中,基于理论框架和统计、调查实测检验数据,建立承载力指标之间的综合集成函数关系;通过水、土、生态承载力阈值及指标的聚合分析,明确不同资源承载力模型之间的参数输入输出关系;根据空间尺度、评价目标和发展类型制定多个综合评价准则与动态平衡机制,提出中小尺度空间单元资源环境承载力综合集成的需求目标;结合县、镇、村规划的应用需求,采用多目标决策分析的方法,实现多目标约束下的综合承载力测算。

总体而言,本书的研究目标是提供基于承载力提升的绿色宜居县、镇、村建设规划方案。融合乡村振兴战略需求与"多规合一"的规划理念,提出基于综合承载力的宜居县、镇、村建设规划设计与管控技术,包括基于水、土、生态承载力关键阈值的宜居村镇建设规划设计与管控技术。就乡村振兴发展战略实施中的产业发展理论欠缺以及"多规合一"规划中的管控量化约束手段的缺失,以资源环境承载力为切入点,提出水、土、生态关键核心要素的承载力限制性因素、动态平衡与短板效应综合测度模型的构建方法。可为区域制定产业发展导向、建设增长规模提供多方案比选的量化依据,为实现村镇产业振兴与生态环境间协调集成提供方法支撑。

第二章

资源环境承载力
评估与提升的国内外研究进展

从20世纪初期承载力概念提出,到21世纪作为发展限制的重要工具,从理论到实践,资源环境承载力研究走过百年,已成为衡量区域可持续发展的重要判据(封志明 等,2017,2018)。本章回顾了资源环境承载力的国内外研究历程,梳理了资源环境承载力的概念与内涵,总结了承载力的主要评估体系与方法,分析了中小尺度空间单元承载力评估、提升的路径与技术及面临的挑战,探讨了基于社会生态系统框架资源环境承载力综合评估与提升的意义,最后构建了资源环境承载力的 SES 框架。

第一节　资源环境承载力概念与国内外研究进展

一、资源环境承载力的概念演进

科学认识承载力概念是界定研究边界的重要行动,对于资源环境承载力理论探讨与实践研究具有重要的科学价值和现实意义。自承载力概念提出以来,在提高人们对经济活动当前及未来增长极限的公众意识与政治意识方面起到了极其重要的作用,并在自然资源管理与可持续发展中得到了广泛应用(封志明 等,2018);其内涵更多地表现为承载体与被承载者二者之间的平衡与协调关系及其动态演化过程(魏晓旭 等,2019)。承载力的概念有单要素的承载力,如种群承载力、土地承载力、水资源承载力、矿产承载力、水环境承载力、大气环境承载力、土壤环境承载力、生态承载力等,也有综合承载力,如水、土、生态承载力,"三生"承载力等(见表 2-1)。

表 2-1   承载力概念的演化与发展

承载力名称		产生背景	承载力的含义
种群承载力		生态学发展	生态系统中可承载的某种种群数量
单要素资源承载力	土地资源承载力	人口剧增,土地资源紧缺	土地资源的生产能力及可承载的最大人口数量
	水资源承载力	人口膨胀,工业用水增加,水环境污染导致水资源短缺	水资源可支持的最大人口数量;可支持的工农业生产活动强度
	矿产承载力	资源短缺	矿产资源所容纳的人口数量
	森林承载力	森林砍伐	森林资源所能承载的人口数量
	旅游承载力	旅游广泛	旅游景点可承载的最大人口数量
	……	……	……
单要素环境承载力	水环境承载力	环境污染	某特定环境对人口增长和经济发展的承载能力
	大气环境承载力		
	土壤环境承载力		
生态承载力		生态破坏	生态系统可承载的人类社会经济活动的能力
综合资源环境承载力	水、土、生态综合承载力	国土空间规划	资源环境可承载的人类社会、经济活动的能力
	"三生"承载力		

资料来源:改编自(封志明 等,2017)

　　种群承载力的内涵主要指一定范围内生态系统对其中的种群的可承载力(Smaal et al.,1997);草地承载力主要指特定范围内草场可供放养的载畜量(刘东霞 等,2007);土地承载力指一定条件下区域土地资源的生产力及可承载的人口数量(UNESCO,1985;陈百明,1991);水资源承载力指一定范围内水资源量可供养活的人口数和农业生产强度(王建华 等,2017);环境承载力主要指环境对污染物的容纳能力,以及对人类开发强度的支持能力(陈先鹏 等,2020);资源承载力主要指资源的数量和质量对区域内人口的基本生存和发展的支撑能力(高吉喜,2001);资源环境承载力则指一定地域内生态系统的服务功能及可承载的最大资源开发强度与环境污染排放量(封志明 等,2021)。当前,在国土空间规划导向下,资源环境承载力的定义为基于特定发展阶段、经济技术水平、生产生活方式和生态保护目标,一定地域范围内资源环境要素能够支撑农业生产、城镇建设等人类活动的最大规模(樊杰,2018)。随着研究的进一步发展,同时出现了生产-生活-生态语境下的承载力(方创琳 等,2017),以及以社会经济条件为基础的经济承载力、社会承载力、交通承载力等概念(程剑敏,2019)。在综合已有概念以及项目研究的基础上,段学军等(2020,2021)认为,村镇资源环境承载力是在乡村振兴战略实施背景下,作为村镇承载体的水、土、生态等,对作为村镇承载对象的人口、产业等社会经济目标、生产生活活动规模、空间占用、资源消耗、环境排放等的支撑能力。

　　从以上概念可以看出,承载力的概念从早期的单项承载力逐渐发展到综合承载力,研究对象从资源、环境扩展至社会经济、人类活动,系统之间的关系也逐渐从自然资源环境系统逐渐扩展到人类社会活动对系统的正负反馈综合效应的演化过程。总体而言,资源环境承载力的本质是区域资源环境系统结构与功能的外在表征,反映了区域资源环境系统对区域社会经济活动的支撑与容纳能力,涵盖了区域资源的支撑、环境要素的约束、生态要素的调节与经济社会要素的压力4个层面；区域资源环境条件与社会经济活动的规模及强度是区域资源环境承载力的两大影响因子；区域资源环境承载力以人地关系协调发展为前提，是区域可持续发展的重要评价指标。综合资源环境承载力正在以国土空间规划目标为导向，内容涵盖人地关系各要素，向多维度、多层级转变（封志明 等，2017，2018）。

二、国外研究进展

资源环境承载力的研究始于20世纪，最早于1921年由伯吉斯（E. W. Burgess）和帕克（Robert Ezra Park）提出了"生态承载力"的概念，即根据某一地区的土地资源、光能等生态因子生产的食物总量所能承载的地区人口容量（Park et al.，1921），自此将承载力引入了生态学领域；资源承载力研究兴起于第二次世界大战结束以后。在20世纪60年代，随着全球工业化的推进，大规模城市化使得耕地数量减少，粮食供给紧张，这对土地资源供给食物的能力产生了新的挑战，同时，工业化带来的污染使得生态环境受到严重威胁。此时，土地资源、水资源及矿产资源相关的承载力等概念逐步提出，相关研究纷纷出现。20世纪70年代，罗马俱乐部提交了题为《增长的极限》的著名研究报告，对全球人口承载容量及相关资源、环境问题进行深入探讨。该报告对资源环境承载力研究在全球的兴起具有广泛影响力，自此之后，承载力价值的探讨与国际同行定义逐渐丰富，资源环境承载力愈加受到学者乃至政府的重视（Martino，1972）。

1971年，奥德姆（E. P. Odum）等学者通过逻辑斯蒂方程、净第一生产力等数学方程和算式计算了在一定环境条件下的动物种群数量的安全上限阈值，为承载力的定量研究奠定了基础（Odum E P，1971）。20世纪70—80年代，联合国粮农组织（FAO）和联合国教科文组织（UNESCO）先后开展了承载力研究，提出一系列承载力定义和量化方法。1977年，FAO开展了关于发展中国家土地的潜在人口承载能力的研究工作，把人口、资源、环境的相互作用引入发展规划的探索。1985年，UNESCO将资源承载力定义为"一个国家或地区在可以预见的期间内，利用本地能源及其他自然资源和智力、技术等条件，在保证符合其社会文化准则的物质生活水平下，该国家或地区所能持续供养的人口数量"。1984年提出的能值分析法（Odum，1988）和ECCO提高承载力模型（SLESSER，1990）以及1996年加拿大生态经济学家Rees提出的生态足迹法（Rees，1992）正式将资源环境承载力由定性研究推向定量研究。20世纪90年代至今，资源环境承载力的研究持续繁荣，理论与方法渐趋成熟。

从内容上看，资源环境承载力涵盖了资源承载力和环境承载力，通常，资源承载力测算主体包含土地资源、水资源、矿产资源、森林资源和旅游资源等，环境承载力包括水环境、土壤环境、大气环境和地质环境等；现有研究既包括单要素资源、环境承载力研究，也包含综合资源环境承载力（Millington et al.，2011）。依据研究目的不同，有按区域区分的城市群/城市综合承载力，以功能区分的旅游承载力、农业承载力等，以及以流域、海洋等生态系统为整体的资源环境综合承载力。从研究空间单元上来看，国外资源环境承载力研究集中在全球资源承载力、生态系统承载力（Peters et al.，2007）及典型区域环境承载力（Jonathan，2001）等方面，且以全球和生态系统等空间单元见长（高原 等，2020）（见图2-1）。

三、国内研究进展

我国关于资源环境承载力的研究起步于20世纪80年代，1986年有学者首次提出了全

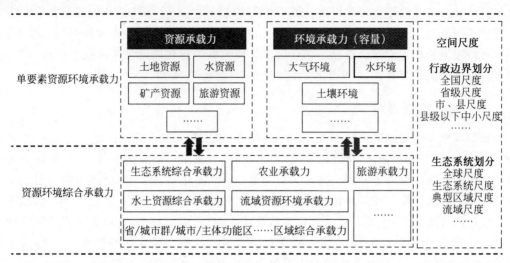

图 2-1　单要素与综合资源环境承载力

国土地资源承载力容量的估算研究。但总体上在 21 世纪之前相关文献非常少,经历了20 年左右的探索期后,于 2004 年前后开始蓬勃发展,相关研究数量一路攀升(见图 2-2)。

图 2-2　国内外承载力研究的发展历程

国内对于资源环境承载力的研究除承袭国际影响力较高的评价方法外,还在如何协调和提升区域资源环境承载力方面的研究快速增多,如许明军(2016)等在资源环境承载力评价的基础上,通过计算协调度,对区域的承载力协调与发展进行了从测算与分析;张引(2016)等对城镇的生态环境承载力和城镇化质量进行了耦合分析,根据耦合程度和质量高低对城镇化程度和状态进行了类型划分。提升优化的研究较多以线性规划等方式对目标进行最优化,以区域资源、环境承载力为约束条件,以经济效益最大化为目标进行优化。除此之外,近年来,结合系统动力学仿真模型的方法也逐步开始应用到资源环境的提升与优化研究中。相关研究包括刘寅(2016)等依据资源环境承载力评价设立了不同程度的承载区和扩展区,以此作为城市布局导向和交通导向下的建设用地优化方案;林巍(2015)基于土地承载力评价,根据突出各城市的承载优势、弥补承载力短板,合理协调区域承载力,对城市群的结构进行了优化;陈兴鹏和戴芹(2002)应用系统动力学模型对甘肃省河西地区的水土资源承载力进行了预测。

此外,在我国,资环承载力的研究作为基础研究已经应用在功能区规划、产业布局、灾后重建和城市规划等多个领域。高吉喜和陈圣宾(2014)、叶菁(2017)等将生态承载力作为国土空间开发格局优化的重要参考依据;董文(2011)等将资源环境承载力作为我国省级主体功能区划的重要内容和主要依据之一;在毕岑岑(2011)等的研究中,将城市的资源环境承载力应用于产业结构的综合评价;刘晓丽(2010)将资源环境承载力作为生态城市规划指标体系的重要参考内容。从2014年起,在可持续发展理念的指导下,国家也从政策层面将承载力应用到土地利用规划中,例如:全国土地规划调整会议所指定的《全国国土规划纲要(2011—2030年)》,明确提出将资源环境承载力评价作为土地利用总体规划调整的重要支撑;同时,在2014—2016年,有关部门牵头开展了全国资源环境承载力的预警监测研究。2018年后,“多规合一”的国土空间规划将承载力作为基础评价内容,提出了以承载力为基础的保护与开发空间划定基础(樊杰,2018),这使得承载力正式成为一项管理工作的基础,全国各地纷纷开展了新一轮的资源环境承载力评价工作。

虽然国内资源环境承载力研究起步较晚,但21世纪后的研究数量开始急剧攀升。总体上沿袭国外研究的理论与方法基础,但在指标体系和阈值上仍然缺乏统一标准。经多年积累后,研究尺度相较于国外研究更为细化,对有特殊生态功能、环境敏感及重点建设典型区域的研究较为深入,并广泛应用于国家和地区发展的相关政策和国土空间规划中。然而,在当前国土空间规划的推动下,资源环境承载力多集中在全国、省、市尺度,对县、镇、村等中小尺度空间单元的研究较少。

第二节　资源环境承载力评估体系与方法

根据资源环境承载力评价的逻辑起点、核心内容和测算方法的差异,可将资源环境承载力评价体系大致归纳为基于最小限制因子、多因素综合、承压状态空间、相对思维与生态足迹5种类型的静态资源环境承载力评价体系(靳相木 等,2018;吴次芳 等,2019)。以及基于系统动力学模型的动态资源环境承载力综合评估与模拟体系与方法(Su et al.,2019;Hu et al.,2021)。静态方法体系多通过构建指标体系来评估一定区域不同空间单元内的相对承载力,可为资源环境承载力空间分异特征的识别提供依据(Luo et al.,2020);动态模拟可预测区域内的绝对承载力长时间变化趋势,可为中小尺度空间单元资源环境承载力监测、预警及规划提升提供参考阈值(牛方曲 等,2019a;唱彤 等,2020)。

一、基于最小限制因子的资源环境承载力评价体系

20 世纪 60—80 年代，粮食危机、环境恶化与资源短缺引起了人们对承载力的广泛关注（谢高地，2011）。地球可以养活多少人，一个国家或地区利用其自身的土地持续稳定供养的人口数量是多少，成为学界和政界普遍关注的问题。Allan（1965）创造性地提出以粮食为标志的土地承载力计算方法，就此开创了最小限制性因素承载力评价体系。随后，1975 年 Mellanby 的英国土地承载力研究，1977 年 FAO 对发展中国家土地承载人口支持能力研究（FAO，1982）以及 1986 年中国科学院的《中国土地资源生产能力及人口承载量研究》（中国科学院，1991）等一系列以土地、粮食为限制性因素的承载力研究推动了基于限制性因素的资源环境承载力评价体系的形成与发展。

该评价体系以"最小因子限制原理"为逻辑起点，遵循最稀缺资源与远景要素决定承载力大小的原则，强调单因子对承载力具有决定性影响（Kyushik et al.，2004；石忆邵 等，2013）。该评价体系发展最早且最为成熟，限制因子涉及粮食、土地、水、海洋等资源，以及水、大气等环境。评价方法分为两大体系：一是采用"短板效应"判断资源环境承载力，即采用"短板"承载力作为区域资源环境承载力的分析基础（朱凤武 等，2015；樊杰，2018；杨正先 等，2018）；二是依据区域限制因子将对应的人口承载量设为承载力（高洁宇，2013；彭文英 等，2015；薛英岚 等，2016）。例如，基于限制性因子的研究范式将土地承载力定义为"一定生产条件下的土地资源生产力和一定生活水平下所承载的人口限度"（陈百明，1991），以"耕地-粮食-人口数量"为分析框架，以农用地为载体，以粮食等土地生物产品为媒介，最终归结到可以承载的人口数量上。在具体的评价过程中，主要分为一定生产条件背景下的土地生产力测算和一定生活水平背景下的粮食承载人口数量（靳相木 等，2018）。

二、基于多因素综合的资源环境承载力评价体系

20 世纪 90 年代，在经济全球化的背景下，社会经济发展和资源环境供给趋向多元化进程，基于限制因子尤其是以"耕地-粮食-人口数量"为主线的承载力研究逐渐显露出其局限性，难以全面综合地反映国家或地区人口的承载状况（王书华 等，2001）。鉴于资源环境状况认知的进一步扩大，学界开始关注多因素对承载人口的综合影响，由此，推动了基于多因素综合的承载力评价体系的形成和发展。

该评价体系以"综合效应原理"为逻辑起点，强调社会经济、资源、环境和人类等多个子系统的资源环境因素共同决定区域承载力大小（Jonathan，2001；靳亚亚 等，2018）。承载力受人口、资源、环境及社会经济技术等相互作用的多种因素制约，且各因素之间存在一定的联系与补偿效应。当某一因子的数量不足时，可以通过与之相关的因子的加强来进行补偿。相比于限制性因素而言，多因素综合的评价体系具有较大的突破：由强调单因素的决定作用转向多因素共同作用，由强调食物、空间等支撑的人口数量，逐渐转向强调资源环境所能支撑的社会、经济活动，这一价值观念的转变一直沿用至今。

该评价体系的核心内容主要包括承载力定义及概念框架设计、指标遴选与测算、综合承载力测算（Jonathan，2001）。目前的概念框架主要包括：以"资源-环境-社会经济-生态"等子系统为核心的概念框架（农殷璇 等，2018；卫思夷 等，2018），以"资源-环境"为要素的子系统概念框架（李慎鹏 等，2018），面向国土开发的承载力框架（贾克敬 等，2017），基于压力-

状态-响应模型及衍生模型的综合框架(朱玉林 等,2017),基于支撑力-压力-调控力过程的框架(唱彤 等,2020)等。在具体评价时,多因素综合主要有三个步骤:第一步,单因素指标测算,主要方法有频度统计法、极大不相关法以及 GIS 空间分析法等(靳亚亚 等,2018;牛方曲 等,2019b);第二步,多因素综合权重确定,主要方法有德尔菲法(Delphi)、相邻指标比较法、层次分析法等基于专家打分的主观判断方法,以及均方差决策法、主成分分析法、因子分析法、变异系数法、投影寻踪法等基于数据特征综合的客观方法;第三步,综合评估,主要是加权求和法、状态空间法等(岳文泽 等,2018;魏晓旭 等,2019)。

三、基于承压状态的资源环境承载力评价体系

随着资源环境承载力研究的深入,学者逐渐认识到,可以将众多资源环境承载力要素归并为两大类型,即隶属于资源环境的自然因素和隶属于社会经济发展的因素,两者被认为是承载力的承载体(供给端)、压力体(需求端)。承载力是给予承载体压力大小的定量化表达(段学军 等,2020)。在此基础上,逐渐发展和延伸出了基于承压状态的资源环境承载力评价体系。本质上是在多因素综合评价体系的基础上,深刻认识到承载力是在"人-地"关系理论、"供需"理论基础上的理论视角深化。

以"承载体-压力体的互馈状态"为逻辑起点,认为资源环境承载力是区域内部不同系统载体与承载物之间的一种理想状态(许联芳 等,2009)。将资源与环境的系统及要素如土地、水、矿产等资源以及大气、水环境等视为承载体,将人类对资源与环境要素的影响活动视为压力体,通过社会经济活动(如城市规模、经济产值、交通规模等)所构成的压力体对承载体的占用、强度、协调、耦合等状态来表征资源环境承载力的大小(岳文泽 等,2018)。围绕这一评价体系形成了以承载体-压力体互馈联系为核心的框架,以及承载体与压力体的耦合协调关系;在前框架下,主要的承载力测算方法有承载-压力对比法(靳亚亚 等,2018)和状态空间法(郑开雄 等,2018)两种;在后框架下,主要的测算方法有耦合协调度测算法(熊建新 等,2014)。

四、基于相对承载力的资源环境承载力评价体系

其他评价体系多从承载力的测算基础进行探讨,而相对思维的承载力评价体系则聚焦于承载力测算结果的形式表达上。相对承载力评价体系认为承载力绝对量及客观值是不可知的,它以"揭示相对承载力"为逻辑起点,强调承载力的相对性、可比性、参照性,以样本区域、内部区域或类似区域的人均资源拥有量或消费量、研究区资源存量为参照标准,确定目标区承载力,即承载力以比较或参照的相对形式存在(黄宁生 等,2000;李泽红 等,2008;靳相木 等,2018)。这一体系是在假设参照区域资源环境状态长期稳定、可比及待计算区域难以精确估测的前提下,进行承载力评估(孙慧 等,2014)。承载力的测算步骤主要有:参照区的选择与承载力测算;研究区人口、资源、环境、经济社会等状况确定;对比参照区资源环境确定单项承载力;通过德尔菲、层次分析法等综合方法测算区域承载力,以人口数量为量纲;对比参照区的人口数量,进行承载状态研判(黄常锋 等,2011)。

基于相对思维的资源环境承载力评价体系的关键在于参照区的选择,相关研究指出(李泽红 等,2008),该评价体系的最大难点在于如何确定一个理想区域的标准作为参照阈值,实践中往往以全球、全国平均水平作为参照标准,但这一标准是否可持续,还有待实践检验,

所以,根据相对思维评价得出的承载力是否科学值得商榷。

五、基于生态足迹的资源环境承载力评价体系

传统的承载力测算思维根据区域资源环境供给状况和社会经济发展状况来确定承载力大小。然而,在经济全球化的背景下,区域不再是孤立的,人们消费的资源可来自世界各地。传统的承载力概念难以解释诸如中国香港、新加坡和日本等资源匮乏的国家和地区,分析经济全球化背景下的承载力状况,并提出资源环境能够持续支撑的最大负担不仅仅是人口数量,还包括人均消费,且人均消费因贸易及技术的影响比人口数量增加的更为剧烈(Rees et al.,1996)。据此,开创了基于生态足迹的资源环境承载力评价体系:通过测定区域资源对人类需求的满足程度来表征区域承载状况。

该体系以"关注人类对资源环境的压力或负担"为逻辑起点,强调从区域资源环境供给生物生产视角着手,用土地面积来表征人类资源消费和废弃物排放过程中对生态环境的占用程度(Nakajima et al.,2016)。它是在人类消费需求和废弃物排放量可数及需求和排放量可与进行生物生产的土地面积之间进行换算的前提条件下进行的承载力测算,主要包括人类活动主体、人类社会活动及生产型资源与环境。测算步骤主要包括不同资源要素的生态足迹,即设定人均消费量、均衡因子、产量因子等估测生态足迹,综合测算生态足迹,判断生态足迹状态(盈余、赤字)。主要测算方法包括基于过程分析的测算框架和基于投入产出分析的测算框架,前者又包括适用于国家层面自上而下测算的综合法和适用于省市、企业、家庭、个人为评估单元进行自下而上测算生态足迹的成分法(吴次芳 等,2019)。

这类研究中的承载体是区域全部内部,承载对象是人口与人类各种社会经济活动,以生物生产性土地面积为媒介,连接载体与承载对象,挂钩人类社会经济发展与土地利用,并通过两者之间的比较,最终得到既定的技术、贸易、体制、管理水平下的人类消费需求是否在区域承载能力范围内的结果(靳相木 等,2018)。

六、基于系统动力学模型的资源环境承载力动态模拟方法体系

与前面几种评价体系相比,基于系统动力学模型的动态模拟方法体系更多的是强调方法论的差异。前述几种评价体所采用的方法大多是一种相对静态的结果。然而,承载力是一个每时每刻都在发生变化的动态指标,动态模拟仿真承载力的长时间演化趋势将为监测、预警承载力提供定量化的支撑。据此,学者引入了具有多维度、多因素、多层次复杂性交互式系统仿真能力的 SD 模型,对承载力进行动态模拟,从而形成了基于系统动力学模型的动态模拟方法体系(卢亚丽,2013;Yang et al.,2015;牛方曲 等,2019b)。该方法体系在广泛吸纳前几种评估体系思路的基础上,强调资源环境承载力的动态可预测性,采用 SD 模型模拟资源环境承载力的长时间演化趋势(Gu et al.,2020)。通过设置不同的模拟情景来模拟仿真承载力的变化趋势,可为承载力监测、预警及提升策略的制定提供参考。

SD 模型是基于历史数据来预测多维度、多要素、交互式综合系统的未来长时间变化趋势的仿真模型(Gu et al.,2020)。SD 模型由美国 MIT 的 Jay W. Forrester 教授在 1956 年首创,20 世纪 60 年代成型,后由他的学生进一步完善和推广应用。其中 Forrester 的《城市动力学》、Dennis Meadows 等 4 人完成的《增长的极限》、John D. Stermna 所著的《商务动态分析方法》都是系统动力学理论和应用的经典著作。SD 模型的发展主要基于 5 种理论与技

术：系统理论、信息反馈理论、决策理论、系统力学和计算机仿真模拟。由于其理论与技术的特殊性，SD 模型不同于传统的数理分析模型，它是从系统的微观结构出发而建立的系统结构模型，用回路描述系统结构框架，用因果关系图和流图描述系统之间的逻辑关系，用方程描述系统要素之间的数量关系；根据反馈回路构建因果关系的系统分析结构，以响应系统中的每个子系统。SD 模型尤其擅于处理非线性的多重反馈复杂问题，因此素有"战略与政策实验室"之誉。基于 SD 开展的村镇资源环境承载力动态模拟研究，将有助于制定合理承载力提升政策，实现乡村振兴和区域可持续发展。

截至 2021 年，SD 模型已被广泛应用于承载力的长时间趋势变化预测研究中，如大气环境极限承载力预测（Liu et al.，2020；Su et al.，2020）、土地资源承载力预测（祝秀芝 等，2014）、水资源安全（Su et al.，2019）、综合资源环境承载力仿真预测等（Niu et al.，2019）。资源环境承载力和 SD 模型的一般表达式如下：

$$\text{RECC} = \text{Stock(Supply)} - \text{Stock(Demand)} \tag{2-1}$$

$$\text{Stock}(t) = \int_{t_0}^{t_1} \left[\text{Inflow}(s) - \text{Outflow}(s) \right] ds + \text{Stock}(t_0) \tag{2-2}$$

$$\text{Inflow}/\text{Outflow} = f(G_n, F_n) \tag{2-3}$$

式中，RECC 表示资源环境承载力，Stock（Supply）和 Stock（Demand）分别表示水环境的供给端和需求端的存量，不同年份的存量值 Stock(t) 可通过流入量（Inflow）和流出量（Outflow）的积分预测获得；Stock(t_0) 为初始年份的存量值；Inflow 和 Outflow 两者可通过治理变量（G_n）和常规变量（F_n）之间的回归方程拟合计算得到，也可通过趋势外推的方式获得，在 SD 中采用时间表函数 WITHLOOKUP 计算（Liu et al.，2020）。在厘清状态变量、速率变量、辅助变量、表函数以及常量等要素之间反馈机制的基础上，借助 Vensim 软件平台，可实现不同治理情景下的资源环境承载力模拟和预测（Zhong et al.，2013）。

目前，SD 模型被广泛应用于区域和城市复杂系统的多维社会经济活动和环境问题建模。在资源环境承载力模拟方面，SD 模型也得到了广泛应用，如能源承载力（Gu et al.，2020）、大气环境承载力（Zhou et al.，2017；黄光球 等，2021）、土地资源承载力（Guo et al.，2018；高文，2019）、水资源承载力（Yang et al.，2015；Sun et al.，2019）、水环境承载力（Su et al.，2019；Hu et al.，2021），以及综合资源环境承载力（牛方曲 等，2019a）。典型资源环境承载力 SD 模型研究的相关子系统、关键情景如表 2-2 所示。然而，回顾过去几十年，SD 在区域和城市复杂系统中的应用，我们发现，大多数模拟聚焦于状态变量（即社会经济状态、资源和环境供需），而治理行动变量缺失，这将不利于模拟结果在环境治理改进中的应用。

表 2-2　典型资源环境承载力 SD 模型研究

案例	简介	关键子系统	关键情景
能源承载力	建立了由 4 个子模型组成的我国 1998—2050 年城市化和能源消费的能源承载力 SD 模型（Gu et al.，2020）	社会经济、能源供应、能源需求、能源环境	·加速经济 ·发展减排 ·约束低碳导向
大气环境承载力	采用 SD 模型构建"能源-经济-环境"系统，模拟大气承载能力（Zhou et al.，2017；黄光球 等，2021）	能源、经济、大气环境	·控制经济变量 ·控制能量变量 ·控制减排门槛

续表

案例	简介	关键子系统	关键情景
土地资源承载力	利用 SD 模型模拟土地资源的农产品承载力,经济产出的动态变化趋势(Guo et al.,2017)	社会经济、土地资源、生态环境	·传统的开发 ·高效发展 ·保护与发展协调
	利用 SD 模型模拟京津冀地区土地资源综合承载力的动态变化趋势(高文,2019)	土地资源、土地环境、社会、经济	·扩张情景 ·集约利用情景 ·环保情景 ·协调发展情景
水资源承载力	提出了一种基于系统动力学模型的改进的铁岭市水资源承载力评价方法,对铁岭市水资源承载力进行了模拟(Yang et al.,2015)	水需求、水供给、社会经济	·水资源约束 ·人口迁移
	采用 SD 模型对雄安新区水资源承载力进行评价(Sun et al.,2019)	人口、工业、水需求、水供给	·原始发展 ·加速工业化 ·环境治理 ·优化发展
水环境承载力	采用 SD 模型从时间维度模拟 1995—2025 年的水资源、水环境、水害及其未来变化(Su et al.,2019)	水资源、水环境、水害、社会经济	·水资源主导 ·水环境主导 ·水害主导 ·均衡发展
	采用 SD 模型对水环境承载力进行综合评价(Hu et al.,2021)	社会经济、水资源、水环境、水生态	—
综合资源环境承载力	采用 SD 模型模拟水资源与环境、能源、土地资源的承载能力及我国经济增长的耦合协调可持续性(牛方曲等,2019a)	社会经济、能源、土地资源、水资源、水环境	·经济发展的最高速度 ·最乐观的经济发展速度 ·经济发展最优速度

第三节　中小尺度空间单元资源环境承载力相关研究

和国外相比,国内资源环境承载力研究更注重区域尺度的应用,以省市级行政区、生态系统及典型区域为空间单元的研究占比较大。典型区域相较国外研究更加多样化,承载力研究已应用在农产品生产区(黄晶 等,2020)、重点开发区(但雨生 等,2020)、重点生态功能区(钟茂初,2021)和海洋渔业保障区(赖敏 等,2021)等。除省域、城市群、城市等以行政边界为研究区域外,国内对更小的空间单元如县域、乡村地区的关注度也越来越高。虽然呈现出资源环境承载力在小尺度行政空间单元研究上的趋势,但对村镇资源环境承载力的测评研究仍非常有限。对与此相关的研究进行了整理,具体包括以下三方面。

一、中小尺度空间单元资源环境承载力评估

自然资源部办公厅印发的《资源环境承载能力和国土空间开发适宜性评价指南》中指

出,资源环境承载能力是一定国土空间内自然资源、环境容量和生态服务功能对人类活动的综合支撑水平。资源环境承载能力评价是对自然资源禀赋和生态环境本底的综合评价,用来确定国土空间在生态保护、农业生产、城镇建设等不同功能指向下的承载能力。但由于物质能量的流动在中小尺度空间单元很难有准确的度量,因此,目前仅有少量以村域和镇域为基础的研究。例如:黄安等(2021)以行政村为评估单元,采用 PSR 模型对县域尺度资源环境承载力进行了综合评估。费频频等(2011)以村域为研究区域,通过采集村内河段水网的水质,按照水功能分区的水质标准对杨墩村的工业、农业及生活污染进行了负荷分析。黄秋森等(2018)对生态保育型镇域的资源环境承载力进行了评价,构建了小尺度资源承载力的评价指标体系,其阈值选取参考了生态红线临界值,赋权以熵值法为主。胡艳霞等(2011)采用系统动力学的方法,对村域内的农业生物以小循环的方式来构建村域生态系统,将村域内的人口、农业、支柱产业,以及环境污染多个子系统分别选取变量,构建指标体系运行模型,计算出了水源地村庄的生态安全承载力,对多情景的生态安全承载力进行预测,为村域内的生态经济系统发展提供了参考决策依据;于汉学等(2006)根据黄土高原沟壑区村镇的调查研究,提出土地适宜度评价,将人居单元划分为最适宜区、适宜区、不适宜区和很不适宜区,但并未确定承载力的阈值。叶有华等(2017)以大鹏半岛为案例区,探索了小尺度的资源环境承载力评价与预警研究,指标选取的空间单元主要基于街道尺度。

在以上有限研究中,对资源环境承载力在中小尺度空间单元层面的内涵与范围界定仍不够明晰。单项承载力如水质承载力的测算标准相对较为容易确定,但综合承载力的指标标准与阈值的确定仍需探索。各地气候环境及资源本体差异大,较难确定。从自上而下的角度来看,流域、森林等生态系统的整体承载力可为系统内中小尺度空间单元提供一定的参考。此外,以栅格为最小单元自下而上进行统计,可不受行政边界的限制,但社会经济数据获取难度较大。

二、中小尺度空间单元资源环境承载力提升路径

常见提升资源环境承载力的路径有以下三种:①通过生态修复、防灾减灾、资源合理调配等方式提高自然客体的承载能力;②通过改变区域主体功能、调整产业结构和优化人居系统等方式扩大承载对象的规模体量;③以技术进步、提高资源利用率和降低污染等方式放大承载体与承载对象之间的承载力。

现有研究包括提升自然本体承载力和提升资源环境效应的方式两类,并均将承载力提升融入到中小尺度空间单元的建设发展中。如周侃和樊杰(2015)曾在研究中提出,通过对生态脆弱、欠发达地区的村、乡、镇、县区进行退耕还林等生态修复工程,对严重地质灾害地区进行迁移居民,以及对过度开发地区进行能源供应结构调整等方式提高村镇地区的资源环境承载能力,以此解决区域的生态环境及经济问题;胡伟等(2006)通过编制安全格局网络图,结合村镇规划、社会经济、环境卫生、基础设施及公共设施等村镇子系统,制定相应优化指标来具体指导农村村镇人居环境的改善,其中,农村的安全格局包括各种资源和环境安全格局;李裕瑞等(2013)通过对大城市郊区村域的社会发展及转型过程进行深入剖析,从转型发展影响土地资源、水资源及能源利用,以及随之而来的村民生活及工作方式的改变造

成的生活污染、农业污染、养殖业污染以及工业污染等环境问题出发,探索了村镇的资源环境优化调控方法与途径,该研究从村镇发展过程中的资源环境效应出发,调节村镇的发展路径,从实质上提升了村镇资源与环境的承载能力;王永胜等(2010)以西安市周至县为例,通过研究自然环境与人居环境的相互作用过程,深度分析了县域的资源环境状态,定量分析了现有建设对生态环境的影响,并结合该县的地形地貌等自然环境特征,提出了县域生态发展策略;毛靓等(2012)对村镇的生态保护和基础设施特征进行了分析,为我国乡村规划建设和资源环境的可持续发展提供理论基础;王雨等(2017)通过生态承载力分析对区域进行分区分类引导,划分不同的村庄类别,并以此指引白洋淀地区不同村庄的未来发展策略和撤并的推进时序。

以上研究基于中小尺度空间单元对区域的自然客体承载力提升,以及通过规划等途径提升为承载规模体量做出了初步探讨,但总体来说,受基底数据获取性差、资源环境管理监测推广起步晚等因素影响,村镇尺度资源环境承载力概念内涵的剖析有待深入。中小尺度空间单元资源环境承载力的提升可以通过村镇的规划建设来提高村镇的人居环境质量。随着资源环境在村镇规划与建设过程中越来越受关注,科学的规划建设应综合考虑地区的基底,合理配置与利用资源;在评价村镇资源环境承载力的基础上,结合建设和规划手段,进行承载力的提升与优化。

三、中小尺度空间单元资源环境承载力提升技术与实施方法

为了将中小尺度资源环境承载力提升的研究成果落在实处,不同领域的专家学者对资源环境开发和保护提出了多样化的提升技术和具体的实施方法,为土地资源优化与承载力提升、水资源优化与承载力提升、土壤环境保护与优化、水环境保护与优化等提出了明确的、可落实的规划技术,并已广泛应用于村镇人居环境改善和开发建设之中(见表 2-3)。

表 2-3　资源环境承载力提升的技术与实施方法

资源类型	提升技术	实施方法
土地资源优化与承载力提升规划技术重点	① 优化区域土地结构	• 优化生活空间,调整生产空间,整理居民点用地; • 整治拓展生态用地,统筹生活、生产和生态空间
	② 实施差别化的土地利用模式	• 集约利用土地,转变土地利用方式,促进产业升级,对高污染低附加值产业用地进行腾退; • 对已有建设用地进行土地复合利用,提高开发建设强度和社会经济效益; • 提高新增建设用地门槛,严控建设用地增长
	③ 高标准农田建设	• 提高农田规格,加强排灌渠系、田间道路、地力改良和农田管护体系的建设,改善农田生产条件和抵御自然灾害的能力,提高耕地产出率生产效益
水资源优化与承载力提升规划技术重点	① 建立以流域为单元的水资源调节机制	• 进行流域水资源供需平衡分析,调整供排水通道格局,促进水资源优化利用; • 加强农业节水、工业节水和生活节水措施
	② 建设全方位一体化的防洪排涝减灾体系	• 推进建设自然积存、自然渗透和自然净化的"海绵城市",疏浚河道,畅通排水,自排和电排并举,构建低影响开发的雨水系统

续表

资源类型	提升技术	实施方法
土壤环境保护与优化规划技术重点	① 严防新增土壤污染	• 严格准入门槛,防止新项目开发建设对土壤环境的破坏; • 加大淘汰落后产能的力度和监督考核; • 加强畜禽养殖业环境管理,优化畜禽养殖业布局,强化规模化的畜禽养殖排污申报登记,规范设置排污口及其废弃物的综合利用水平
	② 确保耕地和集中式饮用水水源土壤环境安全	• 划定土壤保护优先区域,确定范围、面积和边界; • 加强土壤环境保护优先区域污染源的排查和整治,对污染物、产排量进行排查,编制污染源整治方案; • 控制废水、废气中重金属和持久性有机污染物的排放,建设污水深度处理设施
	③ 强化受污染土壤环境的风险控制	• 加强受污染耕地环境风险控制,建立农产品产地追溯档案和土壤质量档案; • 按照耕地的受污染程度实施分类管理,对未受污染的耕地进行开发保护; • 对污染程度较低的区域采取调整种植结构、农艺调控、土壤污染治理与修复等措施
水环境保护与优化规划技术重点	① 严格保护饮用水源	• 按照供排水格局调整方法,在饮用水水源保护区严禁各类开发活动; • 加强水源地水质分析,强化饮用水水源及水库的藻类污染防治
	② 建构跨界水体综合防治体系	• 流域统筹,防止淡水跨界污染,优先解决城镇生活污染,提升污水集中处理水平; • 对流域内干流和重要支流完成截污,确保出水达到一级 A 类标准,清除河道污染底泥

四、中小尺度空间单元资源环境承载力研究的不足与挑战

我国幅员辽阔,自然地理区域差异较大,社会经济发展不均衡,村镇类型极多,现状差异悬殊,中小尺度空间单元资源环境承载力研究工作的开展具有较大难度。总体而言,受基底数据获取性差,资源环境管理监测推广起步晚等因素影响,相关研究仍然不足,缺乏科学、系统的研究体系和框架。研究不足主要体现在以下几个方面:

(一)中小尺度空间单元资源环境承载力概念与机理的讨论不足

目前,中小尺度空间单元资源环境承载力研究尚未形成从基本概念到理论框架与量化方法的体系。主要表现为对于承载力的概念和内涵尚未形成共识,能够准确描述人与环境或物种与环境之间关系的定量化方法缺乏。对于承载力概念和内涵的认识的争议主要体现在承载力理论问题中社会系统的开放性、动态性与复杂性等方面、资源环境系统构成的多样性及其逻辑关系(资源要素、环境要素、生态要素)以及资源环境承载压力、能力与潜力之间的逻辑等。

中小尺度空间单元作为资源环境承载力研究最底层的空间单元,其现状、目标、约束条件、定位等与其中宏观尺度(大流域、国家、洲、全球等)下资源环境承载力研究有着明显差异,在对中小尺度空间单元资源环境承载力研究的理论支撑,评价指标体系、约束条件、评价

方法、实践应用等问题的讨论上均急需开展更多更深入的研究和思考。

（二）中小尺度空间单元资源环境承载力评价基础数据获取难度大

相比于中宏观尺度的承载力评价，中小尺度资源环境数据获取比较困难。一方面是由资源基层检测网络不完善造成的，如大气环境监测数据最小尺度在县域，大部分村镇区域几乎无大气环境生态检测点，相关数据空白；同时受地区社会经济发展水平、设备质量和各地技术人员的专业水平所限，区域地质环境、水资源和水环境、大气环境和土壤条件的统计数据的精细化程度不足，可靠性较差。另一方面由于县、乡镇级网站建设落后，数据公开化、网络化程度低，统计年鉴和年报多为各部门内部资料，难以公开获得；同时受各地社会经济发展影响，大量村镇级统计资源环境统计数据起步较晚，涉及时间尺度的历史数据获取更加困难。

（三）中小尺度空间单元资源环境承载力的评价对象、范围、阈值标准不一

影响不同县镇村区域发展的自然条件有所差异，承载对象的类型、结构和效率的不同也会对承载力产生显著影响，这就导致不同区域资源环境承载力研究在评价因素选取、指标体系构建和关键阈值选择等方面有所不同。目前就村镇资源环境承载力综合评价技术思路尚未统一，将不同区域各具特色的资源环境承载力评价结果集成到区域一张图上时，评价结果之间的可比性不尽理想，对评价的科学意义和政策性造成一定影响。

同时，由于区域系统的开放性、流动性等，造成区域尺度下尤其是小尺度区域的资源环境承载力评价变得较为复杂。中小尺度区域的边界是行政边界而不是生态系统边界，县村镇多为区域生态系统中的一部分。一方面，县村镇作为区域生态系统的组成部分，物质、能量交换频繁，区域资源系统的优劣因素不再是绝对的优劣（可向周边区域交换资源），承载力评价主体要素选取和指标体系的构建存在不确定性。另一方面，区域人口流动频繁、产业的细化分工等影响，导致县镇村内承载对象具有不确定性，资源环境系统承载的对象未必是本区域内的人口和经济活动。因此，深入探讨县镇村系统边界界定以及在系统边界中找出总量约束上限阈值对认知村镇尺度资源环境承载能力具有重要意义。

（四）中小尺度空间单元规划重蓝图，规划治理与实施导向维度欠缺

县镇村地区是自上而下和自下而上的利益主体治理行动影响最直接和最频繁的空间场所，包含了各级政府、集体组织、市场主体与村民等多个利益主体。其行为模式在很大程度上影响区域的资源环境承载力。然而，当前的县镇村规划编制与实施过程中，常沿用城市规划的蓝图式编制方法，缺少对县镇村特有的经济增长与社会组织管理模式的研究，造成规划与现实脱节、难以实施的困境。

（五）中小尺度空间单元资源环境承载力综合提升技术支撑不足

现有研究较少关注村镇资源环境承载力的综合提升技术及其应用。一方面，目前的资源环境承载力评价集中在环境保护、污染处理、基础建设等领域，强调承载力研究中的指标体系选取、阈值选择等技术问题，但是缺乏统一的动态研究机制和评价体系，研究结果无法集中反应区域发展的现实问题，基础研究和实践应用脱节。另一方面，现有应用多停留在战略引导和探讨层面，对于如何在中小尺度空间单元环境改善、资源优化配置、国土资源集约

利用、开发格局优化等方面的综合提承载力水平升研究不足,难以将评价结果和提升技术落实到中小尺度空间单元的规划中,导致相关成果的转化受到制约。

第四节　中小尺度空间单元资源环境承载力 SES 框架

一、治理概念与内涵

按照韦氏词典的解释,治理(governance)是管理(governing)或监督(overseeing)某个组织或事物的控制与发展的行为或过程。治理是打破政府的一元管理架构,改由多元的权力主体共同进行协商、合作,形成新的管治架构,以此实现国家权威与公民社会、政府与非政府、公共机构与私人机构、强制与自愿等要素之间的合作,最大限度地增进公共利益。全球治理委员会将治理概念界定为"治理是各种公共和私人机构管理其共同事务的诸多方式的总和,它是使相互冲突或不同的利益得以调和,并且采取联合行动使之得以持续的过程。"从我国乡村治埋的过程来看,大致可分为传统农业社会的乡绅精英自治、中华人民共和国成立初期基于土地和合作社改革的人民公社主导,以及改革开放以来"政经分离"的村集体自治3 个阶段(陈昭,2017)。乡村关于治理和振兴的关系存在两种视角:一种偏向集体视角,基于村社集体的统筹协调,通过政府项目和资金的运作、村社内部的动员、集体资源的整合和市场及社会资源的援引,有效化解政策供给和建设过程的矛盾(孙莹 等,2019);另一种偏向个体视角,乡村精英通过资源注入、信息传递、制度约束、礼俗规范和榜样示范等方式,激发、调节和整合乡村成员从个体理性转向集体理性(马荟 等,2021)。其他还有关于乡村振兴发展路径的诸多文献,如:推进生产、生活和生态的系统化(赵毅 等,2020;曾鹏 等,2019),关注土地、人口和文化等要素的城乡流动(间海 等,2018;郑孝建 等,2019),或是侧重对产业、生态、人才等某一方面展开讨论(陈晨 等,2021;范凌云 等,2019;刘云刚 等,2020)。

二、SES 框架研究进展

多中心治理理论是奥斯特罗姆提出的超出传统政府与市场二元治理逻辑的"第三条治理"路径,其核心是:特定的公益物品和服务可以超越政府管辖的限制,通过政府、市场、集体、公众等多利益相关主体的协作行动来管理,这些利益主体之间可以有多重组合治理方式,治理主体之间通过优势互补来实现更好的公共产品配置(Ostrom,2009)。然而,多中心治理只关注利益相关者的治理行动逻辑解释,尚未阐释自然系统、社会系统以及治理系统等多个系统之间的内在关系。

在多中心治理的基础上,奥斯特罗姆进一步提出了社会-生态系统(social-ecological system,SES)框架及相关指标体系(Ostrom,2009),并在经历了第二次改进后(McGinnis et al.,2014),形成最新版的 SES 框架和指标体系(图 2-3、表 2-4)。该框架从资源系统、资源单位、参与者系统、治理系统、行动情景、结果等多个维度识别和解构具有排他性和竞争性的公共资源(如林地、草地、湖泊、渔场等)治理问题、过程及其关键变量之间的相互关系(Ostrom,2009;McGinnis et al.,2014),其贡献在于将治理系统与社会生态系统相结合。SES 框架可视为复杂系统的显像化解释,可被释义为在一定社会经济发展背景下,参与者遵循治理系统,在从资源系统中提取资源单位的过程中,不同行动情景将会产生不同的公共事务管治结果,结果又将信息反馈给各个系统,子系统作出适应性改变以保证整个系统可持续、协调运转(Leslie et al.,2015；Kliskey et al.,2021)。可分解性是 SES 框架的重要特征，研究者可根据需求对研究对象进行横向和纵向分解，对复杂的社会-生态-治理系统中变量之间的相互作用关系进行解构(苏毅清,2020；黄安 等,2021)。目前,SES 框架已被广泛应用于诸多公共事务治理方案设计与可持续性水平评估中(表 2-5)，如湿地系统治理(Nagendra et al.,2014；Feng et al.,2021)、灌溉系统的可持续性(Cox,2014)、小型渔场的可持续性(Leslie et al.,2015；Partelow et al.,2018)、生态系统服务有偿使用计划制定(Addison et al.,2016)、住宅园林景观治理(Schmitt-Harsh et al.,2020)、森林多功能治理(Houballah et al.,2020)等。利益相关者的治理行动(如监控活动、投资活动、基础设施投资活动等)已在诸多典型案例中得到了广泛应用，为本研究中 SES 的应用提供了理论、方法以及实践应用的参考。

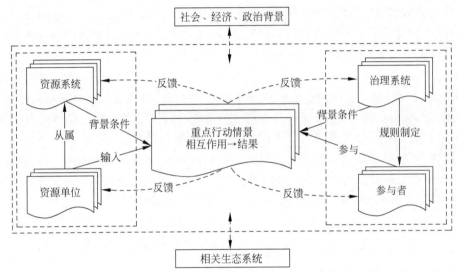

图 2-3　社会生态系统(SES)框架(第二版)

资料来源：(McGinnis et al.,2014)

表 2-4　SES 框架的指标体系

社会、经济和政治背景(S)	
S1—经济发展　S2—人口变化趋势　S3—政治稳定	
S4—其他管理系统　S5—市场　S6—媒体机构　S7—技术	
资源系统(RS)	治理系统(GS)
RS1—部门(如水、森林、牧场、鱼类)	GS1—政府组织
RS2—系统边界清晰性	GS2—非政府组织
RS3—资源系统规模	GS3—网络结构
RS4—人类建造的设施	GS4—财产权体系
RS5—生产系统	GS5—操作选择规则
RS6—均衡性	GS6—集体决策规则
RS7—系统动力的可预测性	GS7—法律决策制度
RS8—历史特色	GS8—监督和制裁机制
RS9—地方性	

续表

资源单位(RU)	参与者(A)
RU1—资源单位的弹性	A1—参与者数量
RU2—增长或替代率	A2—社会经济属性
RU3—资源单位间的交互关系	A3—历史或过去的经历
RU4—经济价值	A4—地方特性
RU5—单元数量	A5—领导者/创造者
RU6—个性	A6—规范(信任互惠)/社会资本
RU7—时空分布特征	A7—了解 SES/ 概念模型
	A8—资源的重要性(依赖程度)
	A9—可用的科技

行动情景：交互(I)		结果(O)
I1—收获	I2—信息共享	O1—社会绩效措施(如效率、公平、责任、可持续性)
I3—审议过程	I4—冲突	O2—生态绩效措施(如过度收获、恢复力、生物多样
I5—投资活	I6—游说活动	性、可持续性)
I7—自组织活动	I8—网络活动	
I9—监测活	I10—评价活动	

与生态系统的联系(ECO)
ECO1—气候类型　ECO2—污染类型　ECO3—区域 SES 框架输入输出

资料来源：(McGinnis et al.，2014)。

表 2-5　SES 框架的典型应用案例

案　　例	简　　介	关键利益相关者治理行动
湿地生态系统管理的可持续性评价	SES框架被用来调查为什么一些地点在城市化后成功地通过谈判将治理从社区系统转变为国家管理，而其他湖泊却在恶化(Nagendra et al.，2014)	• 可选择和操作的规则； • 社交网络活动； • 监控活动
	利用 SES 框架将鄱阳湖绿色发展与生态环境保护有机地结合起来(Feng et al.，2021)	• 不同用户的收获量 • 用户之间的信息共享 • 谈判进程 • 用户之间的冲突 • 投资活动 • 自组织行为
陶斯河谷灌溉系统的可持续性评估	SES框架被用来诊断使沙池保持合作水平的因素,这些合作水平是作为农业社区在高沙漠环境中生存所必需的(Cox，2014)	• 集体行动 • 人类行为 • 社交网络和多层次治理
小规模渔业的可持续发展评估	利用 SES 框架评估了墨西哥南下加利福尼亚州小型渔业社会生态可持续性潜力的空间变化(Leslie et al.，2015)	• 操作和集体选择规则 • 领土使用权限 • 钓鱼许可证
	利用 SES 框架和集体行动理论来诊断支持小型蟹类渔业的红树林河口多用途管理面临的挑战(Partelow et al.，2018)	• 公共部门行动(如生物多样性保护研究所)； • 集体行动(如社区、渔民合作)； • 混合行动(如田园渔民委员会)； • 私营企业行动(蟹肉加工企业)

续表

案　例	简　介	关键利益相关者治理行动
生态系统服务支付方案的评估与设计	利用 SES 框架帮助确定在牧区使用的旱地生态系统服务方案的有效和高效支付的设计标准,并探索该框架对旱地地区的适用性(Addison et al. ,2016)	• 自然和/或社会资本投入 • 集体政府 • 替代流动性 • 牧民业务活动
住宅森林景观结构的可持续性评价	利用 SES 框架构建了一个分类系统,用于识别影响住宅乔木组成和覆盖度的变化情况(Schmitt-Harsh et al. ,2020)	• 信息共享 • 审议过程 • 投资活动 • 游说活动 • 自组织活动 • 监测活动
森林多功能管理	SES 框架被用于解构林业机构如何影响森林生态系统、森林功能和社会安排(Houballah et al. ,2020)	• 木材采收水平 • 自然保护 • 信息共享 • 基础设施投资活动

三、SES 框架应用于中小尺度空间单元资源环境承载力测算提升的意义

政府关于环境的管控、集体组织的动员能力、村民的耕作行为等会对资源环境承载力造成影响,资源环境供给与社会经济需求相互作用,形成一个复杂系统。资源环境承载力基础要素中的资源环境自然供给、社会经济发展需求以及参与者治理行动等与 SES 框架中的多个子系统相互对应。因此,基于 SES 框架进行村镇资源环境承载力研究,将有助于从整体上系统和全面梳理资源环境、社会经济、多利益主体治理行动与承载力之间的相互关系。在理论和方法上,可为构建治理视角下村镇资源环境承载力综合评估、测算、提升的规划理论与方法体系提供参考。在实践中,可借鉴定量分析方法评估利益主体行为对资源环境承载力的影响及干预行为的"成本—收益"框架,为制定精准的资源环境承载力提升方案提供借鉴。

四、中小尺度空间单元资源环境承载力的 SES 框架

SES 框架的核心内容是行动者遵循治理系统中的规则,在资源系统中提取资源单位,各模块的差异将带来不同互动引致差异的行动结果,互动过程和结果也会受到经济社会政治背景和相关生态系统服务子系统的影响(McGinnis et al. ,2014;Nagendra et al. ,2014)。结合村镇建设资源环境承载力的概念(段学军 等,2020,2021),本研究将中小尺度空间单元资源环境承载力的形成机制解释如下。

在不同的城乡社会、经济发展需求下,多利益诉求的参与者遵循政府、集体组织及相关操作规则等治理规则,从隶属于资源系统的水、建设用地、耕地、生态空间中,提取资源单位(产品与服务)。在不同的治理行动情景下,城乡社会经济发展需求与资源环境供给之间将产生不同的供需效应,供给与需求的差值即是承载力状态。当承载力状态为负数时,资源环境处于超载状态;当承载力状态为正时,处于可载状态;当供给与需求相当时,资源环境与城乡建设处于协调平衡状态。供需各子系统根据承载结果信息反馈作出相应调整,以保证

城乡建设与资源环境系统之间的协调运转。在各子系统中,社会经济发展是城乡建设的主要目标,而治理系统和参与者则是城乡建设的主要实施系统和执行系统,三者共同构成了城乡建设的需求子系统;而资源系统和资源单位则是满足城乡建设需求的载体及其所产生的产品和服务,构成了资源环境供给子系统。相互作用→承载力子系统处于该框架的核心地位,在社会-生态协调发展目标下,根据承载结果信息反馈,治理系统作出响应,调整社会经济需求量及资源环境利用量,以确保资源环境承载力尽可能处于协调平衡状态。因此,资源环境承载力状态的测算应充分考虑资源环境子系统、社会经济发展子系统以及治理子系统之间的相互作用关系。各维度及核心模块的具体内涵及内容如图 2-4 所示。

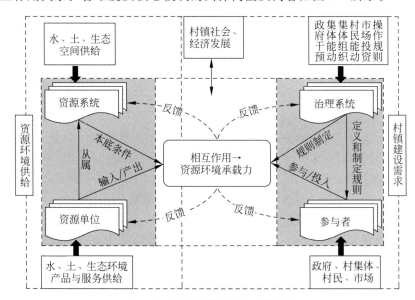

图 2-4　资源环境承载力 SES 框架

资源环境承载力 SES 子系统包括以下几个方面。

（1）**资源系统**。表征资源环境的空间本底状况,如水域、城乡建设用地、耕地、生态用地等空间规模及结构状况。其中,水域包括海洋、河流水面、水库水面、坑塘水面等,城乡建设用地主要包括商、住、工、交通等用地,耕地主要包括水田、旱地、水浇地、园地等,生态用地主要指除前述用地之外的自然生态空间,资源系统空间规模从根本上决定了本地资源环境供给城乡建设所需的产品和服务能力上限。

（2）**资源单位**。从属于资源系统,是资源系统供给城乡建设的具体产品数量与质量。根据水、土、生态空间的供给特征,主要包括水资源总量、水环境质量、建设用地规模、第二、第三产业产值、农业生产总值、粮食生产总量、林地覆盖率等。

（3）**治理系统**。是在一定社会-经济-政治环境下,政府或非政府组织基于历史经验或社会经济发展目标进行的治理行动及规则策划等。治理系统包括自上而下的政府投资与政策干预、自下而上的集体或居民/村民自发能动作用、外来的市场投资、非政府组织的参与以及围绕城乡建设利用资源环境所形成的操作规则等。其中,政府组织维度主要包括政府投资用于城乡建设及资源环境管护的资金,如农林牧渔业投资、生态环境保护投资等,以及对建设所需的生产与生活基础设施投资等。基础设施的完善有利于提升城乡宜居特性,促进人口和经济的发展,从而影响资源环境的利用强度。外来的市场投资和第三方非政府组织(如环境机构等)也会对本地资源环境的利用带来影响。集体决策主要包括集体自身能动作用及居民的组织能力,自身能动作用主要体现在集体的经济能力上,而组织能力则主要体现在由集体组织的公共事件上,如集体大会次数、灌溉设施的覆盖程度等(苏毅清 等,2020)。居民个体出于生计需求直接作用于资源环境,对承载力同样具有重要影响。此外,政府根据资源环境利用经验,制定的一系列的资源环境利用上下限阈值,是判断承载力可载和超载的关键。

(4) **参与者**。是在城乡建设过程中利用本地资源环境的参与者数量,如分产业从业人数、合作社参与人数等,这些参与者的利益诉求、数量和结构的变化对治理系统的执行及资源环境的利用强度均有较大影响(Nagendra et al.,2014)。此外,参与者根据一定的操作规则利用资源的历史与经验是制定操作规则以及判断城乡建设需求的重要依据,如根据生产、生活与生态用水定额,可粗略估算各项需水规模,根据污水处理率可估算污水污染物排放量,根据最低人均建设用地面积、耕地面积以及粮食产量,可估算城乡建设对建设用地、耕地以及粮食的需求量等。

(5) **相互作用→承载力**。治理行动的不同将会导致资源环境的供给与社会、经济发展需求的供需差额形成差异,即承载力余值。如生活生产所需的水资源与区域供给的供需差额,即水资源承载力余值;污水排放量与地表水环境最大消纳污水量的差额,即水环境承载力余值;最低人均建设用地面积需求与实际建设用地面积的供需差额,即建设用地承载力余值;建设用地对经济活动十分重要,可通过建设用地效率表示(靳相木 等,2018);在粮食安全背景下,人均最低耕地需求和粮食需求与实际耕地面积和粮食产出之间的差额,可视为耕地承载力余值和粮食承载力余值;在生态安全背景下,自然生态空间面积和林地面积越大,区域自然生态环境状况越好,承载人类活动的能力越大,因此,生态承载力可通过生态用地面积占比和林地覆盖率表示。综上所述,部分资源环境和城乡建设需求具有明确的阈值,研究将其定义为约束性承载力,当承载力出现负余值时,应进行预警及相应的治理行动;部分承载力指标较难获取经验阈值,如建设用地利用效率、生态用地面积比例、林地覆盖率等,将其定义为预期性承载力,值越大,表明承载力越强。

(6) **社会、经济系统**。社会、经济系统既是影响区域资源环境利用的重要背景因素,也是资源环境的重要承载对象(段学军 等,2020)。常住人口和地方经济的增长将不可避免地导致对水、土地和生态使用需求的增加,而治理可能会加剧或减轻这些影响(Tian et al.,2019)。因此,在社会、经济系统中应重点关注城乡常住人口数量和 GDP 总量,以及构成两者的关键指标如户籍人口,流动人口,第一、二、三产业 GDP 等。

五、中小尺度空间单元的资源环境承载力的 SES 指标体系

根据资源环境承载力 SES 框架及系统特征,参照 McGinnis 等(2014)、Nagendra 等(2014)、方创琳等(2017)和段学军等(2020)的相关研究,构建中小尺度空间单元资源环境承载力综合测算的通用指标体系,具体内容详见表 2-6。资源系统、资源单位、治理系统及参与者是资源环境承载力测算的基础子系统,这些子系统的相关指标数据在一般情况下可通过查找统计数据、实地调查及相关标准获取。由于社会经济子系统既是城乡建设的发展目标,又是资源环境的重点承载对象,因此,社会经济发展的相关指标亦是影响承载力的关键基础要素。其中,社会既包括常住人口、流动人口,又包括人口的就业状况等。经济发展主要是总的 GDP 目标(Tian et al.,2019;顾朝林 等,2020)。承载力子系统则是资源环境承载力测算的目标,根据水、土、生态资源环境的组成系统,大致可分为水资源承载力、水环境

承载力等 8 种。

表 2-6　城乡建设资源环境承载力测算的指标体系

社会经济系统		
S1—经济发展	S2—人口	
S1a GDP ……	S2a 常住人口　S2b 流动人口　S2c 就业人口 ……	

资源系统	治理系统	
RS1—资源系统规模	GS1—政府组织	GS3b　集体组织能力
RS1a　水域面积	GS1a　农林牧渔业投资	GS3c　居民能动
RS1b　建设用地面积	GS1b　生态环境保护投资	GS4—操作规则
RS1c　耕地面积	GS1c　生活性基础设施完备度	GS4a　用水定额
RS1d　生态用地面积	GS1d　生产性基础设施完备度	GS4b　污水处理率
……	GS2—市场	GS4c　规划人均建设用地
	GS2a　外来投资	GS4d　最低人均耕地面积
	GS3—集体决策规则	GS4e　最低人均粮量
	GS3a　集体能动	GS4f　最低林地覆盖率
		……

资源单位	参与者
RU1—资源单位数量与质量	A1—行动者数量
RU1a　可利用水资源总量	A1a　生活人口数量
RU1b　地表水环境容量	A2b　生产人口数量
RU1c　第二、三产业产值	A3c　环保人口数量
RU1d　农业生产总值	……
RU1e　粮食总产量	
……	

互动情景→结果	
O1—资源环境承载力测量	
O1a　水资源承载力	O1e　耕地承载
O1b　水环境承载力	O1f　粮食承载力
O1c　建设用地承载力	O1g　生态用地面积比例
O1d　建设用地利用效率	O1h　林地覆盖率

六、小结

资源环境承载力研究历史悠久,其概念与内涵、评估体系与方法日益丰富。同时,资源环境承载力也被诸多管理领域所接受并加以应用。然而,当前对政府、市场、集体、公众等多利益主体行动在资源环境承载力提升过程中重要作用的研究还远远不足。在中小尺度空间单元的研究中,受制于基础数据获取困难、治理视角讨论不足、中小尺度空间单元资源环境承载力评价范围和阈值不统一等问题,现有中小尺度空间单元的资源环境承载力相关研究数量较少,同时尚未形成科学、系统的研究体系和框架,不同区域的评价结果的可比性不尽理想。此外,本节分析了 SES 框架应用于中小尺度空间单元资源环境承载力测算与提升研究的意义,在此基础上,构建了资源环境承载力研究的 SES 框架,并参考已有研究,提出了建立了一般性的中小尺度空间单元资源环境承载力指标体系,在后续应用中可参考该指标体系结合研究区实地情况予以取舍及拓展。

　　总结起来,本研究将中小尺度空间单元资源环境承载力定义为:在一定社会经济发展目标下,作为承载体的水、土、生态空间资源与环境,对不同利益主体遵循治理系统规则从事生产、生活活动占用空间、资源与环境容量的支撑能力。从基础系统构成来看,也可将中小尺度空间单元资源环境承载力分为两大系统,即资源—环境—生态系统和社会—经济—治理系统:前者主要包含水资源环境、土地资源环境和生态环境多个子系统要素,后者包括人口社会、经济发展以及治理等系统(图 2-5)。在这些子系统中,资源系统是指水、土、生态资源供给系统能支持的地域人口规模和社会经济规模;环境系统是指环境系统能承载地域人口社会经济活动的烈度;生态系统是指生态系统所能承受的地域人口社会经济活动;社会经济系统是指社会经济和文化基础对村镇人口生活福利、精神需求等的支持能力;治理系统则是指不同参与主体遵循治理规则从事社会经济活动和采集资源、占用环境容量和干扰生态系统的行动。可见治理系统是链接资源、环境、生态、社会、经济系统的关键桥梁。

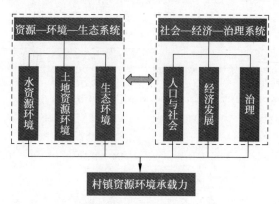

图 2-5　村镇资源环境承载力系统构成

第三章

基于"SES+PSR"的中小
尺度空间单元资源环境承载力
综合评估与提升方法

在《资源环境承载能力和国土空间开发适宜性评价技术指南（试行）》中，将资源环境承载力评价应用于市、县等尺度，结合开发适宜性评价来指导国土空间规划的编制，但由于生态系统较为开放，对应的空间单元尺度的能源消耗、水资源消耗等资源环境数据缺乏等问题，这一评价思路难以在村镇这样的微观尺度开展，因此，研究提出，将小尺度资源环境评价的方法从阈值测算转变为县/镇域内部相对承载力情况的比较，作为市、县级资源环境承载力在镇村级分解和落实的依据。换言之，市、县尺度的承载力评价为村镇提出资源环境状态的基础，再基于各镇村的相对承载力情况，制定提升资源环境承载力的规划管理干预手段，为村镇的空间规划提供参考。

综合评估是资源环境承载力研究的重点内容与方法体系。识别综合资源环境承载力的空间差异及其限制性因素可为总体提升区域承载力水平提供依据。本章选取江苏省溧阳市（县）、北京市大兴区采育镇（镇）为研究案例区开展资源环境承载力评估与提升研究。江苏省溧阳市是"水环境问题制约社会经济迈向生态城市"的典型代表县，北京大兴区采育镇是"土地资源稀缺制约产业转型的大都市边缘区"的典型代表镇。在具体研究过程中，首先，分析它们的概况与其资源环境面临的挑战。其次，借鉴资源环境承载力 SES 框架，将治理要素融入到"压力-状态-响应"（PSR）模型中，改进 PSR 模型，构建中小尺度空间单元资源环境承载力综合评估的方法体系和指标体系。再次，对溧阳和采育镇的资源环境承载力空间分布特征进行综合评估，并分析案例区相对承载力的空间分异特征。最后，揭示影响承载力空间差异的限制性因素，在此基础上制定承载力提升的路径与方案。

第一节　案例区选取与概况

镇村生态系统作为区域生态系统内部的一个子系统，其承载力状况与区域生态状况紧密相关,且即使有时镇域尺度承载力存在超载,但实际的区域生态状态可能仍然是健康的(不同村镇之间的承载力各有可载和超载,但整体达到平衡)。当案例选取受大型生态系统强烈影响的村镇时,只对单一案例村镇进行分析,其评价结果的科学性存疑。因此,研究案例在选择时,其生态系统应具有相对独立性,即受区域影响较小。中小尺度空间单元资源环境承载力研究的另一个难点为数据的难以获取,因此,需选择规划建设相对成熟、各类数据相对齐全、实地调研相对方便的村镇作为案例探索区,尽力提高数据的精度,以保证评价质量。同时,为了保证研究的推广与应用价值,研究案例要具有代表性,其评价思路、技术路线和提升工具应有一定的普及性。根据以上要求,研究以江苏省溧阳市和北京市大兴区采育镇为典型案例区,两者的区域概况及资源环境面临的挑战如下。

一、江苏省溧阳市概况与资源环境面临的挑战

江苏省溧阳市是本书的重点研究案例区之一。溧阳位于江苏、浙江、安徽 3 省交界的重点城市,市域总面积约 1535.87km^2,其区位如图 3-1 所示。地处太湖西水网区,属太湖水系,境内河网纵横,库塘星罗棋布,2 座大型水库的库容量均在 1 亿 m^3 以上。除水网之外,溧阳境内有低山、丘陵、平原圩区等多种地貌类型,地势南、西、北 3 面较高,腹部与东部较平,南部为低山区,西北部为丘陵区,腹部自西向东地势平坦,为平原圩区;耕地面积 112 万亩(1 亩 ≈ 666.7m^2),林地 32.8 万亩,河流和湖泊 42.6 万亩。物产丰富,是著名的"鱼米之乡""丝绸之乡""茶叶之乡"。2019 年,溧阳市入选国家城乡融合发展试验区;2020 年,被生态环境部命名为第四批"绿水青山就是金山银山"实践创新基地。溧阳全市农用地面积约 903km^2,占总面积

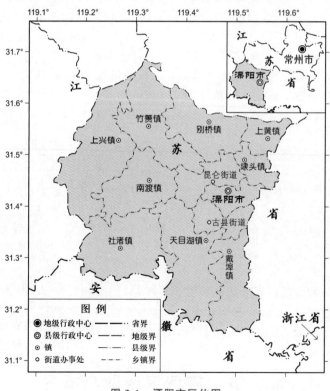

图 3-1　溧阳市区位图

的 58.8%；城乡建设用地面积约 196km²，占总面积的 12.7%；水域面积约 348km²，占总面积的 22.7%；其他用地面积约 88.9km²，占总面积的 5.8%。农用地以耕地为主，占 60% 以上，人均 1.1 亩，高于江苏 0.96 亩的平均水平；基于农田耕作和交通出行的便利，农村居民点多沿道路、河流零散分布，影响农村居民点的集中布局和土地集约利用。人均城镇乡村建设用地面积约为 123.4m²/人，人均村庄建设用地约为 192.2m²/人，超过江苏省新建村庄人均规划建设用地标准中的 130m²/人，城乡人均建设用地均处较高水平，土地粗放利用现象严重；基本农田保护指标约为 608.9km²（占市域面积的 40%），耕地保护难度加大。

截至 2019 年年末，溧阳市常住人口约 76.4 万，城镇化率 63%。近年来，随着全域综合旅游、生态旅游的不断发展，2019 年，接待旅游人口已超 2000 万。国内生产总值 GDP 约 1010.54 亿元，第一、二、三产值比例 5.2∶50.8∶44，是东部地区相对发达的县级市。溧阳市的社会经济发展定位为生态城市，并大力发展生态旅游，地表水质目标为Ⅲ类。然而，在生产生活污水排放的影响下，目前的地表水环境较差，大部分河流水质长期处在Ⅴ类和劣Ⅴ类水质。近年来，在水环境综合治理的措施下，水环境有所改善，部分水域水质达到了Ⅳ类水质，但仍有 60% 以上的水域仍处于Ⅴ类水质以下。

溧阳是东部地区社会经济发展相对较好的县级市，但水环境状况成为溧阳"生态"经济发展的关键限制性因素，在发达地区具有很强的典型性。因此，选择溧阳作为资源环境承载力综合评估与提升的案例区。

二、北京市大兴区采育镇概况与资源环境面临的挑战

北京市大兴区采育镇被选为本章的第二个重点案例区。采育镇地处北京市东南部永定河冲积平原，距离北京中心城区 30km，天津市区 70km，雄安新区 90km（图 3-2）。采育镇一方面具备地处大城市边缘区、工业发达的特征，另一方面面临土地集约利用、产业转型升级的挑战与机遇。其建设与资源环境状况具有较强的代表性，对经济较为发达的村镇资源环境承载力研究具有借鉴价值。

（一）采育镇的社会经济发展特征

2018 年，采育镇域常住人口 4.39 万人，年财政收入 18 241 万元，地区生产总值 15.17 亿元，农村居民人均收入 23 810.6 元。在 4.39 万常住人口中，户籍人口 3.4 万，半年以上暂住人口 0.99 万。2004—2018 年常住人口增长 8674，其中户籍人口增长 2105，半年以上暂住人口增长 6569。2004—2018 年，常住人口、户籍人口、半年以上暂住人口的年均综合增长率分别为 15%、4.5% 和 79%。为了控制镇域发展规模，采育镇进行了人口控制和流动人口疏解，流动人口规模有所下降。2018 年，采育镇域流动人口 16 639，较年初下降 3605。

采育镇的农业基础较好，休闲农业发展迅速：各村实际耕种的耕地面积共计 2 万余亩，其中大皮营、笸箩庄、沙窝营、庙洼营、东潞州村等规模在 1000 亩以上；全镇各类采摘园区和合作社 35 家。从种植作物选择来看，采育镇以葡萄产业和蔬菜产业为主导，葡萄种植面积超过 3000 亩，蔬菜种植面积达到 11 000 亩。同时，采育镇已经形成了依托葡萄旅游文化节的休闲农业产业，农业园逐渐走向规模化、规范化；全镇已发展各类农业园区 80 多个，50 亩以上各类园区 23 家（见图 3-3）。但旅游整体吸引力不强，旅游收入和游客接待量呈现出"一升一降"的特点。2013—2018 年，采育镇旅游收入年均增长 7.2%，但接待游客量 28.3 万人，下降 10.5 万人，降幅达 27%。

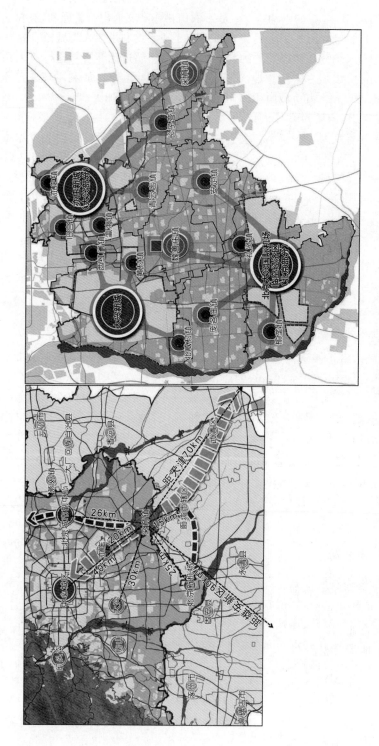

图 3-2 采育镇区位关系与大兴区城镇体系规划图

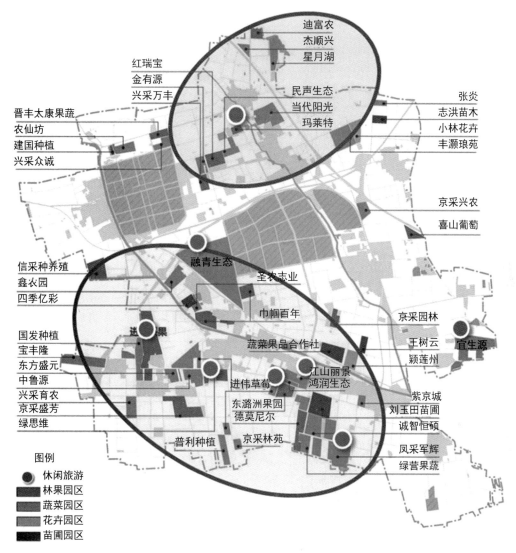

图 3-3　采育镇农业园区分布图

2018 年，采育镇开发区完成工业总产值 130.5 亿元，其中新能源汽车及汽车零部件企业产值占总量的 90% 左右，形成新能源汽车和汽车零部件两大主导产业，产业已初步集聚。2013—2017 年，采育镇工业企业产值占大兴区各镇街园区工业企业的总产值由 5.95% 提升到 23.2%，接近 1/4，位居第一。采育镇工业主要集中在工业开发区（产业分布图见图 3-4），园区现有 50 多家企业，其中正常运营 40 家。开发区内的产业用地开发强度整体较低，用地不集约，需进行土地综合整治。

（二）采育镇的资源环境特征

采育镇镇域总建设用地为 1642.3hm²；其中，城乡建设用地为 1437.5hm²，特交水用地为 204.8hm²；其中，集中建设区内城乡建设用地面积为 626.17hm²，集建区外城乡建设用地面积为 811.32hm²（土地利用现状见图 3-5）。从镇域内建设用地空间结构可发现，除镇区东、西两组团外，建设用地依托凤河、官沟建设发展，是典型的河流资源导向的农业小镇发展模式，河流、建设用地外侧为基本农田、林地和葡萄种植园等。

图例
■ 现状第一产业
■ 现状第二产业
■ 现状第三产业

图 3-4　2018 年采育镇第一、二、三产业空间分布图

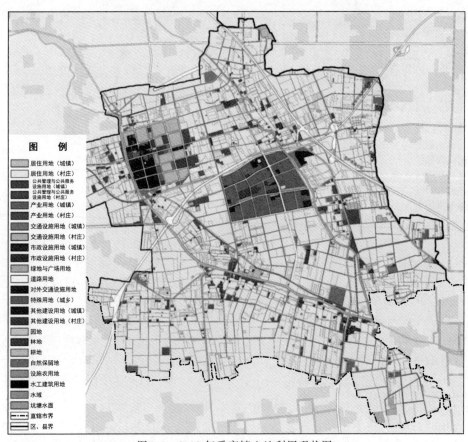

图　例
居住用地（城镇）
居住用地（村庄）
公共管理与公共服务
设施用地（城镇）
公共管理与公共服务
设施用地（村庄）
产业用地（城镇）
产业用地（村庄）
交通设施用地（城镇）
交通设施用地（村庄）
市政设施用地（城镇）
市政设施用地（村庄）
绿地与广场用地
道路用地
对外交通设施用地
特殊用地（城乡）
其他建设用地（城镇）
其他建设用地（村庄）
园地
林地
耕地
自然保留地
设施农用地
水工建筑用地
水域
坑塘水面
直辖市界
区、县界

图 3-5　2018 年采育镇土地利用现状图
（资料来源：清华同衡规划设计研究院，采育镇国土空间规划（2018—2035））

面对产业的不断升级和可用建设用地的稀缺约束,采育镇土地资源承载力面临着严重的超载状况,除此之外,在社会经济发展的诉求下,生态环境的健康程度受到较大的压力,急需对采育镇资源环境承载力进行全面而综合的评价,在此基础上提出空间优化方案。

第二节　基于 SES 框架的溧阳市资源环境承载力的综合评估与提升

在溧阳市,严重的水环境问题成为其实现"生态城市"战略的关键限制性因素。本节基于资源环境承载力 SES 框架,改进压力-状态-响应(PSR)框架,建立水、土、生态资源环境承载力的压力(pressure,P)-状态(status,S)-治理(governance,G)(PSG)综合评估框架与指标体系。综合评估溧阳市资源环境承载力,并分析它们的空间分异特征。最后,利用障碍度模型识别限制溧阳市综合承载力的关键障碍因素(曲衍波,2017),据此提出提升溧阳市综合承载力的路径与方法。

一、中小尺度空间单元资源环境承载力 PSG 模型构建

各 PSG 维度及核心模块的具体内涵及内容如下。

(1)压力维度(P):主要反映村镇社会、经济发展对资源环境获取产品和服务,以及其带来的附属废弃物对资源环境造成的直接或间接影响。水资源压力主要源于生产-生活-生态所需的用水量,水环境压力主要来源于生产-生活排放的污水(段学军 等,2020)。耕地资源压力主要源于经济发展需求下,耕地被占用转换成建设用地的概率,城镇乡村建设用地面积越大,耕地被占用压力越大(黄晶 等,2020);此外,耕地资源压力还表现为单位面积耕地和单位面积粮食种植供养的人口数,人口数越多,耕地资源压力越大(方创琳 等,2017)。耕地环境的压力主要表现为在农业生产过程中消纳的农药、薄膜等污染物质总量(黄晶 等,2020)。自然生态空间所面临的压力主要来源于村镇建设的利用强度(杨天荣 等,2017),建设用地面积越大,尤其是城镇化水平越高,对自然生态环境的影响越大(宋永永 等,2019;宋永永 等,2020),采用建设空间比例作为生态压力表征指标。压力维度的各项指标是资源环境的主要扰动项,压力越大,消耗资源环境的规模和速率越大,承载力越低,即压力负向贡献于综合承载力。

(2)状态维度(S):主要表征资源系统提供的空间规模与结构,以及不同空间供给村镇建设所需的产品与服务,即资源单位。水资源状态主要表征一切水资源空间供给村镇建设的可利用水总量,其空间面积越大,供给的水资源量越多(方创琳 等,2017);水环境的状态可通过地表水质类别表征,水质等级越高,可消纳的污水量越多,承载力越大(曾维华 等,2020)。耕地资源状态主要表现为区域耕地面积数量。为了比较不同村镇的大小,采用耕地占村镇行政区面积的比例来表示(刘颖 等,2015)。耕地环境状态主要表现为优质耕地数量,限于数据可获取性,研究采用水田、水浇地面积之和占耕地面积的比例来表征村镇优质耕地状况;耕地环境越好,农业产值越高(Huang et al.,2019),承载力越大,由此,将农业产值作为耕地环境的表征指标之一。生态环境状况主要表现为自然生态空间的总量以及林地面积覆盖率状况(卢龙辉 等,2020)。状态维度指标值越高,承载力越大,即状态维度正向贡献于综合承载力。

　　(3) 治理维度(G):表征村镇建设过程中的政府、村集体、居民及市场等多利益主体在相关政策、规则导向下,通过自上而下干预、自下而上的能动,以及市场影响来对村镇资源环境进行利用及管理。有效的治理行动直接作用于各主体利用资源环境的过程,并促使资源环境供给与村镇建设需求之间互动,形成良性循环(McGinnis et al.,2014;Nagendra et al.,2014)。参考已有研究成果(Nagendra et al.,2014;苏毅清 等,2020),本研究拟从利益主体的能力与行动角度出发,从集体能动性、集体组织能力、村民能动性、市场影响、政府干预 5 个方面建构反映治理行动与能力的指标体系。集体能动性是支撑自组织能力的基础要素,主要取决于集体本底社会、经济状况,经济收入越强、人口规模越大,村集体所能发挥的能动性越强;此外,贫困人数过多,将会影响集体能动作用的发挥(苏毅清 等,2020)。集体组织能力是表征集体自组织能力强弱的指标,可通过需要集体组织才能得以实施和维护的公共物品如灌排站个数、机井个数等予以表示(苏毅清 等,2020)。村民能动性是由村民自发改变提高资源环境利用效率的能力,耕地规模化经营、参加合作社等在一定程度上反映了村民对资源利用的应变能力和遵循统一组织的管理过程(张蚌蚌 等,2020)。基础设施的完备度体现政府对村镇建设的干预能力,政府通过新建或改善生活性、生产性基础设施来改变村镇的环境,引导形成村规民约,从而影响村民/集体利用资源环境的方式与效率(邵挺,2013;Ellingwood et al.,2016),其中的生活性基础设施如天然气管道、污水处理设施、垃圾处理设施等,生产性基础设施如文教体卫设施等。上述多中心治理行动有助于村镇建设利用资源环境效率的提升,即正向贡献于资源环境承载力。由于市场通过外商投资到本地来加速对资源环境利用的进程,资本逐利的驱使(张立新 等,2020)对承载力带来正向或负向影响,具有较大的不确定性,且在村镇尺度缺乏足够的数据作支撑,因此,本研究暂不考虑市场要素对综合承载力的影响。

　　综上分析,村镇建设资源环境承载力是由村镇建设的需求、资源环境的供给,以及政府-集体-村民等多中心利益主体治理行动 3 个维度互动互馈形成的综合系统。据此,构建治理视角下的村镇建设资源环境承载力 PSG 综合评估指标体系。PSG 指标包括一级指标(14 个)、二级指标(24 个),指标内容、计算方法及指标贡献性详见表 3-1。

表 3-1　村镇建设资源环境承载力的综合评估指标体系

PSG 维度 (权重)	一级指标 (权重)	二级指标 (权重)	计 算 方 法	效应
压力 P (0.25)	P1 水资源压力(0.29)	总用水规模	生活用水、农业用水、工业用水、城镇环境用水规模总量。生活用水=常住人口数×用水定额;农业用水=农业面积×用水定额;工业用水=工业 GDP×单位工业 GDP 耗水量;城镇环境用水=绿地面积×用水定额	—
	P2 水环境压力(0.14)	总废水排放量	在各类用水中,有废水排出的主要是生活污水、水产养殖污水、工业废水,因此,总废水排放量将取 3 种污水排放量的总和。生活污水=生活用水总量×生活污水排放系数×处理率;水产养殖污水=水产养殖用水量×养殖面积×排放系数;工业废水=工业用水总量×工业废水排放系数×处理率	—

续表

PSG 维度 （权重）	一级指标 （权重）	二级指标 （权重）	计 算 方 法	效应
压力 P （0.25）	P3 耕地资源 压力（0.29）	城镇乡村建设用地 面积比例（0.33）	城镇乡村建设用地面积除以行政区面积	−
		单位耕地供养人口 数（0.33）	常住人口数除以水田、水浇地、旱地、茶 园、果园面积之和	−
		单位粮食播种面积 供养人口数（0.33）	常住人口数除以粮食播种面积	−
	P4 耕地环境 压力（0.14）	农业污染	等权叠加归一化后的农药、薄膜使用量	−
	P5 生态环境 压力（0.14）	建设空间比例	所有建设用地/行政区面积	−
状态 S （0.4）	S1 水资源状 态（0.28）	水域面积比例	河流、水库、坑塘、湖泊水域面积之和与行政 区面积的比值	+
	S2 水环境状 态（0.20）	地表水质等级	打分法：Ⅱ类水 1 分，Ⅲ类水 0.8 分，Ⅳ类水 0.6 分，Ⅴ类水 0.4 分，劣Ⅴ类水 0.3 分	+
	S3 耕地资源 状态（0.28）	耕种面积比例	水田、水浇地、旱地、茶园、果园总面积与行政 区面积的比例	+
	S4 耕地环境 状态（0.12）	优质耕地比例（0.5）	结合溧阳市当地情况，水田、水浇地、茶园面 积之和除以耕地总面作为耕地质量标准	+
		农业生产总值（0.5）	村卡统计	+
	S5 生态环境 状态（0.12）	自然生态空间占比 （0.5）	林地、草地、水域面积之和与行政区总面积的 比值	+
		林地面积比例（0.5）	林地面积与行政区面积的比值	+
治理 G （0.35）	G1 集体能动 性（0.25）	村集体收入（0.33）	村卡统计数据	+
		人口居住状况 （0.33）	常住人口数与户籍人口数的比值	+
		贫困人口比例 （0.33）	贫困人口数与常住人口数的比值	−
	G2 集体组织 能力（0.20）	灌排站和机井个数 （0.5）	村卡统计数据	+
		集体大会次数（0.5）	村卡统计数据	+
	G3 村民能动 性（0.20）	耕种规模经营程度 （0.5）	耕种面积与耕种面积斑块总数的比值	+
		参与合作社人口比 例（0.5）	参与合作人数与常住人数的比值	+
	G4 政府干预 （0.35）	生产性基础设施 （0.5）	归一化后的自然村内天然气管道铺设比例、 污水集中处理村比例、垃圾集中处理率等权 叠加	+
		生活性基础设施 （0.5）	归一化后的千人拥有的文化设施数量、幼儿 园数量、体育设施数量、医师数量等权叠加	+

二、综合评估方法与障碍因素识别模型

实证研究以"综合承载力评估→制图与分析→分区调控"为主线,对村镇资源环境承载力进行综合评估与优化。首先,综合承载力评估,根据PSG指标体系,搜集案例区各行政村的相关数据,在标准化统一量纲后,采用层次分析法(analytic hierarchy process,AHP)和指数叠加法综合评估承载力PSG指数及综合承载力指数的空间分布特征。其次,基于ArcGIS10.4.1平台的承载力制图与分析,为了便于分析PSG指数及承载力指数的空间分布特征,本研究利用自然间断点分类法将其分为高、中、低3级,该法的分类理论根源是"突变理论",基本过程遵循"组内部相似性最大,组与组之间相异性最大"的原则对不确定分类的数据进行聚类分级,较为客观地反映出描述对象的自然转折点和断点,被广泛应用于空间分布特征分析中(Fang et al.,2016;Liu et al.,2019)。由于压力维度负向贡献于综合承载力,其指数值越大,压力越低,因此,P指数在分级时,由小到大定为高、中、低3级,其他指数按照由大到小定为高、中、低等级。最后,承载力分区调控。为了针对性制定承载力提升方案,研究引入障碍度诊断模型识别、定量分析承载力高中低分区主导障碍因子,在此基础上,提出治理提升策略。

(一)数据标准化

统一量纲是进行不同量纲指标综合评估的前提步骤(黄安 等,2018),研究采用通用标准化方法,将所有指标标准化到0~1,具体公式如下:

$$F_{(x)} = \begin{cases} \dfrac{x - x_{\min}}{x_{\max} - x_{\min}}, & \text{（正向贡献）} \\[3mm] \dfrac{x_{\max} - x}{x_{\max} - x_{\min}}, & \text{（负向贡献）} \end{cases} \tag{3-1}$$

式中,$F_{(x)}$为归一化后的指标值;x为原始数据任一栅格单元上的指标值;$x_{\min}$为原始数据的最小值;$x_{\max}$为原始数据的最大值,根据其对功能影响的正向和负向贡献进行标准化,其中耕地利用等指数为负向贡献。

(二)综合评价法

指标赋权是综合评价的关键问题之一。在承载力综合评估PSG体系中,各维度的指标均是承载力不可或缺的重要因素,但由于不同层次的要素对承载力影响贡献存在较大差异,且承载力需求程度大不相同,因此,本研究采用经典的指标权重确定方法AHP法,确定PSG各要素权重。AHP综合评价法适用于并广泛应用于指标权重具有较大不确定性的综合评价权重确定,本研究根据城乡规划学、土地科学、地理学等多方面专家讨论确定的一级指标两两对比的重要性程度,并借助Yaahp7.0软件构建判断矩阵,最终生成各指标权重,具体原理详见文献(Huang et al.,2019),权重确定结果见表3-1。鉴于多项二级指标于所对应的一级指标具有同等重要性,将采用等权重叠加归一化值,从二级指标得到一级指标值。在此基础上,采用综合指数叠加分析法,叠加各维度的指标体系,获得PSG指数及资源环境承载力指数。综合指数叠加公式如下:

$$F_z = \sum_{i=0}^{n} f_i W_i \tag{3-2}$$

式中,F_z 为某一村镇单元内的 P、S、G 或承载力综合指数,f_i 为第 i 项指标归一化后的值,W_i 为第 i 项指标的叠加权重。

(三)承载力分区调控的障碍因子诊断模型

诊断与分析不同区域承载力的影响障碍因子,是识别承载力限制性因子的关键步骤,更是针对区域特征制定差别化承载力治理提升调控策略的重要依据。障碍诊断模型能定量识别基础指标对综合评估结果的影响程度,其值越高,影响综合值的程度越大,对其进行排序可以确定不同承载力分区的障碍因素主次关系及其影响程度,并针对性地制定承载力治理提升策略(曲衍波 等,2017;Chen et al.,2020)。因此,本研究引入障碍度模型,定量识别 PSG 各维度指标对不同等级综合承载力分区的影响程度。具体公式如下:

$$S_{ij} = \frac{w_{ij}P_{ij}}{\sum_{j=1}^{n}(w_{ij}P_{ij})} \tag{3-3}$$

式中,S_{ij} 为 i 维度 j 指标的障碍度分值;w_{ij} 为对应指标的贡献度,通常采用 i 维度的权重与 j 指标的权重乘积表示;P_{ij} 为指标偏离度,即指标值与最优目标值之差,可通过 1 与各评估单元的标准化值之差表示。

(四)研究数据源

数据源主要有:由溧阳市自然资源局提供的 2019 年土地利用类型统计数据,由统计局提供的 2019 年社会经济统计数据、2019 年村卡数据,水利局提供的 2019 年水量参数及水质监测数据,生态环境局提供的林地覆盖数据等。经数据整理、录入、统计、清洗等预处理后,依据资源环境承载力指标体系构建研究基础数据库。

三、溧阳市资源环境承载力综合评估结果与分析

溧阳市 PSG 指数和综合承载力指数(图 3-6)的空间分布特征,各等级村个数的统计结果如表 3-2 所示。具体分析如下。

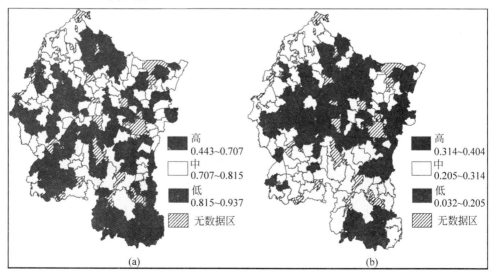

图 3-6 溧阳市资源环境承载力综合评估结果图

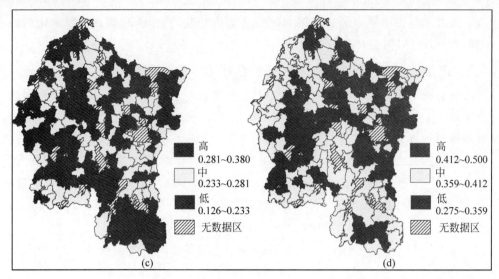

图 3-6   （续）

表 3-2   PSG 与综合承载力的分区统计结果

分区等级	压力		状态		治理		综合承载力	
	村个数	占比/%	村个数	占比/%	村个数	占比/%	村个数	占比/%
高	37	20.442	78	43.094	36	19.890	70	38.674
中	81	44.751	74	40.884	79	43.646	80	44.199
低	63	34.807	29	16.022	66	36.464	31	17.127
合计	181	100	181	100	181	100	181	100

（一）压力指数

各等级村的占比大小排序依次为中等（44.751％）＞低等（34.807％）＞高等（20.442％），表明溧阳市占 80％以上的村镇资源环境利用压力处于中等以下水平。其中：高等级压力区主要分布在镇中心周围区域，以及社渚北部、南渡和上兴等镇，这些区域的社会经济相对较为发达，建设用地尤其是城镇乡村建设用地面积较大，引致资源环境利用压力较大；低等级压力区主要分布在戴埠镇和天目湖镇的南部山区，以及以天目湖为代表的生态湖泊周边，这些区域受生态保护制约，对资源环境的利用程度相对较小。

（二）状态指数

各等级村的占比大小排序依次为高等（43.094％）＞中等（40.884％）＞低等（16.022％），表明溧阳市 80％以上的村镇资源环境状态处于中等偏上水平。其中：高等级状态村的集聚效应较为明显，主要集中分布在西北部的上兴、南渡、竹箦、别桥一线，以及东部的埭头、溧城和戴埠一线，这些区域主要在平原区，水资源、耕地资源及农业产出较高，因此，综合资源环境状态相对较高；低等级状态区域主要集中分布在南部山区、天目湖镇湖泊周边及上黄镇的部分村，这些村基本位于生态保护和湿地保护区，生态环境状态相对较好，但耕地资源和环境相对较差。

（三）治理指数

各等级村的占比大小排序依次为中等（43.646％）＞低等（36.464％）＞高等（19.890％），

表明溧阳市占 80％以上的村治理水平处于中等偏下水平。由于治理涉及的要素较多，且多利益主体的治理行动同时达到最优比较困难，从而形成了高等级治理村镇分布较为零散，中低等级村镇普遍存在的空间分布特征。

（四）综合承载力指数

各等级村的占比大小排序依次为中等（44.199％）＞高等（38.674％）＞低等（17.127％），表明溧阳市超过 80％的村承载力处于中等偏上水平。其中：高等级承载力村主要分布在南渡、竹箦、别桥镇一线，以及东部的埭头、溧城和戴埠一线；中等承载力遍布各乡镇，而低等级承载力村则零散分布在各乡镇中。承载力指数的高低受 PSG 3 个维度的综合影响。由于状态维度贡献系数较大，且溧阳市 80％以上的村镇资源环境状态处于中等偏上水平，因而引致承载力指数普遍偏高。

四、溧阳市资源环境承载力障碍因素识别结果与分析

根据障碍诊断模型，定量识别 3 个区内的主导障碍因素。在具体操作时，根据障碍度评估模型计算出各村的障碍度系数，并统计各指标障碍度系数大于均值（0.558）的村在不同承载力分区中出现的频次占比，结果如表 3-3 所示。根据统计结果，将障碍因素出现频次占比大于 0.55 的视为主要障碍因素，不同承载力分区的主要障碍因素分别如下。①高等级承载力区：主要障碍因素共 4 项，状态维度和治理维度各有 2 项，障碍度频次占比的大小排序依次为水环境状态＞村民能动性＞集体组织能力。②中等级承载力区：主要障碍因素共 5 项，状态维度和治理维度分别占 2 项和 3 项，障碍度频次占比的大小排序依次为水环境状态＞生态环境＞集体能动性＞村民能动＞政府干预。③低等级承载力区：主要障碍因素共有 9 项，状态维度和治理维度分别占 5 项和 4 项，障碍度频次占比的大小排序依次为水环境状态＞政府干预＞耕地资源状态＝集体组织能力＝村民能动性＞耕地资源环境＞水资源状态＝生态环境状态＝集体能动性。

表 3-3　承载力分区障碍度频次占比统计

承载力分区	P1	P2	P3	P4	P5	S1	S2	S3	S4	S5	G1	G2	G3	G4
高等	0.45	0.31	0.18	0.50	0.33	0.50	**0.90**	0.53	0.49	**0.63**	0.54	**0.61**	**0.69**	0.42
中等	0.51	0.37	0.16	0.49	0.27	0.43	**0.99**	0.37	0.36	**0.77**	**0.61**	0.53	**0.57**	**0.56**
低等	0.32	0.35	0.39	0.29	0.52	**0.55**	**0.97**	**0.58**	**0.56**	**0.55**	**0.55**	**0.58**	**0.58**	**0.60**

注：P1 为水资源压力、P2 为水环境压力、P3 为耕地资源压力、P4 为耕地环境压力、P5 为生态环境压力；S1 为水资源状态、S2 为水环境状态、S3 为耕地资源状态、S4 为耕地环境状态、S5 为生态环境状态；G1 为集体能动性、G2 为集体组织能力、G3 为村民能动性、G4 为政府干预。

综上可知：溧阳市承载力指数的主要障碍因素集中在状态维度和治理维度，且存在全局障碍因素、局部障碍因素和单区域障碍因素 3 种类型。其中，水环境状态、生态环境状态以及村民能动性是 3 区共存的主要障碍因素，且水环境状态在各区域中的频次均最高，是急需改善的障碍因素。集体组织能力是高等和低等区域的局部障碍因素，集体能动性、政府干预是中等和低等区的局部障碍因素。耕地资源状态、耕地环境状态及水资源状态是低等区的单区障碍因素。纵向和横向的障碍度频次占比分析表明：溧阳市低等、中等承载力区是提升的重点和次重点区域，高等级承载力区仍然有较大的提升空间。

五、溧阳市资源环境承载力提升政策启示

为了全面提升溧阳市综合承载力水平,本研究基于障碍因素诊断分析结果,立足溧阳市实际情况,遵循治理行动的可控性与迫切性,以及规划实施的可操作性等,分全局障碍因素提升、局部障碍因素提升及单区障碍因素提升3个方面,拟定未来溧阳市综合承载力提升治理策略。

全局障碍因素提升:水环境状态、生态环境状态及村民能动性是全局主导障碍因素。其中,水环境状态是急需提升的障碍因素,未来可加大对水环境的综合治理,如政府加强工业、农业生产和生活污水排放的集中处理设施投入,以削减污染物排放量,增加生态修复投入资金,对不达标的水域进行水质提标治理。生态环境状态主要表现为自然生态空间及林地面积覆盖比例。溧阳市大部分为平原区,水域空间、耕地面积较多,但自然生态空间面积较少且分布不均匀,因此,未来可增加田、水、路、村等区域保护林带的修建,增加林地覆盖面积,降低其障碍度。村民能动性主要表现为耕地规模化经营状况及参与合作社比例,未来可加大农业科学技术宣传与培训,合理引导耕地规模化经营,提高合作社组织管理水平,增加耕地规模化经营和合作社参与数量,降低障碍度。

局部障碍因素提升:对于高低等区域的局部障碍因素的集体组织能力而言,未来可在这两个区域内增加集体管理者的组织能力、培训机会,加大各方资源环境的科学利用与保护宣传力度,提升集体服务群众、保护资源环境的组织能力。对于中低等承载力区的局部障碍因素而言,集体能动性、政府干预治理要素的提升,可通过大力引入适应本地的"造血"产业,增加村集体的经营性收入,同时,加大政府投资生产性和生活性基础设施的建设力度,增加就业岗位,鼓励本地居民就地就业,留住人的同时改善人居环境,助力乡村全面脱贫,以全面提升集体能动性与政府干预治理水平。

单区障碍因素提升:耕地资源状态、耕地环境状态及水资源状态是低等区的单区障碍因素。其中,耕地资源状态的表征指标耕种面积说明低等承载力区域的耕种面积占比普遍偏低。溧阳市耕地后备资源匮乏,但存在较多的耕地转换为水产养殖坑塘的现象,因此,在必要情况下,可通过复垦水产养殖场所来降低耕地资源状态的障碍度。耕地环境状态的表征指标是优质耕地占比及农业生产总值,未来可加大对土地整理的投资,变旱地为水浇地,以提升优质耕地占比,增加农业科技人员投入和农业技术培训,提高农业生产效率。水资源状态的表征指标是水域空间面积,未来可适当建立人造坑塘,增加水域空间面积,从而降低水资源状态的障碍度。

六、小结

本研究基于SES框架,构建了治理视角下的中小尺度空间单元资源环境承载力综合评估PSG理论框架及相关的评估指标体系,与传统的PSR模型框架综合评估及综合承载力评估相比,更加注重反映多中心利益主体治理行动利用资源环境的影响,理论框架具有一定的创新性。此外,在承载力综合评估的基础上,引入障碍度诊断模型,诊断了不同承载力分区的主要障碍因素,并针对性地制定了治理策略,有助于为溧阳市综合承载力的提升规划方案制定提供参考。但该研究目前仍处于探索研究阶段,SES框架引入治理维度解析资源环境承载力需进一步深化,综合评估指标体系尚需进一步提炼与验证,以更好地评价治理要素对资源环境承载力的影响。理论分析结果表明:村镇资源环境承载力是由村镇建设的需

求、资源环境的供给,以及政府-集体-村民等多中心利益主体治理行动 3 个维度互动互馈形成的综合系统,可采用 PSG 理论框架进行承载力综合评估。该理论框架可广泛应用于村镇建设与资源环境承载力的关系研究。

第三节 基于 DPSIG 的大兴区采育镇资源环境承载力评价研究

大兴区采育镇是大都市边缘地区以工业生产为社会经济发展支柱产业的区域,土地资源的有限性是制约其社会经济进一步发展的关键限制性因素。目前而言,采育镇面临着土地资源集约节约利用和工业转型升级的困境。在此背景下,研究基于 SES 框架,将 PSR 模型扩展并改进为 DPSIG 模型——驱动力(driving,D)-压力(pressure,P)-状态(status,S)-影响(impact,I)-治理(governance,G)DPSIG 模型,以行政村为评估单元,对采育镇进行资源环境承载力综合评估。首先,根据 DPSIG 模型,构建资源环境承载力综合评估的指标体系。其次,根据采育镇的实际情况和基础数据,综合评估与分析采育镇内部的相对承载力状况。再次,分析它们的关键限制性因素空间分布特征。最后,为承载力提升制定空间指引方案。

一、资源环境承载力 DPSIG 模型构建

(一)模型选择——基于 DPSIG 模型的综合指标体系

常用的相对综合承载力评价方法包括状态空间法、级数突变法、DPSIG 模型综合指标法等;其中,DPSIG 模型可将人类活动情况、资源环境状况等指标进行分类,将人类与生态系统的相互作用、相互影响视为综合系统,并建立指标体系进行讨论,适宜作为本研究的基础方法;在此方法的基础上,我们将治理与传统模型中的响应层相结合,形成纳入综合环境治理的 DPSIG 模型框架。研究遵循科学性、可操作性、可推广性等原则,基于社会经济数据和土地利用数据建构模型,对不同村庄间的资源环境状态进行比较分析,为空间规划中的承载力提升实践提供空间落实指引。

(二)指标体系的建立

评价体系建立了以采育镇资源环境承载力状况为目标层,以驱动力、压力、状态、影响、治理为准则层,以 22 个可较为全面、科学反映镇域资源环境状况的指标为因素层的 DPSIG 资源环境承载力综合评价模型(表 3-4),以采育镇 53 个行政村为评价基本单元。

在建立指标体系时,驱动力为系统环境变化的驱动性力量,是导致系统变化的潜在影响因素,即通过相对间接的方式影响区域承载力状态,通常用产业、城镇发展水平等经济指标来衡量,例如:第二产业相对会增加资源环境压力,第三产业则对资源环境的压力较小。压力类指标是直接作用于资源环境状态的指标,如人口密度、人均耕地资源情况等,压力指标越高,区域承载力承受的指标越大。状态指标既是对现状资源环境状态的直接反映,也可直接通过这些指标来反馈承载力的状态,因此,多用特定类型用地占比来衡量状态指标。影响类指标为在特定资源环境状态下,人类活动的变化和适应,即"在一定环境条件下,人类对应的发展应对策略",如耕地、产业用地的集约程度等指标。治理类指标为人类为改善资源环境状态所做出的努力,可以缓解区域的承载力状态。值得一提的是,同为耕地相关的指标,但其人均面积、总体面积占比和集约程度等分别从驱动、压力、状态等不同维度反映了整体

承载力的一部分,因此,通过多层次的综合分析可更为准确地评价资源环境承载力状况,构建指标体系。

表 3-4　采育镇资源环境承载力的评价指标及统计方法

准　则　层	因　素　层	数据计算方法	指标选取意义
驱动力 D	城镇人口占比 c1	城镇人口/总人口	反映地区城镇人口占比
	产业发展水平 c2	产业用地面积/总面积	反映地区产业发展水平
	二产就业人口占比 c3	二产就业人口/总人口	反映地区产业结构
	三产就业人口占比 c4	三产就业人口/总人口	反映地区产业结构
压力 P	人口密度 c5	人口数量/总面积	反映地区人口密集程度
	人均耕地资源量 c6	耕地面积/人口数量	反映地区人均耕地资源情况
	人均建设用地面积 c7	建设用地面积/人口数量	反映人均建设用地面积情况
	农业污染程度 c8	总化肥、农药使用量/总面积	反映地区农业污染程度
状态 S	建设密度 c9	建设用地面积/总面积	反映地区建设用地密度
	生态用地占比 c10	自然保留地面积/总面积	反映地区生态用地覆盖程度
	耕地面积占比 c11	耕地面积/总面积	反映地区农业密集程度
	水域面积占比 c12	水域面积/总面积	反映地区水域覆盖程度
	土地资源农业利用率 c13	耕地面积/第一产业总面积	反映地区耕地占农业比例
	交通设施情况 c14	交通设施服务打分	反映地区交通设施条件
影响 I	产业用地集约度 c15	产业用地面积/产业用地边界长度	反映地区产业集约程度
	耕地集约程度 c16	耕地用地面积/耕地边界长度	反映地区耕地集约程度
	耕地开发强度 c17	耕地化肥施用量/耕地面积	反映地区耕地开发强度
	流动人口占比 c18	流动人口数量/总人口数量	反映地区人口流动程度
治理 G	平原造林占比 c19	平原造林面积/总面积	反映地区人工造林发展情况
	清洁能源使用情况 c20	清洁能源使用量/人口数量	反映地区清洁能源使用情况
	垃圾处理比例 c21	垃圾处理率	反映地区垃圾处理情况
	服务设施情况 c22	公共服务设施打分	反映地区公共服务设施情况

（三）权重的确定

常用资源环境承载力研究中的指标权重确定包括熵权法、层次分析法等,各有优缺点。本研究以熵权法作为分析基础,以基于专家打分的层次分析法作为校准,用以确定指标权重,尽可能保证单项权重与村镇建设实践、生态系统现状情况相匹配,得到如表 3-5 所示指标权重。

表 3-5　采育镇资源环境承载力 DPSIG 综合指标体系权重表

目　标　层	准　则　层	准则层权重/%	因　素　层	指标权重/%
采育镇资源环境承载力评价	驱动力 D	15.02	城镇人口占比 c1	2.72
			产业发展水平 c2	2.85
			第二产业就业人口占比 c3	5.29
			第三产业就业人口占比 c4	4.16
	压力 P	22.26	人口密度 c5	5.24
			人均耕地资源量 c6	5.45
			人均建设用地面积 c7	8.41
			农业污染程度 c8	3.16

续表

目　标　层	准　则　层	准则层权重/%	因　素　层	指标权重/%
采育镇资源环境承载力评价	状态 S	30.26	建设密度 c9	3.90
			生态用地占比 c10	5.69
			耕地面积占比 c11	4.09
			水域面积占比 c12	4.85
			土地资源农业利用率 c13	5.15
			交通设施情况 c14	6.58
	影响 I	12.96	产业用地集约度 c15	4.76
			耕地集约程度 c16	3.62
			耕地开发强度 c17	1.11
			流动人口占比 c18	3.47
	治理 G	19.50	平原造林占比 c19	6.07
			清洁能源使用情况 c20	1.40
			垃圾处理比例 c21	6.14
			服务设施情况 c22	5.89

　　通过表 3-5 我们可以发现,在采育镇资源环境承载力 DPSIG 综合指标体系中:压力层、状态层的影响权重最大,达到了 22.26% 和 30.26%,其中人均建设用地面积、交通设施情况、人口密度、平原造林占比、垃圾处理情况等指标对资源环境承载力的影响较大。

　　同时也可以发现:由于农村的产业结构集中在第一产业,第三产业工作人数较少,第二产业工作集中在工业开发区,因此,第二、三产业劳动力占比较低,相应的驱动力影响指标在体系中作用较低;而近几年的村镇建设用地面积、流动人口数量等趋于稳定,因此,对应的建设用地增长率、流动人口占比变化率等数据变化较小,其权重在资源环境承载力指标体系中占比较小。综合来看,该 DPSIG 综合指标体系设置与采育镇资源环境状况比较符合,各项指标权重与其在镇域范围内对生态环境的影响比较匹配,可以进行基于该体系的资源环境承载力综合评价。

二、北京市大兴区采育镇概况与数据源

(一)采育镇资源环境承载力的综合评估结果与分析

　　将各村标准化处理后的结果代入资源环境指标体系进行加权计算,得到的结果即为各村资源环境承载力的初步评价情况(表 3-6),结果评分在 0.3210～0.5520,评分越高,则该村的资源环境状态越好,承载能力越强(于江浩 等,2021)。

表 3-6　采育镇 2018 年各村资源环境承载力的综合评价结果表

村　名　称	综合承载力评价分数	村　名　称	综合承载力评价分数	村　名　称	综合承载力评价分数
屯留营村	0.3210	北山东营村	0.3872	铜佛寺村	0.4324
西营三村	0.3307	韩营村	0.3944	广佛寺村	0.4354
南营二村	0.3316	南辛店一村	0.3978	康营村	0.4372
东营二村	0.3467	龙门庄村	0.4030	倪家村	0.4421
南山东营一村	0.3616	北辛店村	0.4072	西营一村	0.4439
东庄村	0.3680	南辛店二村	0.4083	山西营村	0.4455

村 名 称	综合承载力评价分数	村 名 称	综合承载力评价分数	村 名 称	综合承载力评价分数
西营四村	0.3752	北营村	0.4101	大皮营村	0.4469
辛庄营村	0.3761	前甫村	0.4101	凤河营村	0.4485
岳街村	0.3765	包头营村	0.4118	东潞洲村	0.4529
西营二村	0.3777	南三二村	0.4131	庙洼营村	0.4588
施家务村	0.3802	利市营村	0.4204	张各庄村	0.4595
南三三村	0.3815	沙窝店村	0.4215	宁家湾村	0.4669
西辛庄村	0.3820	大黑堡村	0.4223	东半壁店村	0.4680
邵各庄村	0.3827	南山东营二村	0.4238	杨堤村	0.5036
东营一村	0.3842	后甫村	0.4241	延寿营村	0.5050
南三一村	0.3852	大同营村	0.4252	沙窝营村	0.5376
下黎城村	0.3856	大里庄村	0.4254	饽罗庄村	0.5520
潘铁营村	0.3868	小皮营村	0.4282		

依照 Jenks 自然段点分级法将研究区 53 个有效村样本进行分级,将村镇划分为高承载能力区(Ⅰ级)、中等承载能力区(Ⅱ级)和低承载能力区(Ⅲ级)。其中承载能力≥0.4529 的区域为Ⅰ级,0.4529>承载能力≥0.4030 的区域为Ⅱ级,承载能力<0.4030 的区域为Ⅲ级。在采育镇的 53 个有效统计村中,高承载能力区(Ⅰ级区)有 9 个村,中等承载能力村有(Ⅱ级区)23 个村,低承载能力区(Ⅲ级区)有 21 个村(图 3-7)。

(二)高承载能力区(Ⅰ级区)

采育镇高承载能力等级区包括东潞洲村、庙洼营村、张各庄村等 9 个行政村,占全镇面积的 20.36%。在该等级区中,生态用地占比、耕地面积、道路设施覆盖度、人均清洁能源施用量和垃圾处理率为主要的承载力提升指标。以饽罗庄村为例,该村的城镇人口占比、生态用地占比和垃圾处理指标均排在所有村中的前 5 名,同时,基础设施配套完善,压力、影响准则层指标排在所有村中第一位,综合评价指标较好。

(三)中等承载能力区(Ⅱ级区)

采育镇中等承载能力等级区包括龙门庄村、北辛店村、南辛店二村等 23 个行政村,占全镇面积的 41.81%。在该中等承载能力等级区中,承载能力综合指标虽较为接近,但资源环境承载状态比较复杂,主要有以下几种典型类型。

以南三二村为典型,村庄集中在镇区集中建设区周围,产业发展良好,第二、三产业劳动力占比高,污水、垃圾处理、耕地集约利用程度较高,在"影响""驱动力"层具有较好的环境状态,但由于村镇人口密度高、产业用地带来的人均建设用地面积高,"压力"层相应数值影响也比较大,综合之后,承载能力处于中等状态。

还有如大黑堡村等,村庄未直接接触集中建设区,但有比较好的发展基础和交通条件,道路设施覆盖度、垃圾污水处理情况均比较良好,但由于村镇发展模式较为分散,村用地集中程度较低,伴随产业扩展人均建设用地面积、建设用地增长率等指标均有一定超标情况,部分用地侵占基本农田,最终的综合承载能力为中等,但由于发展基础好,用地范围充分,可改善空间较大。

以大同营村为典型代表的建设用地占比较低的村庄,村庄面积大,村内人口密度较低,生态用地、耕地用地占比高,整体自然生态较为稳定,由于村镇规模小,垃圾、污水等未有效

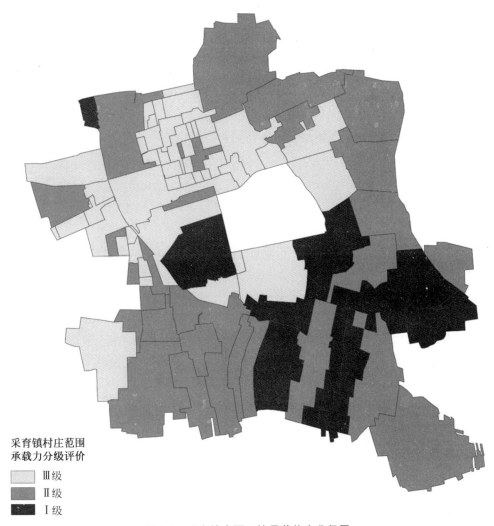

采育镇村庄范围
承载力分级评价

▢ Ⅲ级
▨ Ⅱ级
■ Ⅰ级

图 3-7　采育镇资源环境承载能力分级图

处理,且土地集约利用程度较低,综合指标处于中等状态。

(四) 低承载能力区(Ⅲ级区)

采育镇低承载能力等级区包括屯留营村、西营三村、南营二村、东营二村等 21 个行政村,占全镇面积的 37.83％。采育镇较低承载能力区的占比不到全域范围的 1/3,主要集中在工业开发区北部和部分集中产业区,以邵各庄、施家务村为典型。村镇产业发展状态良好,各项产值完善,但建筑密度高、废水废气排放较多,流动人口不断增加,在"压力"层和"影响"层的负面作用较为明显。此外,之前的粗放式发展模式使几个片区的平原造林比例、生态用地比例、人均清洁能源使用量都比较低,资源环境状态较差,处于不可持续的状态,需要进行资源环境的综合整治。

三、承载力提升建议

基于以上承载力分组评价可以发现,在 DPSIG 模型之中,采育镇在提升承载力的"治理"层和"状态"层状态良好,平原造林面积占比、自然保护区等指标均集中在较高水平,这和采育镇镇域建设在 2010 年开始逐步关停私人畜牧业,促进退耕还林,大规模开展平原造林有关;但大兴区的汽车产业得以迅速发展,在提高人均 GDP 与城市发展水平的同时也增大了资源环境压力,对资源环境品质造成了不利影响。为提升镇域内资源环境承载力,除工程技术手段进行直接提升外,还需将承载力测算提升方案与空间规划方案进行有效结合,从用地、产业、设施布局等角度进行规划优化,以提升提高环境资源的承载能力。

四、采育镇宜居提升方案及规划措施

在提升方案选择上,我们依托本书第五章承载力提升工具集的有关内容,对区域水资源、土地资源、生态资源等承载力较低的资源进行本底条件优化提质,主要包括水资源承载力提升手段(流域政策)、土地资源承载力提升手段(区域政策)、生态资源承载力提升手段(区域政策)等 3 个工具的应用。具体空间策略如下。

(一)采育镇宜居提升方案及规划措施

借鉴承载力提升工具集的有关内容,对区域水资源、土地资源、生态资源等承载力进行资源本底条件优化提质,包括水资源承载力提升手段(流域政策)、土地资源承载力提升手段(区域政策)、生态资源承载力提升手段(区域政策)等 3 个工具的应用,具体空间策略如下。

在土地利用上,提高采育镇建设用地的集约化水平,腾退、整合部分低效分散的建设用地。一方面是对部分分散的集体产业用地(小工厂、小企业)进行整合腾退(图 3-8),另一方面依托国家农村土地制度改革试点契机,对部分乡村宅基地进行减量、集中安置的尝试(图 3-9),尤其要将侵占农田、水域的建设用地尽快腾退。

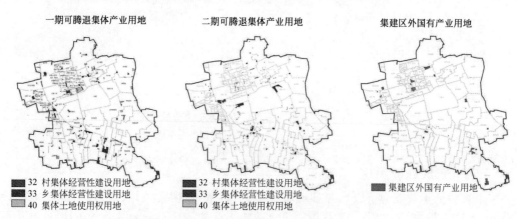

图 3-8　2019 年采育镇可腾退低附加值产业用地图

在产业发展情况上,一产需落实基本农田保护,控制农药、化肥的施用量;第二、三产发展要对园区外的低效工业进行减量发展,同时调整产业结构以保护环境。

在自然环境的开发保护上,需对现有林地、生态空间要素进行识别,是要设立重点的生态保护区和生态保护村庄;同时,将自然资源保护和绿地系统规划、景观系统规划进行有效结合。根据规划的自然生态资源要素空间分布及现状林地适宜性评价,参考大兴区分区规划绿色空间结构及绿地系统规划,确定本次全镇域非建设用地的土地综合整治生态重点建设区域(见图 3-10)。

一期产业腾退区

二期宅基地腾退去

图 3-9   采育镇宅基地整合安置规划试点图

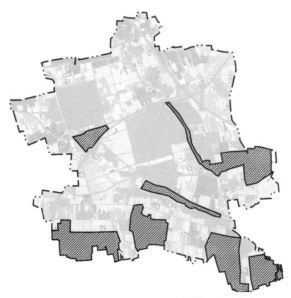

乡镇界   建设用地   生态重点建设区

图 3-10   采育镇生态重点建设区图

同时,将自然资源保护和绿地系统规划、景观系统规划进行整合,将环境综合整治、生态治理、景观建设进行有效衔接,建设包括环城森林(平原造林带)、河流水系的自然景观系统(见图 3-11),提高自然资源的利用价值。在基础设施建设上,需提高设施覆盖度,建设更多的污水处理、垃圾处理设施,完成工业区、集中建设区的污水管道全覆盖,各村污水经处理后再排入河流水系。

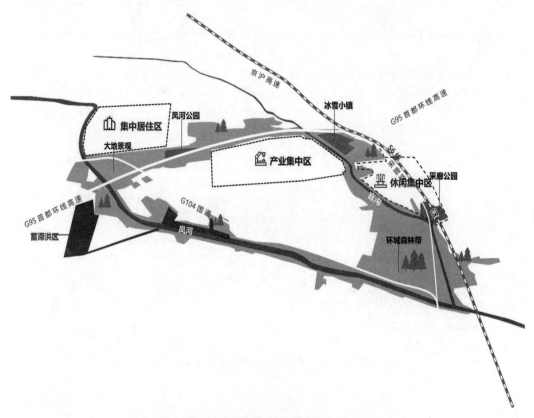

图 3-11　采育镇生态景观系统开发模式图

(二)宜居承载力提升方案量化评估

为评估空间规划方案对承载力提升的影响,本节采用 DPSIG 模型进行空间规划方案的评估。承载力提升评估集中在土地利用变化上,利用规划方案中土地利用变化带来的人均建设用地面积、建设密度、生态用地占比、产业用地集约度、平原造林占比等指标的变化来反映镇内各村的承载力变化情况(见表 3-7)。

依照空间规划的阶段性实施进展,镇域承载力提升主要包括两个阶段。

(1) 规划方案建设初期:以分散的集建区外集体产业用地腾退为主,有效腾退面积为 132hm²。

(2) 宅基地腾退阶段:对前、后甫村进行宅基地集约安置腾退,可腾退面积为 33hm²。

在以上两个阶段,腾退后的建设用地转化为自然保留地和平原造林用地,用以改善村镇的资源环境质量。

表 3-7　采育镇进行空间规划后的承载力评价指标变化表

目 标 层	准 则 层	因 素 层	规划后的指标变化趋势
采育镇资源环境承载力评价	驱动力 D	城镇人口占比 c1	
		产业发展水平 c2	
		二产就业人口占比 c3	
		三产就业人口占比 c4	
	压力 P	人口密度 c5	
		人均耕地资源量 c6	
		人均建设用地面积 c7	减少
		农业污染程度 c8	
	状态 S	建设密度 c9	减少
		生态用地占比 c10	提高
		耕地面积占比 c11	
		水域面积占比 c12	
		土地资源农业利用率 c13	提高
		交通设施情况 c14	
	影响 I	产业用地集约度 c15	提高
		耕地集约程度 c16	提高
		耕地开发强度 c17	
		流动人口占比 c18	
	治理 G	平原造林占比 c19	提高
		清洁能源使用情况 c20	
		垃圾处理比例 c21	
		服务设施情况 c22	

（三）规划方案实施初期

该阶段的镇域产业用地减少面积 132hm²，自然保留地和平原造林用地各增加 61hm²。将调整后的结果代入 DPSIG 模型，测算可得镇域承载力的平均分数为 0.4252，与空间规划之前的镇域平均分数 0.4152 相比，镇域层面的资源环境承载力提高了 2.4%。

具体到空间分布，如图 3-12 所示：该阶段腾退的产业用地主要分布在沿凤河两岸的村级小型工业产业带、工业区北部的施家务村和镇域南部的康营村 3 个区域；一方面，腾退可降低河岸工业对凤河生态系统的破坏，提高资源环境质量，并有利于生态系统规划沿河环城绿带的建设；另一方面，对具体村镇而言，以康营为例，有效腾退产业用地在 20hm² 左右，转为林地/自然保留地后，康营承载力的评价分数由 0.4372 提升到 0.4479，镇内综合承载力排名从所有村中的第 15 名提高到第 11 名，其中，衡量产业对承载力潜在作用的驱动力准则层评价从所有村的倒数第 3 名提高到 29 名，达到单项指标全域中游水平。

（四）宅基地腾退阶段

在该阶段，前、后甫村两村的宅基地腾退 33hm²，两村总面积为 371hm²，接近 9% 的建设用地转为自然用地，显著提高了两村的资源环境水平（见图 3-13）：两村原资源环境质量处于镇域中游，评价分数分别为 0.4101 和 0.4241（分别排在全镇的 28 名、21 名），处于中等承载力状态分区；在进行用地集约腾退后，承载力评分均超过了 0.4493，达到较高承载力分

图 3-12   采育镇第一阶段腾退用地分布图

区；指标评价除对生态用地占比、建设密度等状态层指标有所提高外，人口的集中搬迁安置还降低了村域的人口密度和各类用地的开发强度，同时对驱动力、压力、影响层指标产生影响。

五、小结

以采育镇为案例区，针对村镇的系统开放性和资源流动性特点，建立了基于 DPSIG 模型的资源环境承载力综合指标体系，对采育镇进行了资源环境承载力的综合评价与分析，提出了对应的综合提升规划方案，并进行了相关效益评估。总结发现，DPSIG 的评价框架可推广至其他区域内资源环境状态较为稳定、相对封闭的村镇进行案例研究，但并不适用于资源环境要素剧烈流动或受区域影响较大的村镇（如大型河流流域中的部分村镇），需要对应用条件进行评估后方可使用。此外，该方法未对规划方案实施的成本等进行评估，因此对规划实施的指导性有限。

图 3-13 前、后甫村腾退宅基地及集中安置区范围图

第四章

基于SDES模型的中小尺度空间单元资源环境承载力测算与提升

资源环境承载力作为指导区域和城市可持续发展的重要工具,是一个涉及资源、环境、社会、生态,以及多利益相关主体治理行动的多维度、多层次、交互式的综合性复杂巨系统(Xu et al.,2020),这些要素之间相互影响、彼此链接,使得此系统处于动态变化之中。总体上,资源环境承载力的评估方法大致可分为静态和动态两种类型。静态方法通过综合评估方法来评估区域内不同空间单元的承载力,是发现资源环境承载力限制性因素的主要途径,这在第三章已通过溧阳市和大兴区采育镇两个典型案例中得以证实。动态评估方法则多采用系统动力学(SD)模型,其被广泛应用于区域和城市复合系统的多维社会经济活动和环境问题的建模(Gu et al.,2020)。SD模型是一种分析信息反馈的技术,是识别和解决系统问题的有效手段,具有模拟和处理长期和周期性问题的优势(Hu et al.,2021)。然而,回顾过去几十年可持续发展在区域和城市综合体系统中的应用发现,大多数模拟侧重于状态变量和速率变量,如社会经济状态、资源和环境的供给和需求、经济增长、人口变化等。最常见的情景如不同的人口增速,经济增速下对土地资源、水资源等的影响,但这种情景的设定和治理行为之间的关系较为间接,难以判定政府、市场、业主的行为对资源环境造成的直接影响。因此,在当前广泛运用的SD模型中,如何将治理行为整合进去,应用于资源环境承载力模拟,将对治理行为的优化起到重要参考作用。

资源环境承载力的SES框架分析表明,作为资源环境、社会经济的中间链接桥梁,多利益主体的治理行动对资源环境承载力的提升具有至关重要作用。然而,很少有研究SES框架定量模拟治理行动对环境绩效的影响,且尚未有将治理行动应用于SD模型的研究。因此,本章通过结合SES框架与SD模型,提出SDES模型框架,定量模拟治理行动对承载力提升的影响,从而弥补上述方法和结果在应用上的不足。

本章内容组织如下：首先建立 SDES 模型的理论框架，其次将 SDES 模型应用于典型案例区江苏省溧阳市、甘肃省甘州区的县域、镇域和村域尺度的资源环境承载力提升仿真模拟中。在具体模拟过程中，围绕治理行动设置模拟情景，并对比分析执行这些治理行动所能带来的成本和效益，以选择性价比最优的行动，为承载力提升提供依据。

第一节　SDES 模型的理论框架构建

本节主要从方法论层面，构建资源环境承载力测算与提升的 SDES 模型的理论框架。首先，将治理行为整合入 SD 模型，建立了资源环境承载力 SDES 模型的框架。其次，根据资源环境承载力的基本系统构成，探讨水、土、生态资源环境承载力的基本要素和治理要素在模型中的因果关系、基本关系式，并建立 SDES 模型流图。最后，梳理了情景设置工作思路与流程。

一、SDES 模型框架

研究提出资源环境承载力 SDES 相结合的模型。在理论上，结合资源环境承载力 SES 框架；在方法上，通过 SD 模型来模拟不同治理行动对资源环境承载力产生的影响，将多利益主体的治理行动集成到资源环境承载力 SD 模型中，以弥补 SD 模型缺乏治理行动的考量和 SES 框架缺乏定量模拟的不足。

资源环境承载力 SDES 模型的框架如图 4-1 所示。首先，利用 SES 分析框架，从社会、经济、水资源、水环境、耕地资源、粮食、建设用地等多个维度，结合资源系统、资源单位、社会经济背景、治理系统、参与者等因素，探明诸多要素之间的内在链接关系。其次，构建自然发展情景下的 SD 模型，模拟预测现状延续情景下的承载力结果，其趋势变化如图 4-1 中的 L 线。最后，设置 SES 治理情景下的资源环境承载力预测情景。政府、集体和公众多元利益主体的治理行动是影响城镇乡村建设资源环境承载力状况的关键因素，因此，在对资源环境承载力预测的过程中，可根据多元治理目标调控多项治理行为，模拟不同规划情景下的资源环境承载力状况。当治理情景适应当地资源环境承载力时，产生正向治理效应，未来的资源环境承载力将得以提升，如图 4-1 中 L_1 和 L_2 之间的距离 d_1、d_2，距离越大，资源环境承载力的提升越明显，表明治理行动效果越明显；当治理情景不适应本地城镇乡村建设与资源环境利用时，承载力状态将产生负向治理效应，未来承载力不增反降，如 L_3 之间的距离 d_3，距离越大，治理效果越差。

二、基于 SDES 模型的资源环境承载力测算系统构成

根据中小尺度空间单元城乡社会经济发展需求资源环境的综合特征，在前人研究的基础上（段学军 等，2020），结合承载力基础组成要素：水资源承载力、水环境承载力、耕地资源承载力、粮食承载力、建设用地面积承载力、社会经济等多个子系统，构建中小尺度空间单元资源环境承载力 SDES 模型的一般表达式。分别如下。

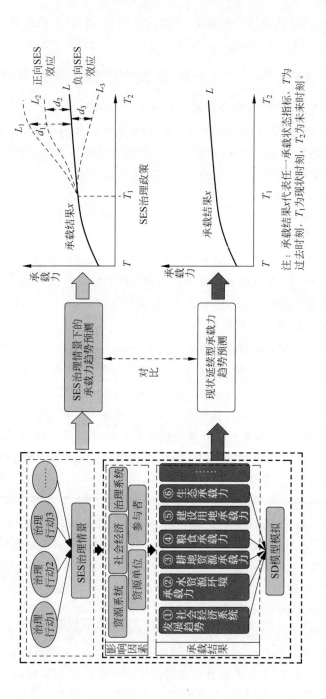

图 4-1　资源环境承载力 SDES 模型框架

（一）社会经济子系统

（1）人口子系统。由于城镇、乡村常住人口的变化趋势存在较大差异，且随着旅游业的发展，旅游人口对当地的资源和经济发展产生较大的影响作用。因此，人口子系统主要对城镇、乡村常住总人口以及旅游人口进行预测模拟。研究采用因子分析法、线性回归法等进行人口总数预测。三种人口数的预测公式如下：

$$P_{pm} = P_{city} + P_{village} \tag{4-1}$$

$$P_{i\_t} = \text{INTEG}(P_{i\_t-1} \cdot R_{i\_t}, P_{i\_0}) \tag{4-2}$$

$$R = a_1 x_1 + a_2 x_2 + \cdots + a_n x_n + b \tag{4-3}$$

式中，P_{pm} 为常住总人口；P_{city} 为城镇常住人口（人）；$P_{village}$ 为农村常住人口（人）；P_{i_t} 为 t 时刻的第 i 类人口总数，如城镇常住人口数、农村常住人口数，若存在大量旅游人口的情况下，也可增加旅游人口；INTEG（）为积分函数；P_{i_t-1} 为第 $t-1$ 时刻的 i 类人口总数；P_{i_0} 为预测年份的 i 类初始人口数；R_{i_t} 为 t 时刻的人口增长率，该值以 R 和影响因素 $x_1 \sim x_n$ 的历史数据为基础，在通过线性回归分析法拟合获得多项式参数 $a_1 \sim a_n$ 及 b 后，计算得到每年的 R 值。由于人口增长率受政府、市场和村集体等诸多治理行动的影响，因此，在具体计算时，可根据逐步回归模拟选择对常住人口具有较大影响的要素进行拟合，以获得关系式参数，如选择影响城镇人口增长率的因素有二、三产业建设用地面积、城镇居住用地面积、基本公共服务设施完备度等，影响农村人口增长率的因素有基本公共服务设施完备度、集体大会次数、平均集体经营性收入等，影响旅游人口增长率的因素主要有旅游开发投资总额等。

此外，由于不同产业的就业人数是影响经济发展的重要因素，因此，研究分别将一、二、三产就业人口占总人口的比例作为状态变量，计算不同产业的就业人口数，具体公式如下：

$$\text{PW}_t = P_{pm} \cdot \text{INTEG}(\text{PW}_{t-1} \cdot B_t, \text{PW}_0) \tag{4-4}$$

$$B_t = \text{WITHLOOKUP}(\text{Time}, ([(2008, B_{2008}) - (2035, B_{2035})], (2009, B_{2009}), \cdots, (2020, B_{2020}))) \tag{4-5}$$

式中，PW_t 为第一、二、三产业中的任意一类就业人口总数（人）；PW_0、PW_{t-1} 分别为初始时刻和 $t-1$ 时刻的就业人口数；B_t 为就业增长率，采用时间函数 WITH LOOKUP 进行趋势模拟；式中的 2008、2009、2020、2035 表示年份。

（2）经济子系统。借助柯布-道格拉斯生产函数，从土地、资本、劳动力及治理等多方面，分第一、二、三产业对 GDP 进行预测。具体公式如下：

$$\text{GDP}_{tot} = \text{GDP}_1 + \text{GDP}_2 + \text{GDP}_3 \tag{4-6}$$

$$\text{GDP}_t = \text{INTEG}(\text{GDP}_{t-1} \cdot R_t, \text{GDP}_0) \tag{4-7}$$

式中，GDP_{tot} 为国内生产总值（万元）；GDP_1、GDP_2、GDP_3 分别为第一、二、三产业的生产总值（万元）；GDP_t 为 GDP_1、GDP_2、GDP_3 中 t 时刻的 GDP 值；GDP_0、GDP_{t-1} 分别为初始时刻和 $t-1$ 时刻的 GDP；R_t 为 t 时刻的 GDP 增长率，预测方法同式（4-3），影响因素主要考虑对应产业的土地投入（V_{land}）、固定资产投资（V_{inv}）、劳动力投入（V_{lab}）以及相关治理要素（V_{gn}）等。在构建关系式时，可根据逐步回归模拟选择对各类产业发展具有较大影响的要素进行关系式模拟，如对第一产业发展影响较大的因素有一产就业人口、一产投资、农村集体经营性建设用地面积、集体能动性和集体组织能力、农业生产设施完备度及耕地面积等；影响第二产业的主要因素有二产建设用地面积、二产固定资产投资、二产就业人口等；

影响第三产业的主要因素有三产建设用地面积、三产固定资产投资和三产就业人口等。

（二）治理子系统

治理子系统从政府、市场、集体和村民 3 个维度进行治理行动的链接关系分析。①在城乡发展过程中，政府的治理行动主要通过控制建设用地规模、固定资产投资、完善农业生产设施及公共服务设施来影响资源环境的供给和需求状况。如为了社会、经济发展进行的土地投入（如住宅、商服、工矿仓储等用地）、固定资产投入（农林牧渔业投资、二产投资、三产投资、环境治理投资等），其中，环境治理投资是影响水环境状况的重要因素；为了改善生产条件进行的网络覆盖率、路网修建等生产性基础设施建设治理，以及教育、医疗等生活性基础设施的完善治理，其中义务教育师生比在国际上被众多学者用于测度教育水平状况，十四五规划目标到 2025 年实现千人拥有的执业（助力）医师数量为 3.2 人，因此，采用义务教育师生比和千人拥有的职业医师数作为基础指标。②在市场层面，主要通过鼓励外商，加大对资源环境的利用与保护的投资，来干预资源环境承载力。③集体层面的治理行动主要表现为集体自组织能力、集体组织成员的能力（如集体大会次数等），集体治理行动能力越强，越有利于集体内部社会、经济的发展。④村民维度的治理措施主要表现为自发组织形成的合作社，通过合作社分享生产工具与技术、销售渠道等，促进一产发展，助农增收，进而稳定乡村常住人口。为了便于调控治理行动以设定不同的发展情景，研究将采用时间函数式（4-5）对各项治理参数进行预测。

（三）资源环境承载力子系统

（1）**水资源承载力子系统**。主要指水资源供给与社会经济发展所需的生产、生活用水水量之间的差异。根据生态足迹理论，可从生产、生活和生态用水需求 3 方面归纳用水需求项，主要包括工业生产、农业生产（如耕地生产、畜牧生产及水产养殖）、城镇/旅游人口的生活、农村人口生活及城镇绿地生态维护用水等。供给端主要表现为在一定政策条件下，能供给的常规水资源总量及经过处理后的污水回用量，其测算表达式具体如下：

$$W_{RECC} = W_{supply} - W_{demand} \tag{4-8}$$

$$W_{demand} = \sum_{0}^{i} x_{wi} \cdot N_i \tag{4-9}$$

$$W_{supply} = C_{supply} + W_{reuse} \tag{4-10}$$

$$W_{reuse} = \sum_{1}^{i} W_{demand\_i} \cdot y_i \cdot z_i \tag{4-11}$$

式中，W_{RECC} 表示水资源承载力（万 t）；W_{supply} 和 W_{demand} 分别表示水资源的供给和需求总量（万 t）；x_{wi} 为第 i 类用水的用水系数，可用项包括工业生产用水系数（万 t/万元）、水田灌溉用水系数（万 t/亩）、水浇地灌溉用水系数（万 t/亩）、牲畜养殖用水系数（万 t/只）、水产养殖用水系数（万 t/亩）、城镇人口生活用水系数（万 t/人）、旅游人口用水系数（万 t/人）、乡村人口生活用水系数（万 t/人），以及城镇绿地生态用水系数（万 t/亩）；其中，旅游人口用水系数根据旅游人口在当地的平均旅游时间来计算；N_i 为某类用水的实际数量，可用项包括 GDP_2、水田面积（亩）、水浇地面积（亩）、牲畜养殖数量（只）、水产养殖面积（亩）、城镇人口数（人）、旅游人口数（人）、乡村人口数（人）、城镇绿地面积（亩）；C_{supply} 为常规水资源供给总量，可通过时间函数模拟其增加总量。常规水资源供给增加量主要与政府投入农林牧渔业及集体组织能力密切相关，可通过多项拟合关系式进行测算；W_{reuse} 为污水回用量；

W_{demand_i}，y_i，z_i 分别表示 i 类用水的用水总量（万 t）、污水排放系数以及污水处理系数。根据污水排放情况，i 可用项包括：工业生产用水、水产养殖用水、城镇人口用水、旅游人口用水、乡村人口用水等 5 种类型，其中，旅游人口用水系数与城镇人口一致。

（2）**水环境承载力子系统**。指现状地表水水质距离目标水质的受纳污染物总量与生产生活污水排放量之间的差异状况。水质状况的表征指标较多，如化学需氧量 COD、生化需氧量 BOD、总氮 TN、总磷 TP、氨氮 NH$_3$-N 等。根据典型性与数据可获取性，以 COD 为例进行水环境承载力的测算方法构建。需求端主要表现为未经处理直接排放到地表水中的生产生活污水 COD 的总含量，污水排放项选择与前述一致。供给端的地表水环境受纳 COD 的容量取决于地表水总量、平均地表水水质 COD 含量，以及目标水质的 COD 含量，"十四五"规划水质要求达到Ⅲ类水质。具体测算公式如下：

$$\text{WE}_{\text{RECC}} = \text{WE}_{\text{supply}} - \text{WE}_{\text{demand}} \tag{4-12}$$

$$\text{WE}_{\text{demand}} = \sum_1^i W_{\text{demand}\_i} \cdot y_i \cdot (1 - z_i) \cdot P_{\text{COD}\_i} \tag{4-13}$$

$$\text{WE}_{\text{supply}} = W_{\text{tot}} \cdot (T_{\text{COD}\_i} - S_{\text{COD}\_i}) \tag{4-14}$$

式中，WE_{RECC} 为水环境承载力；WE_{supply} 和 WE_{demand} 分别为水环境供给容量和水环境需求容量；P_{COD_i} 为第 i 项排放到地表水中的污水 COD 占比系数（万 t/万 t），i 可选项以及 y_i 与 z_i 同上；T_{COD_i} 和 S_{COD_i} 分别为目标水质和现状水质的平均 COD 含量（万 t/万 t），地表水环境的 Ⅴ、Ⅳ、Ⅲ 类水质的 COD 含量分别为 40mg/kg，30mg/kg，20mg/kg；其他参数含义同上。

（3）**耕地资源承载力子系统**。主要指行政辖区范围内人口需求的耕地面积和现状耕地面积的差值。需求端可参考联合国粮农组织提供的人均耕地警戒线及现有的人口规模测算，供给端则表现为现状耕地规模，其规模大小随时间变化有一定的变化规律。具体测算公式如下：

$$\text{AL}_{\text{RECC}} = \text{AL}_{\text{supply}} - \text{AL}_{\text{demand}} \tag{4-15}$$

$$\text{AL}_{\text{demand}} = \sum_1^i P_i \cdot x_{\text{AL}} \tag{4-16}$$

式中，AL_{RECC} 为耕地资源承载力（亩）；$\text{AL}_{\text{supply}}$ 和 $\text{AL}_{\text{demand}}$ 分别为耕地供给面积和耕地需求面积（亩）；P_i 为 i 类人口总数（人），包含城镇人口、农村人口和旅游人口（旅游天数按照在当地的平均旅游天数计算）；x_{AL} 为最低人均耕地面积（亩/人），取 0.8 亩/人。$\text{AL}_{\text{demand}}$ 根据历年增长率，借助时间函数式（4-5）进行预测。

（4）**粮食承载力子系统**。粮食生产是最基础的耕地功能及耕地质量优劣指示器。粮食安全更是高度关注的国家战略。因此，研究将现状耕地生产的粮食总量与人口需求的粮食总量之间的差值作为耕地环境承载力。近年来，非粮化比例的增加严重威胁着粮食安全，控制耕地非粮化比例将是调控粮食承载力的重要抓手。粮食承载力测算公式具体如下：

$$G_{\text{RECC}} = G_{\text{supply}} - G_{\text{demand}} \tag{4-17}$$

$$G_{\text{supply}} = \text{AL}_{\text{supply}} \cdot (1 - x_{\text{non-g}}) \cdot G_{\text{opu}} \tag{4-18}$$

$$G_{\text{demand}} = \sum_1^i P_i \cdot x_{\text{GC}} \tag{4-19}$$

式中，G_{RECC} 为粮食承载力（t）；G_{supply} 和 G_{demand} 为粮食供给量（t）；x_{non-g} 为非粮化比例，可通过时间函数趋势外推予以预测；G_{opu} 为单位面积粮食产量（t/亩）；P_i 同上；x_{GC} 为人均粮食需求量（t/人），取联合国粮农组织的粮食安全警戒线 0.37t/人。

（5）**建设用地承载力子系统**。建设用地承载力主要指现有建设用地面积与人类生活和生产基本所需的建设用地差异。由于生产性建设用地效率受诸多复杂因素影响，且在相关规划标准中尚未提供最低供地标准和方法，因此，本书只对生活性建设用地进行承载力测算。鉴于城乡建设用地二元的特性，分城镇和乡村建设用地进行承载力预测。生活性建设用地包括居住用地、行政办公、文教体卫、道路交通、公园绿地及公用设施等生活及服务类用地面积，此类用地在相关规划标准中具有最低人均供给面积。供给端主要指建设用地的现状面积，需求端主要指承载人类生活和经济发展的最低需求面积。具体公式如下：

$$C_{RECC\_i} = C_{supply\_i} - C_{demand\_i} \tag{4-20}$$

$$C_{demand\_i} = A_i \cdot x_{con\_i} \tag{4-21}$$

式中，C_{RECC_i} 为第 i 类建设用地承载力（km^2），包括城镇、农村生活性建设用地；C_{supply_i} 和 C_{demand_i} 分别为 i 类建设用地的供给总量和需求总量（km^2），其中，供给面积可通过建设用地面积时间函数趋势外推计算获得；A_i 为需求建设用地的常住人口总量，主要包括城镇常住人口、乡村常住人口；x_{con_i} 为人均最低用地系数，分别按照城镇人均生活性建设用地面积最低标准线、农村人均生活性建设用地面积标准线进行测算。

上述子系统构建的因果关系式如图 4-2 所示。一方面，治理子系统通过治理系统干预社会经济子系统的发展目标，进而影响参与者子系统的变化。另一方面，直接通过干预参与者子系统及资源系统与资源单位子系统的变量，来影响资源环境承载力的需求和供给状况，进而影响承载力状态。因此，评价治理行动在多大程度上影响承载力的变化，将为承载力提升政策的制定提供精准化依据。

（四）资源环境承载力综合测算的 SD 模型流图

根据上述分析，构建资源环境承载力综合测算的 SD 模型流图（图 4-3），模型由经济、人口、水资源、水环境、耕地资源、粮食、建设用地面积及治理 8 个子系统构成。当某一变量跨越多个子系统时，采用影子变量进行链接。借助 Vensim 软件，在完成各变量之间的关系式建立和数据录入工作后，可模拟现状延续型的承载力变化趋势。图中，根据规划目标，可将承载力指标和一些状态变量分为约束性指标和预期性指标，约束性指标即规划必须完成的目标，而预期性指标则是期望达到的目标。

（五）模型误差检验

系统动力学模型的检验包括历史值误差检验、稳健性检验、灵敏性检验等多个方面（Kuang et al.，2021）。研究主要采用历史值误差检验方法对模型进行检验。具体如下：基于历史数据，借助 Vensim PLE 软件平台运行 SD 模型。选取若干关键存量要素，通过对比真实历史数据和预测数据之间的平均预测误差，得到存量要素的误差百分比，评估与分析历史值误差。

$$D = \frac{1}{n} \sum \frac{(x'_i - x_i)}{x_i} \times 100\% \tag{4-22}$$

式中，D 为平均误差；n 为历史年份数量；x'_i 为第 i 年的预测结果；x_i 为 i 年的真实结果。

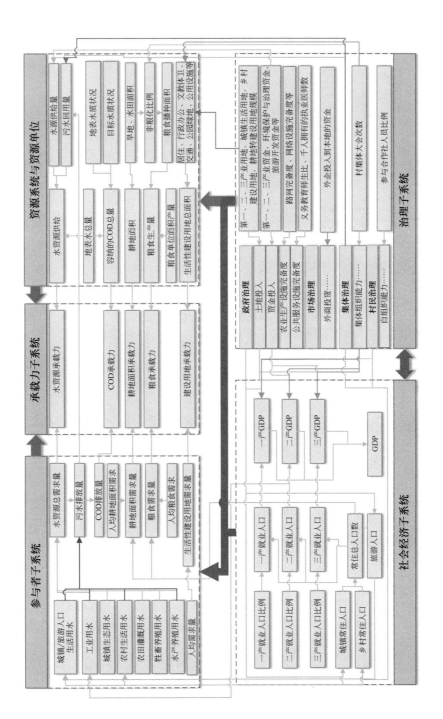

图 4-2 资源环境承载力的测算因果关系图

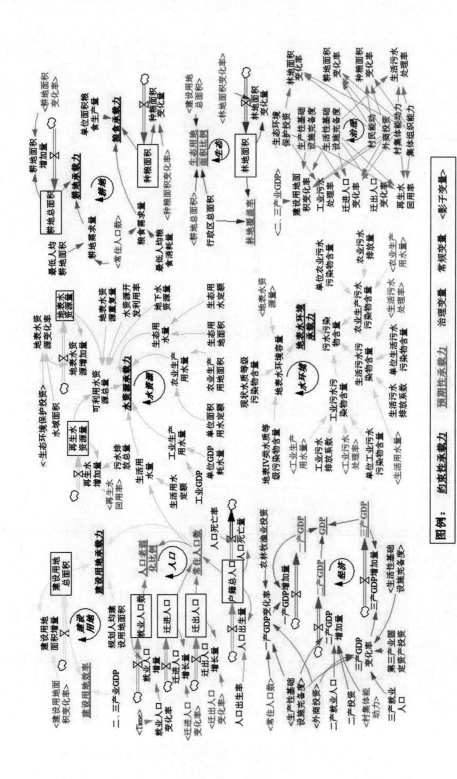

图 4-3　基于 SDES 模型的中小尺度空间单元资源环境承载力预测模拟流图示例

三、情景设置与模拟工作流程

资源环境承载力的情景模拟可分为状态变量调整情景和治理变量调整情景两大类。状态变量调整情景主要依据对资源环境的节约与保护、经济发展目标调整,以及资源环境和经济发展的协调等进行情景设置。治理变量调整情景主要侧重调整不同利益主体的行动力度,以模拟资源环境承载力的变化过程。相比状态变量的调整,治理变量调整情景有更强的借鉴作用,且治理指标对各维度的关键速率变量均有影响。治理行动情景模拟是对未来不同规划干预情景下的资源环境承载力结果的预判,可为规划方案的优选提供科学依据。两种情景设置思路不同,但工作流程基本相同,见图4-4。

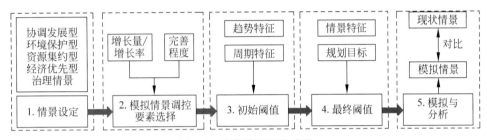

图4-4　情景模拟工作流程

第一步,情景设定。确定需要模拟的情景类型。模拟情景类型的确定将为调控要素的选择和阈值设定提供指导。

第二步,模拟情景要素选择。根据模拟情景的思路,结合数据的完善程度及变量特性(增长量/增长率),选择与情景类型最相符的关键要素作为调控变量。

第三步,初始阈值获取。阈值是在模拟过程中调控变量的设定值。通常情况下,初始阈值可通过统计调控要素的历史数据特征,来获得调控变量的最小值、最大值、平均值等描述性统计参数和趋势特征及周期特征,并获得初始阈值。若想要获取未来的统计参数,可基于调控要素历史数据(如2010—2020年),通过Hodrick-Prescot滤波、ARMA平滑等趋势拟合方法,预测调控要素的未来演化趋势。在此基础上,根据调控要素的完整时间序列值再进行数据描述性统计,获得其阈值特征。

第四步,最终阈值确定。最终阈值根据情景设置思路予以确定(表4-1)。在传统的情景设置中:如选择资源环境保护节约,可取调控变量的最小值作为目标年份的阈值进行设定;如选择加快经济发展,可选择调控要素的最大值为阈值;如选择协调发展型,可选择调控要素的平均值进行设定。治理要素的调控要素阈值设定,可增加一定比例(如5%、10%等)作为调控阈值,以检验治理行动在增加1个单位时,能在预测年份时间范围内付出多大的成本和带来多大程度的承载力提升收益。上述阈值也可通过国家、省、市、县,以及地方国土空间规划、社会经济发展规划等设定来调控要素的阈值。

表4-1　不同治理情景下弹性变量值的选择

状态变量调整情景	现状延续型	经济优先型	资源集约型	环境保护型	协调发展型
传统调控要素1	=	+	−	−	A
传统调控要素2	=	+	−	−	A

续表

状态变量调整情景	现状延续型	经济优先型	资源集约型	环境保护型	协调发展型
传统调控要素 3	＝	＋	－	－	A
…	…	…	…	…	…
治理变量调整情景	现状延续型	情景 1	情景 2	情景 3	情景 4
治理要素 1					
治理要素 2	＝	行动力度	行动力度	行动力度	行动力度
治理要素 3	＝	增加 10%	增加 5%	减少 5%	减少 10%
…	…	…	…	…	…

注：表中"＝"表示历史年末的现状值，"－"表示未来规划期内的最低值，"＋"表示未来规划期内的最高值，A 表示未来规划期内的区间平均值。在治理情景中，增加减少的比例可根据具体情况进行调整。

第五步，模拟与分析。根据最终确定的调控要素阈值，设置 VensimPLE 平台中的响应参数，进行不同情景模拟。在输出结果后，与现状延续型（也叫基线情景）的承载力模拟结果进行对比分析。现状延续型情景不改变任何调控变量，在原始模型完善关系式和数据代入后，直接模拟获得的结果。

四、小结

总体而言，SDES 模型通过分析社会经济、水资源、水环境、耕地资源、粮食、建设用地供给和需求特征，构建了 SDES 模型的因果流图及反馈回路的测算关系式。最后，探讨了治理情景在该模型中的运行思路及工作流程。文中的框架属于通用型概念框架，鉴于区域资源禀赋、人地关系以及功能定位等差异，在实践测算过程中，应结合不同地区、不同类型的城乡建设情况，选取关键承载力和主控因素，构建典型案例区承载力综合测算与预测模型，在实践中论证及调整完善理论框架。

第二节　基于 SDES 模型的县域资源环境承载力测算与提升案例

基于 SDES 模型对典型区域县域尺度资源环境承载力进行测算与提升模拟仿真，重点在于定量模拟不同治理行动对区域资源环境承载力的影响，也是对本书提出的 SDES 模型在实践中的验证。本节共包含两个案例，案例一是对水环境为主要限制性因素的江苏省溧阳市水环境承载力的模拟，案例二是对水资源为主要限制性因素的甘肃省甘州区资源环境承载力模拟。研究思路主要是根据 SES 框架建立不同子系统之间的内在逻辑关系，厘清 SD 模型关键变量之间的关系式，设计多种承载力提升治理情景，基于历史统计、调查数据对承载力提升进行仿真模拟。

一、溧阳市水环境承载力测算与提升的 SDES 模型

水环境是支撑人类社会经济、生态环境可持续发展的不可替代的环境要素之一（Jia et al.，2018；Zhou et al.，2019）。随着我国社会经济的加速发展，人类生产生活活动严重影

响了自然水环境状态,部分地区的水环境恶化成为区域社会经济可持续、高质量发展的关键性限制因素。水环境承载力概念的提出,为定量化评估与动态监测、管理水环境的人类需求与自然供给之间的关系,以及衡量区域水环境的可持续发展提供了有效的工具(Huang et al.,2018;Chen et al.,2020;Liao et al.,2020)。为了提升水环境承载力,地方政府在上级政府的引导下,采取一系列的治理行动与政策措施。在这一过程中,涉及上级政府(市县政府)、基层组织(村干部自治系统)和公众参与的多中心治理行动(Zhou,2017)。那么,多中心治理行动在水环境承载力提升过程中扮演着何种角色? 这些参与主体的治理行动在多大程度上影响水环境的承载力提升? 在构建治理体系和提升治理能力现代化的时代背景下,厘清政府、集体、公众等多中心利益主体在水环境承载力测算与提升过程中的相互关系和治理行动逻辑,同时,构建一种定量考察多中心治理政策提升水环境承载力绩效的方法体系,有助于为水环境承载力监测、预警、提升方案的制定提供定量支撑。

因此,本节立足于水环境承载力测算与提升动态演化趋势模拟目标,进行SDES模型应用。具体内容如下:①基于资源环境承载力SES框架,剖析治理视角下的水环境承载力的测算内在机理;②基于SD模型,构建治理视角下水环境承载力的动态测算SD模型;③以水环境治理的经典指标——化学需氧量(COD)为例,模拟溧阳市不同治理情景下的水环境治理绩效;④根据分析结果,进一步分析不同情景下的成本收益,提出溧阳市水环境承载力的提升政策建议。最后对SDES在环境管理中的进一步应用提出建议。

(一)基于SES框架的水环境承载力形成机理分析

水环境承载力指一定时间一定区域范围内的水环境,在目标水质条件下,能支撑人类生产、生活的能力,即水环境容量供给与人类生产生活排放污水污染物消纳需求量之间的关系。当供给大于需求时,水环境处于可载状态,反之处于超载状态(Wang et al.,2021)。借鉴SES框架的运行机制,可将水环境承载力形成的内在机理解构如下(图4-5):水环境容量的供给端主要取决于水资源总量及水环境状况,前者相当于资源系统,后者相当于资源单位,即距离目标水质的水环境容量由资源系统和资源单位共同组成。水环境容量的需求端主要是排放到资源系统中的污染物含量,其主要取决于一定社会、经济发展状态下的生产、生活活动排放的污水或处理后污水的污染物含量。相关利益主体主要包括政府、集体、公众。在水环境承载力情景下,利益相关者包括常住人口、旅游人口、工业生产者、农业生产者、渔业生产者、禽畜生产者等。在影响水环境容量供给和需求的各个环节中,政府、集体和公众参与均能根据一定的治理规则调整行动,而不同行动的组合情景将会导致水环境的供给和需求状况的差异,进而形成不同的水环境承载力结果。在采用治理措施时,各子系统根据承载结果信息反馈做出相应调整,以促进社会-水环境生态系统协调运转。在上述过程中,治理系统扮演着调控需求和提升供给的关键作用,如水环境本底状况治理、排污管控、污水处理、生产方式转变等。

综上,可将水环境承载力的形成机理描述如下:在一定的社会经济发展背景下,参与者遵循一定的治理规则,从自然水资源中采用净水,经利用后向水资源中排放污水,造成水环境质量恶化;目标水质下的水环境本底容量与污水的污染物含量之间的差异关系便构成了水环境承载力。当本底容量小于污染物含量或本底容量因水质较差而使得承载力为负时,

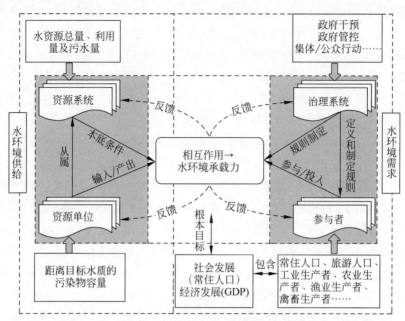

图 4-5　基于 SES 框架的水环境承载力形成机理

水环境承载力处于超载状态,此时,治理系统应当调整规则,通过减少需求、提升供给的方式实现承载力提升。因此,水环境承载力的测算应包括水资源系统、水环境容量系统、治理系统、参与者系统、水环境承载力系统及社会经济发展等子系统。参考水域纳污能力计算规程,以及相关研究(苏毅清 等,2020;黄安 等,2021)各子系统二级变量建立结果如表 4-2 所示。

表 4-2　水环境承载力测算的相关模块及变量

社会(S)、经济(E)				
S1—城镇常住人口	S2—就业人口	S3—旅游人口	S4—GDP1	S5—GDP2
水资源系统(WRS)		治理系统(GS)		
WRS 1—水资源总量		GS1—政府行动(如资金投资、生活污水处理设施投资等)		
WRS 2—水资源利用量		GS2—政府管控(如工业污水处理管控、调整生产规模、污染物排放管控等)		
WRS 3—污水排放总量				
WRS 4—处理后污水总量		GS3—集体组织(如集体组织能力)		
……		……		
水环境系统(WES)		参与者(A)		
		A1—生活参与者(城乡常住人口、旅游人口)		
WES 1—水环境容量		A2—生产参与者(工业、农业、渔业、禽畜等)		
WES 2—现状水质等级		A3—水系数		
WES 3—目标水质等级		A4—排污系数		
……		A5—污染物含量		
		……		
结果(O)				
O1—水环境承载力				

各子系统的变量之间的因果关系表达如图 4-6 所示。总体上看：水环境承载力的测算取决于地表水对污染物的容纳量和排放总量。其中，水环境容量取决于地表水总量、现状水质污染物含量及目标污染物含量；污水净化后排放到地表水中将对地表水的资源量和现状水质产生影响；当需要对水环境的容量进行提升时，加大政府水环境的治理投资和提升集体组织能力具有最直接的影响。污染物的排放总量与人类生活、生产活动排放的污水总量及其污染物含量系数、用水系数、排放污水系数及污水处理率密切相关。生活方面主要包括城镇常住人口、旅游人口的生活污水排放，生产方面主要包括一产（如水田生产、水产养殖、禽畜养殖等）、工业污水排放。当需要对污染物排放量进行控制时，政府可通过加大污水处理设施投入来增加污水处理率，调控生产数量及方式，以减少污染物排放量。在上述提升水环境承载力的行动中，政府在水环境治理上的投资、生活污水处理设施投入可以归结为自上而下的治理情景；集体组织行动、公众参与水环境治理属于自下而上的治理情景。各种行动的强度亦是一种可调节的治理行动。

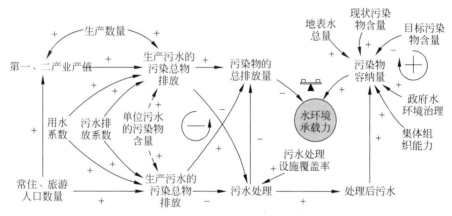

图 4-6　水环境承载力因果关系图

（二）溧阳市水环境承载力 SD 模型描述

由于水环境表征指标较多，如 COD、BOD、TN、TP、NH$_3$-N 等，限于篇幅，本研究遵循典型性和数据可获取性原则，选择 COD 作为水环境承载力的表征指标。根据因果关系分析结果可知，COD 承载力的测算主要取决于供给端的 COD 容纳量和需求端的 COD 污染排放总量。参考前人的研究成果及相关规程，建立 COD 承载力（COD CC）测算的关系式。

1. COD 容纳量

COD 容纳量指溧阳目标水质条件下的现状水量容纳 COD 的能力。虽然水域纳污能力测算规程中提供了较多的河湖水环境容量测算方法，但都不适用于市县尺度的水环境容量测算。市县尺度的环境容量相当于是在一个封闭的区域内计算水环境容量，经过多方对比后，研究借鉴湖库零维模型，对溧阳市 COD 环境容量进行测算，并假设每年的地表水资源总量能够有效更新，因此，COD 的环境容量计算公式表达如下：

$$\mathrm{WE}_{\mathrm{supply}} = \sum_{0}^{i} \left[V_{\mathrm{tot}} R_i \times (C_{s\_COD} - C_{0\_COD\_i}) + k V_{\mathrm{tot}} R_i C_{0\_COD\_i} \right] \quad (4\text{-}23)$$

式中，$\mathrm{WE}_{\mathrm{supply}}$ 是地表环境容量（万 t）；V_{tot} 是地表水资源总量，i 为水质类型（Ⅲ、Ⅳ、Ⅴ、劣Ⅴ

类）；C_{s_COD}、$C_{0\_COD\_i}$ 分别为目标水质 COD 含量和现状水质 COD 含量(mg/L)；R_i 为 i 类水质的水量比例,可通过访谈当地水利部门及其水资源调查报告,并结合实地考察验证获得。k 为综合降解系数,根据实地测算取值 $0.1\mathrm{d}^{-1}$。根据 GB 3838—2002《地表水环境质量标准》确定不同等级地表水质的 COD 含量,Ⅲ、Ⅳ、Ⅴ、劣Ⅴ类水质的 COD 标准含量分别为 20mg/L、30mg/L、40mg/L、50mg/L。公式中,$V_{tot}R_i \times (C_{s\_COD} - C_{0\_COD\_i})$ 表示地表水的稀释容量,$kV_{tot}R_iC_{0\_COD\_i}$ 表示自净容量。在计算处理后的污水环境容量时,同样采用等式(4-23)。溧阳市污水处理排放标准为 1 级 A,处理后,污水排放的 COD 含量约在 50mg/L。

在"全域生态旅游"发展战略导向下,溧阳市将目标水质定位为Ⅲ类,通过大力推行水环境综合治理工程来提升水环境容量。这需要政府自上而下地投入大量的环境污染治理资金,以维持这些项目的正常运转。同时,村集体干部将督促村民减少垃圾倾倒,并进行河道维护等,以改善水环境。水环境治理投资和集体组织能力将被视为影响 COD 容量的关键指标。通过线性回归方程建立如下的 COD 容量的测算关系式:

$$\mathrm{WE}_{supply} = 0.018\,374 \times G_{EI} + 0.09\,779 \times G_{COA} - 2.969\,89 \tag{4-24}$$

式中,G_{EI} 和 G_{COA} 分别为政府环境污染投资(万元)和集体组织能力。集体组织能力主要参考文献(Nagendra et al.,2014)中的指标,选平均村集体大会次数作为替代指标。方程拟合 $R^2 = 0.910$,调整 $R^2 = 0.887$,F 值 40.321。为了便于调控 G_{EI} 和 G_{COA},两者通过趋势外推的方法计算。

2. COD 排放量

COD 总排放量主要表现为排放到地表水中的生活生产污水的 COD 总量。根据生态足迹理论(Mikul et al.,2016)及溧阳市实际排污项可发现污水排放项主要包括:城镇常住人口、乡村常住人口、旅游人口的生活污水排放,工业生产、水田生产、家禽(鸭、鹅)养殖及水产养殖等的污水排放。在上述 COD 排放中,前 4 项已有部分污水通过污水处理设施得到处理。据此,COD 总含量计算公式可归纳如下:

$$\mathrm{COD}_{demand} = \sum_1^i P_{COD\_i} \cdot W_{demand\_i} \cdot y_i \cdot (1 - z_i) + \sum_1^n P_{COD\_n} \cdot W_{demand\_n} \cdot y_n +$$

$$\sum_1^i P_{COD\_it} \cdot W_{demand\_i} \cdot y_i \cdot z_i \tag{4-25}$$

$$W_{demand\_i/n} = \sum_0^i a_{i/n} \cdot N_{i/n} \tag{4-26}$$

式中,COD_{demand} 是 COD 总排放量(万 t)；P_{COD_i} 和 P_{COD_n} 为第 i 项和第 n 项排放污水的单位污水 COD 含量(mg/L),i 主要包括工业生产污水排放、城乡常住人口生活污水排放、旅游人口生活污水排放,4 种污水处理,n 主要包括水产养殖、水田灌溉及禽畜养殖 COD 排放量,其他 i/n 同此处；W_{demand} 为用水需求(万 t),y 为污水排放系数,z 为污水处理覆盖率(%)。P_{COD_it} 为第 i 项处理后的 COD 含量(mg/L)；$W_{demand\_i/n}$ 为第 i/n 项用水总量(万 t)；a 为用水系数,其中,旅游人口在溧阳平均停留 3 天,其用水系数按照 3 天/次计算；N 为用水的人口数或生产资料总数,主要包括城镇和乡村人口数(人)、旅游人口数(人)、第二产业 GDP 产值、水田面积(亩)、水产养殖面积(亩)、家禽养殖数量(万只)。

在上述多项人口数或生产资料总数中,城乡人口数、旅游人口数、水产养殖面积和家禽养殖数量通过 WITHLOOKUP 函数趋势外推获得。根据道格拉斯生产函数,经济的发展受资本、劳动力、土地投入的影响,因此,第二产业 GDP 的测算将考虑这些因素,通过拟合回归方程获得关系式。生产资料的变化将会引起生产总值的变化,为了考察生产总数的变化对第一产业 GDP 产生的影响,研究基于生产函数,加入生产资料要素对第一产业 GDP 进行拟合:

$$GDP_2 = 1.778\ 91 \times 10^6 \times A_{Land2} - 6.200\ 41 \times PE_2 - 0.681\ 368 \times FI_2 - 4.789\ 63 \times 10^6 \tag{4-27}$$

$$GDP_1 = 2.602\ 65 \times PE_1 - 99.584\ 5 \times Tot_{pp} + 122\ 50.2 \times Tot_{aa} - 10.797\ 2 \times$$

$$FI_1 + 2365.49 \times A_{cpcl} - 3605.44 \times A_{aL} - 3.635\ 88 \times 10^6 \tag{4-28}$$

式中,GDP_1 和 GDP_2 分别为第一产业和第二产业的产值;GDP_1 拟合 $R^2 = 0.982$,调整后 $R^2 = 0.946$,F 值 27.427;GDP_2 拟合 $R^2 = 0.960$,调整后 $R^2 = 0.944$,F 值 63.263;这表明两个方程式的拟合效果具有较好的可靠性;FI_1 为一产固定资产投资;PE_1 为一产就业人数;A_{cpcl} 为集体经营性建设用地面积;A_{aL} 为耕地总面积;Tot_{pp} 为家禽养殖总量;Tot_{aa} 为水产养殖面积;A_{Land2} 为二产用地面积;PE_2 为二产就业人数;FI_2 为二产固定资产投资。其中,第一、第二产业就业人口数根据各产业人口数占总人口数的比例获得,其他要素采用时间表函数 WITHLOOKUP 趋势外推获得。水田面积根据其占总耕地面积的比例计算。

综上,构建溧阳市 COD 承载力 SD 模型流图(图 4-7)。模型时间边界为 2009—2035 年,模拟步长为 1 年,历史数据及检验时间为 2009—2019 年,仿真时间为 2020—2035 年。

3. 模型误差分析

溧阳市水环境承载力 SD 模型检验采用平均误差的方法进行检验(见第四章第一节)。检验结果如表 4-3 所示,若干状态变量的历史平均误差均在 ±1% 以内,说明模型具有较好的预测效果。

表 4-3　状态变量误差分析

变　　量	平均误差/%	变　　量	平均误差/%
城镇常住总人口/人	0.00	工业污水处理覆盖率/%	0.00
农村常住总人口/人	0.00	城镇污水处理覆盖率/%	0.00
旅游人口数/人	0.00	农村污水处理覆盖率/%	0.00
一产 GDP/万元	−0.17	水产养殖总面积/万亩	0.00
二产 GDP/万元	−0.34	家禽养殖总量/万只	0.00
集体经营性建设用地面积/hm²	0.00	水环境污染治理投资/100 万元	0.00
耕地总面积/km²	0.00	集体组织能力	0.00
第二产业用地面积/km²	0.00	地表水 COD 容量/万 t	0.90

4. 情景设置与模拟

COD 的承载力大小取决于供给端的 COD 容量和需求端的 COD 排放量,因此,提升 COD 承载力应从增加 COD 容量和减少 COD 排放量两方面发力。根据水环境承载力的形成逻辑可知:水环境承载力的治理行为受自上而下的政府投资、政府管控及自下而上的集体行动 3 种情景的影响。为了比较三种情景下的 COD 承载力绩效,研究设置了 3 项一级治理情景和 6 项治理情景,涉及 10 项相关变量。为了获得治理行动每变化一个单位所提升的 COD 承载力,以现状维持型情景为参照,统一按照变化 10% 的幅度设置各调控参数进行模拟(表 4-4)。现状维持型情景的各项参数通过维持历史值进行模拟,其他治理情景的设置思路如图 4-8 所示。

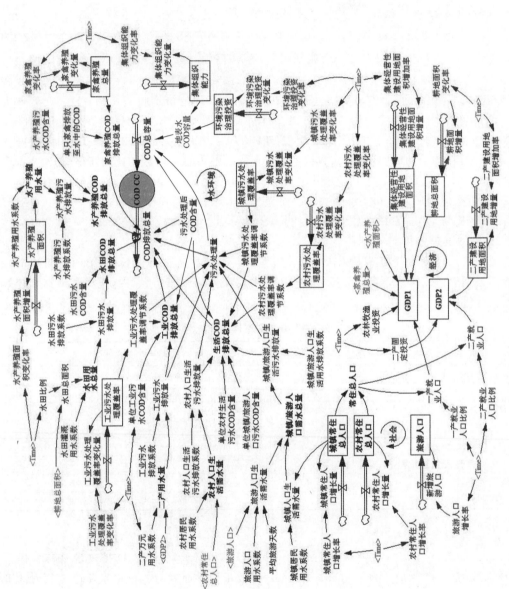

图 4-7 溧阳市 COD 承载力 SD 模型

表 4-4　情景模拟参数设置

一级情景	二级情景	调控参数	调控路径		
政府投资情景(GIS)	GIS I 加大环境污染治理投资	环境污染治理投资变化率/%	现状值的基础上增加10%,其他变量采用历史值		
	GIS II 加大生活污水处理设施投入	城镇污水处理覆盖率变化率/%			
		乡村污水处理覆盖率变化率/%			
政府管控情景(GCS)	GCS I 加大工业污水处理	工业污水处理覆盖率变化率/%	现状值的基础上增加10%,其他变量采用历史值		
	GCS II 减少生产规模	家禽饲养变化率/%	现状值的基础上减少10%,其他变量采用历史值		
		水产养殖面积变化率/%			
	GCS III 改善生产方式	水田污水 COD 含量(万 t/万 t)	在现状常数值的基础上减少10%,其他变量采用历史值	原值	−10%
				4.30×10^{-5}	3.87×10^{-5}
		水产养殖污水 COD 含量(万 t/万 t)		2.90×10^{-5}	2.61×10^{-5}
		单只家禽 COD 排放量(万 t/万只)		2.83×10^{-4}	2.54×10^{-4}
集体行动情景(CAS)	提升集体组织能力	集体组织能力变化率/%	现状值的基础上增加10%,其他变量采用历史值		

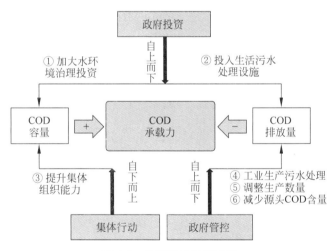

图 4-8　治理情景设置思路

（1）政府投资情景（government investment scenario，GIS）：主要是在上级政府资金、设施等投资下进行的水环境承载力提升行动，是一种从上到下的治理行动。在 COD 容量提升方面，政府通过加大水环境治理资金投入，采用工程措施（如河湖底泥清淤、生态净化、补水活水等）来提升地表水环境的 COD 容量。在减少 COD 排放量方面，政府可通过加大城乡生活污水处理设施投入力度，截流直接进入地表水环境的污水，达到减少 COD 排放量的效果。据此，设置 2 项二级情景：加大水环境治理投资（GIS I）和加大生活污水处理设施投入（GIS II）。

(2)政府管控情景(government control scenario,GCS):表现为政府管控或引导公众减少 COD 排放,是一种自上而下的治理行动。具体情景有:为了减少工业污水,政府可通过管控工业生产者增设污水处理设施。为了减少农渔牧业生产的 COD 排放:一方面,政府可通过促使生产者减少生产数量(如家禽饲养量、水产养殖面积),从根源上减少 COD 排放;另一方面,可鼓励科技投入,提高生产环节的科学性,减少生产过程中的 COD 排放,如通过调整化肥和农药使用来减少水田污水 COD 含量,合理安排水产养殖的饲料和杀菌剂投放等,减少水产养殖的污水 COD 含量,减少家禽养殖区域水环境与自然水环境的联通性,从而减少家禽 COD 排放等。据此,设置 3 项二级情景:加大工业污水处理(GCS Ⅰ)、调整生产方式(GCS Ⅱ)、减少源头 COD 排放(GCS Ⅲ)。

(3)集体行动情景(collective action scenario,CAS):是一种自下而上的治理行动,表现为集体组织村民参与水环境保护而提升的水环境容量,如组织禁止垃圾倾倒、规范生产生活污水排放、河道维护与清理等。村集体组织能力越大,越有利于水环境容量的提升。

(三)结果与分析

1. 治理行为在提升水环境承载力中的影响比较

图 4-9 展示了不同政策情景下的 COD 承载力预测结果。在Ⅲ类水质目标下,溧阳市现状和未来较长时间内的 COD 承载力均处于超载状态。与现状情景相比,本研究设置的所有情景均对 COD 承载力提升具有明显的帮助,但提升幅度差异较大。提升 COD 承载力的差异趋势图大致可分为 3 种类型。①持续提升型:主要是加大环境污染治理投资(GIS Ⅰ)和提升集体组织能力(CAS)情景,两项政策在前期的增长幅度相对较低,但由于这两项政策具有较强的针对性、实施效果累积性,因此,承载力提升幅度随着时间的推移持续增加,并最终位居第一和第二。②高稳定提升型:主要是减少源头 COD 排放量(GCS Ⅲ),该情景前期提升 COD 承载力的幅度最高,后期提升幅度有所下降。这项政策主要通过改进生产技术、生产环节等手段,从源头减少各类生产的 COD 排放量,提升效果在前期远高于其他情景,但随着时间的推移,其他相关变量也随之增加,提升幅度有所减弱。③低稳定提升型:主要是调整生产数量(GCS Ⅱ),加大生活污水处理投资(GIS Ⅱ)和生产污水处理投资(GCS Ⅰ),这 3 项提升 COD 承载力的幅度均较小且变化较稳定。调整生产数量是从根本上减少生产活动,此处主要是水产养殖和家禽养殖,它们是溧阳市当局目前正在实施的治理行动之一,长期实施此种政策将会带来稳定的 COD 提升绩效,但同时也会有损 GDP1 的发展。受污水处理设施覆盖率上限、污水处理量有限性的影响,加大污水处理设施投入提升水环境承载力的绩效相对较小。在 6 种治理行动的演化趋势的影响下,政府投资情景(GIS)和集体行动情景(CAS)呈现出由低到高的持续提升趋势,政府管控情景具有见效快、提升绩效呈现逐步减小的趋势。政府投资情景和集体行动情景的提升幅度分别在 2027 年和 2035年超过政府管控情景。

表 4-5 展示 2020—2035 年各情景提升 COD 承载力的数量差异。在现状情景下,COD承载力从 2019 年的 -1.891 万 t 提升至 2035 年的 0.268 万 t,提升了 114.185%。与现状发展情景相比,15 年间,三个情景提升承载力的绩效由大到小排序依次为政府投资情景(GIS)>集体行动情景(CAS)>政府管控情景(GCS),分别比现状情景多提升 11.522%、6.732%、3.439%,相当于每增加一个单位的政策变化将分别增加 1.153(GIS)、0.348(CAS)、0.344(GCS)单位的承载力提升绩效。二级情景比现状情景多提升的比例由大到小排序依次为 GIS Ⅰ(11.460%)>CAS(3.481%)>GCS Ⅲ(2.817%)>GCS Ⅱ(0.691%)>GIS Ⅱ(0.067%)>GCS Ⅰ(0.035%),相当于政策情景每变化一个单位带来的 COD 承载力提升

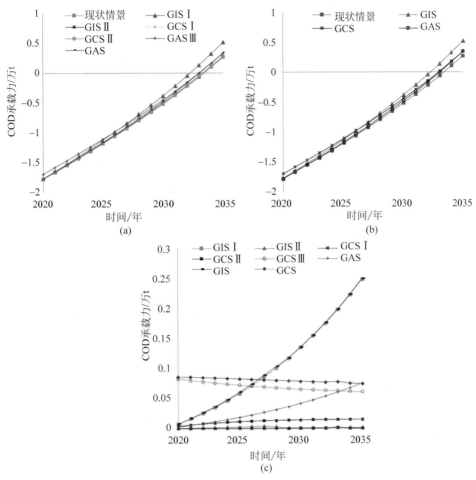

图 4-9　不同政策情景下的 COD 承载力预测结果

（a）二级情景模拟对比结果；（b）一级情景模拟对比结果；（c）模拟情景与现状情景对比差异

注：GIS 是政府投资情景，GCS 是政府管控情景，CAS 是集体行动情景，GIS Ⅰ是加大环境污染治理投资情景，GIS Ⅱ是加大生活污水处理设施投资情景，GCS Ⅰ是加大工业污水处理设施投资情景，GCS Ⅱ是减少生产规模，GCS Ⅲ是改善生产方式。

幅度分别为 1.146（GIS Ⅰ）、0.348（CAS）、0.282（GCS Ⅲ）、0.069（GCS Ⅱ）、0.007（GIS Ⅱ）、0.004（GCS Ⅰ）。从承载力的转型时间来看，现状情景有望在 2034 年由超载转为可载状态，二级情景中的 GIS Ⅰ情景有望将转型时间提前至 2033 年；在二级情景的综合影响下，GIS 和 GCS 的转型时间有望提前至 2033 年。

表 4-5　不同情景下的 COD 承载力提升差异

对比项	现状	GIS Ⅰ	GIS Ⅱ	GCS Ⅰ	GCS Ⅱ	GCS Ⅲ	CAS	GIS	GCS
2019 年 COD 承载力/万 t	−1.891	−1.891	−1.891	−1.891	−1.891	−1.891	−1.891	−1.891	−1.891
2035 年 COD 承载力/万 t	0.268	0.516	0.270	0.269	0.283	0.329	0.343	0.517	0.342
总提升量/万 t	2.159	2.407	2.161	2.160	2.174	2.220	2.234	2.408	2.233
总提升量比例/%	114.185	127.270	114.262	114.225	114.974	117.401	118.159	127.347	118.111
比现状情景多提升的量/万 t	—	0.247	0.001	0.001	0.015	0.061	0.075	0.249	0.074
比现状情景多提升的比例/%	—	11.460	0.067	0.035	0.691	2.817	3.481	11.527	3.439
每变化一个单位带来的 COD 提升幅度	—	1.146	0.007	0.004	0.069	0.282	0.348	1.153	0.344

2. 提升水环境承载力的总效益和总成本比较

有些措施对水环境承载力的提升虽然效益较为明显,但需要付出较高的成本。如何选择高性价比的治理行为,在提升水环境承载力的同时,不致付出高昂的社会经济成本,对环境治理的优化具有重要意义。因此,本研究基于 SDES 的模拟结果,建立治理行动的"效益-成本"比较框架,从而帮助决策者选择高性价比的措施来改善水环境承载力。图 4-10 和表 4-6 为 2020—2035 年,不同治理情景下各单元变化所带来的与当前情景相比的水环境承载力改善的总收益和总成本。从表中可以看出,当利益相关者治理行动增加 1 个单位时,GIS Ⅰ 带来的总效益最大,COD 承载力改善量为 0.169 万 t,但比当前情景多花费 9.21 万元。一般而言,最具成本效益的行动是那些效益较高、成本较低的方案,如 GCS Ⅲ 和 CAS。具体而言,GSC Ⅲ 的高收益是以改善生产方式、减少源 COD 排放为代价的,这需要增加清洁生产技术投资和村民培训。CAS 情景下仅增加村级集体大会次数 0.533 次即可提高 0.052 万 t 的 COD 承载力。与其他方案相比,GCS Ⅲ 和 CAS 方案的成本相对较低。政府投资虽然能达到改善 COD 承载力的最佳效果,但会给政府带来较为严重的经济负担,不是最佳的成本效益行动。此外,其他子情景是低收益和相对高成本(GCS Ⅰ 和 GIS Ⅱ),或对 GDP 产生负面影响(GCS Ⅱ)。

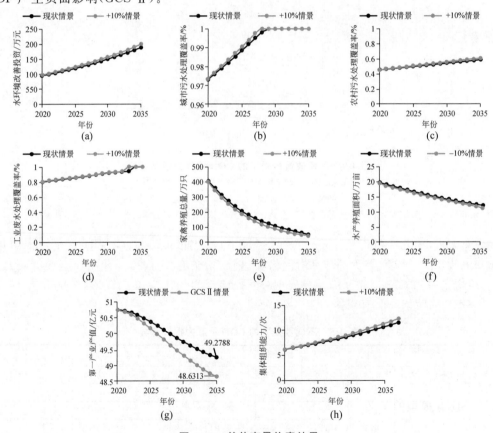

图 4-10 其他变量仿真结果

(a)水环境改善投资;(b)城镇污水处理覆盖率;(c)农村污水处理覆盖率;(d)工业废水处理覆盖率;

(e)家禽养殖总量;(f)水产养殖面积;(g)第一产业产值;(h)集体组织能力

注:水稻污水 COD 含量、水产养殖污水 COD 含量、家禽 COD 排放量为常数,见表 4-4。

表 4-6 水环境承载力改善的总收益和总成本

治理情景	2020—2035 年与现状情景相比的总体收益		2020—2035 年与现状情况相比的总成本		
	COD 承载力总增量/万 t[①]	COD 承载力增加随治理行动变化而变化的量/万 t[②]	成本类型	总成本[①]	总成本增加随治理行动变化而变化的量[②]
GIS Ⅰ：加大水环境项目投资	1.692	0.169	水环境改善投资/万元(图 4-10(a))	92.097	9.210
GIS Ⅱ：增加生活污水处理设施	0.026	0.003	城市污水处理设施覆盖率/%(图 4-10(b))	0.013	0.001
			农村污水处理设施覆盖率/%(图 4-10(c))	0.134	0.013
GCS Ⅰ：增加工业污水处理设施	0.005	0.001	工业污水处理覆盖率/%(图 4-10(d))	0.158	0.016
GCS Ⅱ：减少生产规模	0.188	0.019	家禽总产量/万只(图 4-10(e))	−248.098	−24.810
			水产养殖面积/万亩(图 4-10(f))	−6.334	−0.633
			第一产业产值/万元(图 4-10(g))	−52 961	−5296.100
GCS Ⅲ：改善生产方式	1.114	0.111	水稻污水 COD 含量(万 t/万 t)	6.54×10^{-5}	6.54×10^{-6}
			养殖污水 COD 含量(万 t/万 t)	4.35×10^{-5}	4.35×10^{-6}
			家禽 COD 排放量(万 t/万只)	4.24×10^{-4}	4.24×10^{-5}
CAS：增强集体组织能力	0.521	0.052	集体组织能力/次(图 4-10(h))	5.329	0.533

注：① $y_i = \sum_{t=2020}^{2035} x_{it}$，$y_i$ 表示情景 i 在 2020—2035 年相对于当前情景的总收益或总成本，x_{ti} 表示情景 i 在 t 年相对于现状情景的收益或成本。

② $z_i = \dfrac{y_i}{10}$，z_i 是每一种情况下单位变化后的总收益或成本。

（四）讨论

1. SDES 模型的意义

SDES 模型是从资源环境-社会经济-治理的视角出发构建的。从这一新的视角出发，通过考察资源系统、资源单位、治理系统、行动者、社会经济等方面的相互作用，构建了该模型中的水环境承载力 SES 框架。作为区域和城市可持续发展模拟的工具，本研究中的 SDES 模型不仅强调资源系统和资源单位对人类压力的支持能力和社会经济发展的需求，而且强调利益相关者的治理行动。这可以验证当前利益相关者在其区域资源环境承载力中的行动力度(Nagenda et al.,2014),并确定提升水环境承载力的潜在效益和成本,这是仅靠 PSR 模型、SD 等模型难以达到的。这一迹象与人类活动的负载-载体概念相似(Shen et al.,2020;Peng et al.,2021),这一框架类似于承载体-承载对象的框架(Shen et al.,2020;Peng et al.,2021),其中,资源系统和资源单位与承载体对应,社会经济、参与者和治理行动与承载对象对应。然而与人类活动和承载体变化响应不同,治理行动考虑了自上而下、自下而上和上下结合的情景。

SDES 模型将利益相关者的治理行为融入资源环境承载能力子系统之间相互作用的综合分析中。与以往研究相比,该研究将弥补传统资源环境 SD 模型中治理行动分析的不足。在实践中,以溧阳市水环境 SD 模型为例,运用 SDES 模型定量模拟分析了利益相关者治理行动对 COD 承载力提升的影响,这对于政府的决策行为具有重要的参考意义,有助于他们对各种干预行为进行比较,从而选择高性价比的治理方案。该模型可以明确地将治理行为纳入模型,根据行为强度给出量化的绩效,因而所有公民更有可能与政府决策者一起解决区域资源和环境问题,实现可持续发展(Wang et al.,2018;Shen et al.,2020)。

2. 利益相关者治理行动对水环境承载力提升的影响探讨

SDES 模型模拟了在各种治理行为影响下的水环境提升收益和成本的演化趋势。结果显示,到 2035 年,水生态承载力将由负向正转变。此外,对 2020—2035 年的 COD 承载力提升总量和调控变量状态值进行统计分析,可以使我们充分了解实施治理行动所带来的收益和成本。由于治理行动的影响程度不同,因此,2035 年的水环境提升绩效和 2020—2035 年的总效益排名存在差异。与现有研究相比,总收益和总成本的分析可能更有利于决策者综合考虑水环境承载力提升政策,因为水环境承载力的提升是渐进的,而不是一蹴而就的(苏毅清 等,2020;Hu et al.,2021;黄安 等,2021)。因此,根据成本与收益的定性比较分析,二级情景可分为 3 种类型(表 4-7)。

表 4-7 水环境承载力提升的总成本和总效益比较

类　型	二 级 情 景	利益排序	成　本
低成本-高收益	GCS Ⅲ:减少源头 COD 排放	2	加大技术投入和村民培训,降低水稻污水、养殖业污水和家禽 COD 排放的含量
	CAS:提升集体组织能力	3	通过增加集体会议来提高集体组织能力
高成本-高收益	GIS Ⅰ:加大水环境改善项目投资力度	1	加大水环境改善项目投资力度
高成本-低收益	GCS Ⅱ:调整生产方法	4	家禽总生产和养殖面积减少,进一步降低了第一产业产值
	GIS Ⅱ:增加生活污水处理设施	5	提高城乡污水处理设施覆盖率
	GCS Ⅰ:增加工业污水处理设施	6	提高工业废水覆盖率

注:效益排序是根据每种情景下单位 COD 承载力总增加值随单位变化而排列的(表 4-6)。

(1)低成本-高收益:包括减少 COD 排放源(GCS Ⅲ)和提高集体组织能力情景。对于

GCS Ⅲ和 CAS 情景而言,水环境承载力改善的效益相对较高,在所有子情景中分别排名 2
和 3。GCS Ⅲ的成本是通过投资技术和培训村民来降低水稻、水产养殖和家禽生产过程中
的 COD 含量。CAS 的成本主要是通过提高集体组织引领村民保护环境的能力来抑制生产
生活过程中的水环境污染。与其他情景相比,这些成本相对较低,但需要基层治理水平的全
面提升。

(2)高成本-高收益:增加水环境项目投资(GIS Ⅰ),以投入更多资金进行河湖水环境
综合整治为代价获得高效益(排名 1)。这样的高成本对于国家和地方政府来说是较重的财
政支出负担,而且难以长期持续,通常用于严重污染的河流和湖泊的水体改善。

(3)高成本-低效益:包括调整生产方式(GCS Ⅱ)、增加生活污水处理设施(GIS Ⅱ)、
增加工业污水处理设施(GCS Ⅰ)3 个子情景。与其他子情景相比,3 个子情景的效益相对
较低。其中,GCS Ⅱ需要付出减少家禽养殖和渔业生产的成本,进一步导致 GDP 下降。
GIS Ⅱ和 GCS Ⅰ中污水处理基础设施的正常运行取决于政府/工业生产者支付的一次性建
设成本和长期维护成本,与 GCS Ⅲ和 CAS 子情景相比,成本是相对较高的。

研究显示,在所有子情景下,GCS Ⅲ和 CAS 被认为是提升水环境承载力的最佳治理行
动。收益和成本的比较分析为选择最佳治理方案和决策提供了参考。

3. 政策启示

首先,当我们面临越来越复杂的地区、城市系统和分散治理时,应将 SDES 模型应用到
环境问题的评估和提升中,因为它能定量评估自上而下、自下而上和上下交互的治理行动所
带来的影响,相当于前置了政策实施绩效的评估程序。其次,SDES 模型中的治理调控变量
可以根据研究区域的时段和当地条件进行调整,控制变量对水环境承载力提升的作用因区
域和时段的不同而不同。最后,溧阳市的水环境提升可以根据效益和成本的比较来制定政
策,模型结果揭示了如下结论:①减少 COD 排放源和增强集体组织能力在所有子情景下表
现最佳,应优先选择。②当江河湖泊水环境恶化严重时,可适当增加水环境工程投资,否
则,基于其高成本-高效益的特点,可以维持或适当减少当前的投资。③弱化调整生产方
式行动的实施力度,并根据模拟结果对 GDP 和农民损失制定相应的补偿政策。④生产生
活污水处理设施对水环境承载力的提升不明显,但其属于必要基础设施,应按照当前情
景增加。

(五)小结

本研究以 SES 框架和 SD 模型为基础,构建了治理视角下资源环境承载力测度与提升
的框架,具体内容如下。①采用 SDES 模型,定量模拟利益相关者治理行为对资源环境承载
力的影响。②以溧阳市水环境承载力为例,验证 SDES 模型应用的可行性。③通过对比不
同情景下资源环境承载力提升的总收益和总成本,为提升水环境承载力提供参考。④溧阳
市的研究结果表明,针对不同治理行动的最终水环境承载力提升状况及总收益和总成本,减
少 COD 排放源和提高集体组织能力是改善水环境承载力的最佳行动,而其他行动(如增加水
环境项目投资、调整生产方式、增加污水处理设施等)的收益小于或等于成本,或对 GDP 产生
负面影响。SDES 的框架同样可以应用于环境管理的其他行动与情景。

当然,该研究也存在一定的不足。首先,由于缺乏数据,治理的一些关键变量缺失。例
如:集体的投入、基层干部的管理能力等集体行动变量信息的缺乏,只能用村级集体会议的

平均次数来代替。其次,由于历史数据难以获取,因此,构建预测方程的数据样本容量不足,进而导致预测结果存在不确定误差。这些都可能导致模拟结果存在一定的偏差。然而,溧阳市的实证案例和 SDES 模型理论框架对理解资源、环境、社会经济和利益相关者治理行动之间的复杂关系具有重要意义。因此,建议未来研究探索 SDES 模型在其他类型区域和城市资源环境承载力中应用的可行性。

二、甘州区资源环境承载力测算与提升的 SDES 模型

甘州区是我国西部地区农牧交错带上的典型县。由于特殊的温带大陆性气候,降水和河湖均较少,因此,该区域的政府、集体、市场和公众等多利益主体在社会经济发展需求旺盛与资源供给短缺的交互关系中,探索出了诸多水资源限制条件下的水资源利用平衡方案。尽管如此,水资源短缺仍然是制约甘州区社会经济发展的关键限制性因素。因此,在多利益主体治理行动的影响下,如何更有效地提高区域资源环境承载力,是甘州区实现社会生态可持续发展需研究的关键科学问题。

本节以甘州区为例,构建甘州区资源环境承载力的 SDES 模型,模拟不同治理行动提升资源环境承载力的绩效。首先,对甘州区自然、社会经济、水资源、土地利用、生态及基础设施等状况进行全面分析,识别甘州区资源环境短板。然后,构建甘州区资源环境承载力SDES 模型,并设置不同的治理情景模拟方案。最后,对比分析不同情景下的预测结果,在此基础上提出承载力提升的政策建议。

(一)研究区概况和特征

1. 自然地理概况

甘州区隶属于甘肃省张掖市,位于河西走廊中部黑河流域,全区东西长 65km,南北宽98km,总面积 3661km²,南依祁连山,北邻内蒙古阿拉善右旗,属于大陆性气候,年蒸发量达2000～2350mm,约为年平均降水量的 18 倍,因此,当地水资源量较为短缺。甘州区区位如图 4-11 所示。

2. 社会经济发展概况

2020 年,张掖市甘州区全区地区生产总值完成 202.2 亿元,增长 5.03%,完成固定资产投资 116 亿元,增长 9.76%,社会消费品零售总额 111.4 亿元,一般公共预算收入 8.63 亿元,城镇居民人均可支配收入 2.9 万元,农村居民人均可支配收入 1.68 万元,各项经济指标均位于全市前列。全年甘州区三产产业结构比例为 22.1∶16.6∶61.3。其中,第一产业以农牧业为主,全年生产总值 44.62 亿元。目前,甘州区的产值主要来源为第三产业,且第三产业产值在总产值中所占比例仍在不断增加。一方面,这是由于甘州区当地有着丰富的旅游资源,以平山湖、丹霞地貌等为主的许多旅游景区都在甘州区内;另一方面,人民生活水平提高和交通便利度提升也是主要原因之一。

过去 30 年来,甘州区城镇化率稳步上升,始终保持着较高的增长速度,从 1990 年的城镇化率不足 20% 发展至今的城镇化率 44%。按照国际惯用的城镇化率发展曲线,未来,甘州区的城镇发展仍有较大潜力。甘州区 2020 年的户籍人口为 51.75 万,其中,城镇人口22.69 万,占 43.85%。乡村劳动力共 23.96 万,其中男性人数 12.59 万,占总劳动力人数的53%。近 5 年来,甘州区户籍人口有逐渐增长的态势,当地常住人口数量在 2014—2018 年

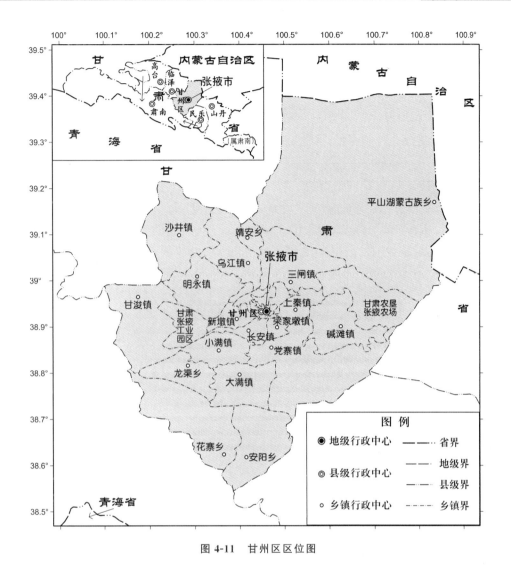

图 4-11 甘州区区位图

大于户籍人口,但 2019 年后迅速回落,甚至低于户籍人口。主要原因可能与城市经济不发达、大量人口外出务工有关。该情况在乡村尤为严重,许多村庄都存在劳动力老龄化的问题。

甘州区乡村从业人员共有 21.42 万,其中男性占比 52.75%,女性占比 47.25%;高中以上文化程度的人口占比 24.6%。在全部乡村从业人员中,从事农林牧渔业的人口比例达到 56.2%,从事第三产业的人数超过 1/4,而第二产业从事人数最少。一方面,这是由于当地工业不发达,第二产业主要为一些建材加工、畜牧业加工和农产品加工等产业;另一方面,由于人口老龄化和劳动力素质相对较低,农牧业是目前最普遍的就业方向。

3. 水资源概况

甘州区水资源较为短缺,对该地区的发展约束性较强。尤其自 2000 年黑河调水以来,每年为期 140 天的黑河调水期造成甘州地区在秋季灌溉期时常出现农田灌溉用水不足,种植业因此受到较大影响。以近五年数据来看,甘州上游给水量逐年减少,伴随而来的就是能提供给下游地区的水源量递减(见表 4-8)。

表 4-8　甘州临泽高台三县黑河流域总量

年　　份	来水量/亿 m³	下线出水量/亿 m³	甘州区用水量/亿 m³
2016	24	16	8
2017	21	14	7
2018	21	14	7
2019	20	13	7
2020	20	13	7

近十年来,全区总体用水量呈下降趋势,2020 年达到了 6.81 亿 t,在各项用水量中,农业用水量最大,达到了 6.14 亿 t,生态用水量为 2000 多万 t,生活用水量为 1300 万 t 左右,工业用水量不到 1000 万 t。由图 4-12 可以看出,目前,甘州区水资源节约利用的主要方向在农业用水上。

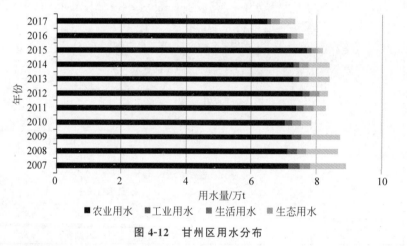

图 4-12　甘州区用水分布

4. 土地利用概况

甘州区 2019 年的土地利用情况如表 4-9 所示。其中,甘州区草地所占比例最高,说明当地具备较强的畜牧业发展基础,其次耕地面积所占比例较高,建设用地占比较少且未利用地占比较高,说明甘州区仍有较大的发展潜力。目前,制约甘州区发展的主要因素是水资源短缺。

表 4-9　2019 年甘州区土地利用情况表

	耕地	种植园	林地	草地	湿地	城镇村及工矿用地	交通运输用地	未利用地	总面积
面积/km²	1041.90	22.37	186.83	1694.40	122.17	175.53	21.62	396.17	3660.98
占比	0.28	0.01	0.05	0.46	0.03	0.05	0.01	0.11	1.00

农作物主要以设施大棚蔬菜、制种玉米、花卉等为主,小麦等粮食种植面积逐年减少。人均耕地 1~4 亩,土地流转面积较大。根据流转种植类型,租金差异较大,在 200~

1200元/(亩·年)。牧业主要以羊、牛为主,从以前的放牧逐渐过渡到养殖小区,且逐渐形成"种养结合"的模式。过去五年,甘州区玉米制种面积呈稳定小幅度增长趋势,作为当地的代表性产品之一,玉米制种在保持数量的同时,也在不断革新技术,提高产业效益。

为提高农业效益,控制用水量,甘州区近年来采取了一系列现代化工程技术手段。目前,设施农业主要集中在党寨镇和甘州区城郊,以娃娃菜、辣椒、西红柿、芥蓝、西蓝花等种类为主。设施农业采用大棚温室技术,保证农田的高产量。设施农业中80%的土地为滴灌形式,只有少量用地是漫灌,土地的节水效果非常明显。近年来,设施农业的发展势头较好,但由于初步投资额较大,许多农民仍采取观望姿态。

5. 生态环境概况

目前,农药、化肥、耕地覆膜是甘州区乡镇主要的生态污染来源。近年来,农用化肥使用量居高不下,尽管甘州区全区肥料施用中自制无害的农家肥占了50%左右,但在2020年,化肥使用量仍有96 501t。白色垃圾的塑料地膜在2020年的使用量也有5011t。对生态更加友好的可降解地膜,由于价格高、农民环保意识不强,并未得到大范围的使用。

在生态文明建设方面,甘州区已建成的有九龙江林场、红沙窝林场、国有林场、西城驿林场等4个较大林场。从2016年起,每年的造林面积都在稳步增长,2019年还开始了退化林的修复,对过去逐渐消失的树林进行重新栽种。在这些造林工程中,生态用水基本由节余的农业用水补充,但明显不足以满足全部生态用水需求。

6. 基础设施及交通发展情况

甘州区地处甘肃省河西走廊中段,区位优势明显,是西北地区重要的物流集散地,其交通结构是以高速公路、国省道干线为骨架,以对外通道、乡村公路为脉络,以主要场站为连结点的连线成网、内外畅通、等级合理的综合交通网络。目前,甘州区已有G30连霍高速公路,国道312、227线横贯全境,县(市)乡公路四通八达,铁路体系有兰新复线高速铁路。张掖市机场也位于甘州区,且有扩建计划。但从总体来看,甘州区区域城乡交通运输存在发展不平衡、不协调的现象,农村交通运输基本公共服务水平有待提升。近五年甘州区乡镇和村庄已经全部有公路贯通,但同时,乡村道路体系不健全、不完整,断头路现象大量存在,道路质量也参差不齐。

7. 甘州区资源环境承载力的制约因素

从实地调研及后续分析结果来看,水资源短缺是限制甘州区进一步发展的根本原因。受多种条件限制,通过修建调蓄设施引入外来水源也较难实现,因此,当地的水资源供给量较为有限,一半以上的农业用水、95%以上的工业用水及居民生活用水主要依靠地下水开采。然而,过度开采利用地下水又会造成土地盐碱化、沙化等生态环境问题,土地资源质量下降。目前,甘州区耕地与建设用地后备资源(未利用地)充足,基本形成了适应水资源约束的生产生活方式,但后续的资源开发受到水资源量的影响,未利用地较难实现建设利用。如何提高甘州区的水资源承载力,使得在人口持续增长的情况下,人口、资源与环境协调发展,获取最大的社会、经济和生态效益,是未来需要关注的关键问题(见表4-10)。

表 4-10　甘州区资源环境概况表

项　　目	单　位	2016 年	2017 年	2018 年	2019 年	2020 年
玉米制种面积	亩	0	545 281	529 869	590 097	576 601
设施数量	个	24 797	25 529	27 464	27 521	27 536
设施种植业面积	亩	37 741	25 245	26 415	31 154	33 727
农用化肥施用实物量	t	23 567	94 495	96 270	96 359	96 501
塑料薄膜使用量	t	5741	5199	4672	4883	5011
造林面积	亩	12 000	13 850	64 400	57 000	22 800
人工造林面积	亩	2016	5030	29 400	32 000	12 800
当年新封(沙)山育林面积	亩	9984	12 000	35 000	20 000	0
退化林修复面积	亩	0	0	0	5000	10 000

1) 产业结构导致水资源配置低效

甘州区以旅游业作为其主要的经济来源,第一产业占比高于第二产业,工业以极少的用水量占据 16% 的产出,而农业用水占据当地总用水量的 90% 以上,生产总值只达到 GDP 总量的 22%,极不平衡的水资源配置是供需矛盾的主要原因之一。同时,甘州区"十四五"规划中确定重点发展的有色冶金、石油化工、生物化工等产业具有高耗水、高污染的特点,对生态水环境不友好。除当地的三产结构外,第一产业内的产业结构也存在着诸多问题。各村镇种植结构类似,难以发挥比较优势,且耕地多以粮食为主要农产品,耗水量大加剧了水资源短缺问题。近年来,农业结构调整中重点发展的玉米制种业与蔬菜种植业也存在用水定额高的问题,种植结构是当地农业用水长期居高不下的主要原因。

2) 水资源利用技术水平低

甘州区自 2012 年起开始实施规模化的高效节水示范项目,通过一批高标准农田的建设,以滴灌、管灌代替了过去的漫灌形式,对水资源的浪费能有效遏制。然而,由于灌溉工程资金投入大,田地布局散,大部分分散经营的农户对于改造高标准农田仍持观望态度。同时,由于该项目仍在推广和完善中,受多种因素影响,工程质量难以保证。因此,提升当地水资源利用技术、加大政府投资力度也迫在眉睫。

3) 相关政策不完善

近年来,甘州区已经有意识地努力推行水权交易、完善水权制度,确定了相应的农业用水水权,但截至 2021 年,甘州区在水交易市场方面仍处于起步状态,工业及其他行业、居民生活用水的水权仍没有明确登记,因此导致政府和市场难以对水资源节约利用有效把控。目前,水价的定价机制不够健全,既不能完全反映供水成本,也不能反映水资源稀缺程度,较低的水价也很难激励群众的节水意识。

除水权制度外,水资源的管理也有较多问题。尽管各灌区已经成立了分级的农民用水协会等管理组织,但对节水并未起到明显作用。在配水方案、水费定价等问题上,协会仍然被动接受水务局和水管所的政策指令。普通群众的声音较难对管理举措起到影响,这也造成了群众的节水意识较为薄弱,水资源低效利用时有发生。

8. 国内现有研究

甘州区地处黑河流域中游地区,属于严重的缺水地区,是我国生态较为脆弱的典型区域,许多学者已先后对其做过各方面的研究与探索。黄茹莉等(2010)通过构建甘州区社会经济水循环网络,并运用上升性理论对其进行宏观分析,发现甘州区对水资源的利用仍处于初级阶段,用水结构未得到优化,因此建议从产业结构入手,提高用水效率,延长产业链条等。潘护林、陈惠雄(2014)在现代可持续集成水资源管理(IWRM)理念及实施框架阐释和剖析的基础上,构建了甘州区水资源综合管理实施指标体系,发现当地管理存在着区域政策不协调、水权制度不完善、资金支持不足等外部原因,因此,需进一步强化区域政策整体设计,深化管理体制改革,建立起更加可持续的资源管理模式。张永凯、王蕾(2016)运用主成分分析方法对张掖市3个节水试点区的农业水资源利用与环境经济相关的指标进行了分析,发现1999—2010年的甘州区水资源与环境经济协调发展关系虽有所改善,但其经济发展模式仍属于粗放型发展,消耗了大量资源而未得到相应的快速增长,因此鼓励利用农业高新技术,调整种植结构,并严格控制农业用水总量,拓展相应的投资渠道。杨连海(2020)在环境经济学的基础上,对甘州区水资源的开发利用进行了模型模拟,结果表明,当地降水形成的水资源时空分布不均,年际变化较大。针对其水资源短缺问题应开展农业节水灌溉和高效用水,在制定治理保护总体方案时,需做到建设规模与生产力发展水平相协调。

目前,现有研究数据相对较陈旧,且由于近年来甘州区针对水资源问题大力推行整改措施,水资源承载力实际情况与现有研究已有出入。因此,此次研究通过对甘州区推行水资源保护政策后的情况进行研究,在调整改进资源承载力模型的同时更新数据,以期为之后的相关研究做出参考。

(二)甘州区资源环境承载力的 SDES 模型

1. 现状问题及建模目标

根据以上基础资料,我们可以发现,水资源(地表和地下水)是限制甘州区发展的约束条件,该区也积极采取各类节水措施去适应缺水的客观情况,并取得了一定成效。但节水措施的节水潜力如何？该措施对土地资源、社会经济、生态保护等是否会产生相互影响？这些问题都是甘州区村镇承载力综合测算模型最终需要回答的。因此,建模的目标应该关注以下问题。

(1)模型需要体现现有节水措施的实施效果及未来节水措施的发展潜力和水资源承载力的变化情况。例如:可以在 SD 模型中通过拟合单位面积浇灌量随时间变化的趋势,来模拟节水措施的实施效果,并通过查阅相关文献及相关规范来确定下限,从而算出节水措施的发展潜力。

(2)模型需要体现未来水资源对耕地变化的影响情况,并能够预测耕地承载力是否会超载。因此,要找出水资源承载力与耕地变化率之间的互动机制,在水资源与土地子系统之间形成反馈回路。

(3)目前,生态用水的需求越来越大,统计口径为农业用水,在模型中需要将生态用水从需求端体现出来,并对其进行量化计算。可以考虑通过拟合生态补水量及人工林需水量来计算整体生态需水量。

(4)模型对基础设施、民生保障、社会治理等领域有所侧重,体现出了短板以及近年来的趋势转变,并针对不同的发展情景,对其进行未来情景模拟。可以考虑将这些指标纳入治理模块,结合 SES 理论框架,对 SD 模型进行治理政策调控模拟。

(5) 模拟现代化产业与村镇建设资源环境承载力之间的互动机制。近年来,甘州区一直致力于优化产业结构,因此,在模型构建时,需将一、二、三产的优化升级过程通过指标变化的形式量化出来。可以考虑在模型中加入一、二、三产就业人口比例,一、二、三产固定资产投资等指标,探寻这些指标与各产业 GDP 的影响机制。

(6) 动态模拟城乡建设用地承载状态与经济效益状况。需要对水资源承载力与建设用地的变化互动机制进行研究,从而模拟出建设用地的变化状况及承载状态,进而计算单位建设用地的 GDP 产值,得到建设用地的利用效率。

2. 甘州区资源环境承载力 SDES 模型构建流程

系统动力学模型的构建是一个较为复杂的反馈过程,首先需要研究各个子系统之间的互动机制,在加入关键要素后通过因果关系图表现出来,之后梳理系统的反馈结构,确定模型的变量和变量之间的方程关系,并将因果关系图转化为存流量图,构建出初步的村镇承载力综合测算模型。然后通过历年数据设置和调整关键参数,使其适用于研究的对象和范围,同时具有较高的准确性,随后对模型的政策方案设定进行优化,并对最终得到各个方案的模拟结果进行分析。其流程如图 4-13 所示。

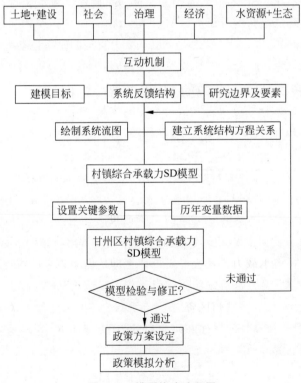

图 4-13　模型构建流程图

3. 基于 SES 的甘州区资源环境承载力分析

由于甘州区的数据类型和内容较多,模型难以完全反映全区真实运行的复杂情况,要根据具体研究目的对指标和模型结构进行简化处理。因此,在确定模型变量时应根据实地调研和主要指标之间的影响关系,忽略和剔除无关变量,保证模型能够有效运转。在本研究中,系统的边界定义为张掖市甘州区土地+建设、水资源+生态、社会、经济及治理模块之间的作用影响,构建甘州区村镇承载力综合测算模型。各个子系统之间的互动机制如图 4-14 所示。

图 4-14　甘州区模型子系统关系图

1）模型反馈回路分析

针对甘州区目前在资源环境发展中存在的问题,结合资源环境承载力变化与社会经济要素之间的耦合关系,可以探索出甘州区资源环境承载力与社会经济要素之间的影响机制,构建资源环境承载力模型的反馈回路。模型中存在的主要反馈回路有以下两条。

耕地面积→灌溉面积→种植业需水量→农业需水量→需水总量→水资源承载力→耕地面积增加率→耕地面积增加量→耕地面积,该反馈回路为负反馈机制,表达了水资源对耕地增长速度的限制。

GDP→固定资产投资→第三产业固定投资→三产 GDP 年增加量→三产 GDP→GDP,该反馈回路反映了经济子系统内部三产 GDP 要素之间的互动机制,GDP 的变化引发固定资产投资数额的变化,从而影响第三产业固定资产投资的投资情况,其作为重要的投入要素,会使三产 GDP 的年增加量产生变化,进而影响下一年的三产 GDP 与总 GDP。

依据甘州区资源环境承载力与社会经济要素之间的影响机制所梳理出来的两条反馈回路,可以建立如图 4-15 所示的因果关系图。

基于 Vensim PLE 软件,对甘州区资源环境承载力 SD 模型因果关系图中的变量类型进一步细化,根据每个变量自身的属性和研究目的,用状态变量、速率变量、辅助变量、常量描绘出每个子系统的结构。

2）土地+建设子系统

土地+建设子系统主要模拟甘州区的土地利用与建设发展状况,可反映其土地利用水平。在张掖市甘州区,选取了建设用地、耕地、灌溉面积等对承载力有较大影响的指标来构建土地+建设子系统。

土地+建设子系统将通过建设用地承载力、建设用地利用效率、建设用地增加率、耕地面积增加率等指标,与社会子系统、水资源+生态子系统、经济子系统相连接(图 4-16)。

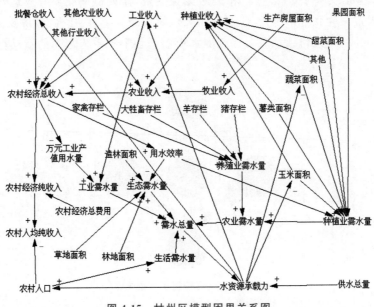

图 4-15 甘州区模型因果关系图

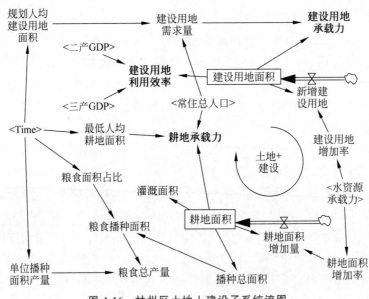

图 4-16 甘州区土地＋建设子系统流图

注：图中＜Time＞为时间变量，代表"年"，下同

3）水资源＋生态子系统

水资源＋生态子系统主要模拟甘州区供需水量及 COD 排放量、农药与化肥施用量，可反映甘州区整体地区的水资源与生态状况。水资源＋生态子系统将通过种植业需水量、生活需水量、工业用水量、环境污染治理投资额等指标，与土地＋建设、社会、经济子系统和治理模块相连接（图 4-17）。

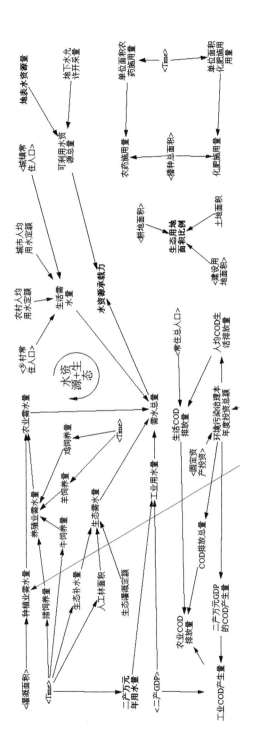

图 4-17　甘州区水资源＋生态子系统流图

4）社会子系统

社会子系统主要模拟人口增长、城市化发展情况,可反映甘州区的城镇化水平。在甘州区,选取了就业人口比例、城市化率、总人口等对承载力有较大影响的指标来构建社会子系统。

社会子系统将通过一产就业人口、二产就业人口、三产就业人口、城镇常住人口、乡村常住人口等指标,与水资源＋生态子系统、土地＋建设子系统和经济子系统相连接(图 4-18)。

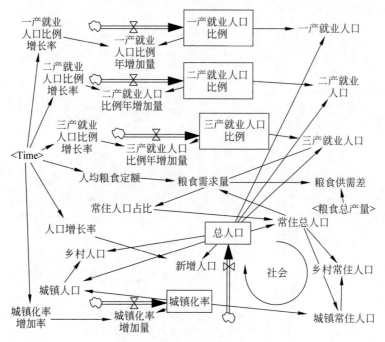

图 4-18　甘州区社会子系统流图

5）经济子系统

经济子系统主要模拟甘州区第一、二、三产业情况与农村收入情况,核心思想是通过劳动力、资本等生产要素构建生产函数,或通过单位就业人员的经济效益进行经济增长关系的模拟。在张掖市甘州区,选取了 GDP、固定资产投资、全年村集体收入、地均产值等对承载力有较大影响的指标来构建经济子系统。

经济子系统将通过农村种植业总收入、农村牧业收入、一产 GDP、二产 GDP 等指标,与社会子系统、水资源＋生态子系统和土地＋建设子系统相连接(图 4-19)。

6）治理模块

治理模块主要涉及政策治理变量,选择那些影响其他子系统的关键变量。参考有关中小尺度空间单元资源环境承载力 SES 框架中的指标体系,结合甘州区实际情况及 SD 模型构建需求,建立甘州区资源环境承载力 SD 模型的治理指标体系(表 4-11)。目前,治理模块中的 SES 治理变量共有 7 个,与水资源＋生态、社会、经济子系统相连接(见图 4-20)。

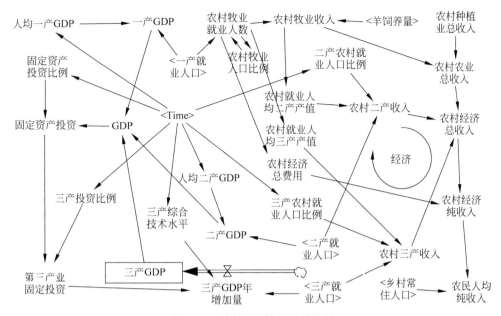

图 4-19　甘州区经济子系统流图

表 4-11　甘州区 SES 指标一览表

一级指标	二级指标	计算方法
经济能力	全年村集体平均收入/万元	村集体总收入/行政村个数
村镇组织能力	集体大会次数	村集体代表大会总数/行政村个数
	合作社	参与合作社人数/户籍总人数（百分比归一化）
	个体商户个数/个	
市场	外商投资到农村	港澳台＋外地投资（万元）
政府干预	生产性基础设施	（（道路＋通公路）/2＋排水＋自来水＋改厕＋能源＋（工业污水＋农村污水＋垃圾处理）/3）/6；百分比归一化
	生活性基础设施	文教体卫完备度均值；百分比归一化
	环境污染治理本年度投资总额/万元	
	农林牧渔投资/万元	

7）整体模型

依据子系统关系及因果关系图，对各个子系统进行整合，形成甘州区村镇承载力综合测算模型系统流图（见图 4-21）。

4. 模型情景设计思路

1）基于源头控制的用水总量调控情景

近年来，甘州区的用水总量已逐渐下降，但是其水资源供给量相对稀缺，而后续建设用地使用、粮食耕种需要的水资源都是不可缺少的发展要素，因此，在未来较长一段时间内仍需控制用水总量，保证水资源承载力不超标。一方面，随着之后的产业结构调整，技术水平的提升和农耕作物的种类转换，占比最大的农业用水量将进一步下降，在其基础上通过控制万元工业产值用水量对工业需水总量进行把控，并对生态用水适量提升，使得总量能够得以下降。另一方面，在节流的同时，对废污水进行回收和再次利用，提高用水效率，让水资源得以充分循环利用，达到开源的效果。

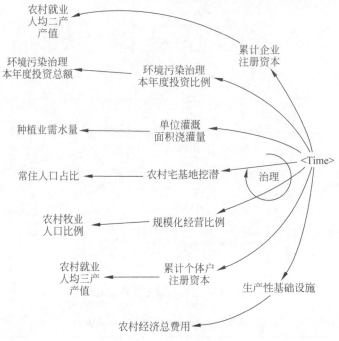

图 4-20　甘州区治理模块流图

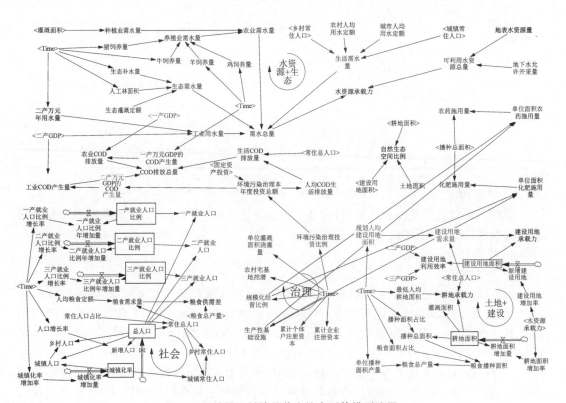

图 4-21　甘州区村镇承载力综合测算模型流图

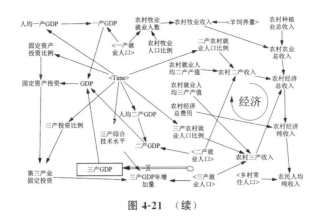

图 4-21　（续）

2）调整产业比例，优化水资源配置

将区域发展整体导向与当地资源承载力相协调。调整产业结构，促进城镇化水平进一步提升，实现资源高效利用，是实现当地社会经济发展的有效途径。目前，甘州区一产占比大于二产的产业结构使得水资源短缺问题进一步加剧。为使占比较大的农业用水量严格控制在一个相对范围内，应当调整产业结构，进一步提高二、三产比例，并逐步减少农业、工业的单位用水量，降低需水总量。在农业发展中考虑调整农作物类型，选取种植需水更少的作物，通过政府补贴投资，充分推广节水农业。在第二产业发展过程中同步优化工业内部产业结构，加快节水型工业的发展建设，制定明确的用水指标定额，提升工业废污水重复使用效率，节约水资源，降低耗水量。在未来总体发展方向上，甘州区可探索寻求耗水少的绿色新型产业，并通过发展农副产品加工等来延长产业链，推动农业的转型发展。

3）提高水资源利用效率，加大节水灌溉力度

尽管通过产业结构调整可以提高水资源的利用效率，但农业在较长时间内仍是当地水资源需求的主要方面。当地农业用水的绝大部分用于耕地灌溉，畜牧养殖业用水所占比重较小。因此，应当开源节流，不断提高生产效率与灌溉水平，在大力推进滴灌、喷灌、微灌、管灌等现代技术，严格控制大水漫灌的同时，通过创新驱动探索更加高效的节水灌溉模式。

4）强化污水处理能力，降低生态环境污染

水量和水质都是判定当地水资源状况的重要影响因素。在保障水资源总量的同时，还需要对水环境进行严格把控，尽可能避免水资源污染。通过提升污水处理技术，建立污水处理系统和生活中水系统，将处理后的水源应用于生态用水及景观用水，让水资源循环利用，在提高利用率的同时降低对生态环境的污染。同时，需加大对工业污水、生活废水的相应监管政策，从源头上保障水环境不遭到破坏。

甘州区生态环境相对恶劣，生态承载力较小，一旦未来发展越过了环境容量就很难弥补。因此，除避免水资源污染外，还要对生态水环境进行修复，通过人工措施进行生态补水和生态修复，大力推进生态防风林的种植，尽可能改善当地生态脆弱问题。

5）促进水资源商品化，完善水权制度

明晰水权，让水资源有偿使用制度得以全面落实，是未来甘州区的一项重要工作。建立能够反映水资源稀缺程度的用水水价机制，促进当地民众的自发节水行为。一方面，水价需

反映供水成本,强化政策约束,另一方面,应当考虑居民用水的承受能力,以补贴的方式保障贫困家庭的用水基本需求,使得水资源利用更加合理高效。

基于甘州区可能的未来发展模式,从政府投资和政府管控两个角度出发,如图 4-22 所示,进行甘州区 SD 模型的情景模拟方案设置。

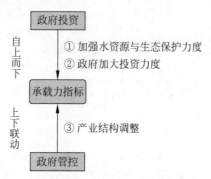

图 4-22　甘州区 SDES 情景模拟方案设置思路

在治理模块及各子系统中选取了 11 个能够调控模型变化的调控变量,结合现状延续情景,组合出了 2 种一级情景、4 个二级情景。①现状延续情景:该情景模拟的是在现行政策条件不变的情况下甘州区未来发展情况。②生态保护情景:该情景模拟的是在资源集约利用与加强生态环境保护的政策下甘州区未来发展状况。③投资增强情景:该情景模拟的是在政府加强基础设施、生态保护及产业等投资的情况下,甘州区未来的发展情况。④产业调整情景:该情景模拟的是在调控市场经济的政策影响下甘州区未来的发展情况。

各情景中,参与模拟调控的调控变量取值方案如表 4-12 所示。

表 4-12　甘州区情景模拟调控变量取值方案表

一级情景	二级情景	调控参数	调控路径
政府投资情景	生态保护	单位灌溉面积浇灌量	① 延续现状下降至以色列国家节水灌溉水平——即目前国际上较为认可的节水灌溉水平最高的"以色列水平"(360m³/亩)
		二产万元年用水量	② 2020 年后为现状趋势值的 80%
		生态补水量	③ 至 2035 年,线性减少为 2020 年现状值的 80%
		生产性基础设施	④ 至 2035 年,线性减少为 2035 年现状趋势值的 90%
		环境污染治理投资比例	⑤ 至 2035 年,线性增加为 2035 年现状趋势值的 120%
	投资增强	生态补水量	⑥ 至 2035 年,线性增加为 2020 年现状值的 120%
		生产性基础设施	至 2035 年,线性增加为 2035 年现状趋势值的 120%
		环境污染治理投资比例	至 2035 年,线性增加为 2020 年现状值的 120%
		人工林面积	至 2035 年,线性增加为 2020 年现状值的 120%
		固定资产投资比例	至 2035 年,线性增加为 2020 年现状值的 120%

续表

一级情景	二级情景	调控参数	调控路径
政府管控情景	产业调整	三产投资比例	⑦ 至 2035 年，线性增加为 2020 年现状值的 110%
		累计企业注册资本	至 2035 年，线性增加为 2020 年现状趋势值的 120%
		累计个体户注册资本	至 2035 年，线性增加为 2020 年现状趋势值的 120%
		规模化经营比例	至 2035 年，线性增加为 2020 年现状趋势值的 120%

（三）模拟结果分析

建设用地面积在 4 个情景中模拟的变化趋势相差不大，其中，生态环保情景由于对水资源的集约利用最大化（见图 4-23(a)），因此，2035 年的建设用地面积预测值最高，为 37 086.1hm²。产业调整与现状延续情景增长速率适中。投资增强情景建设用地增长速率最慢，至 2035 年，预测为 36 157.7hm²。

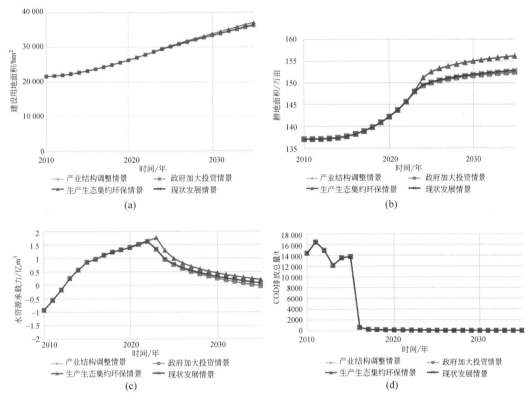

图 4-23　甘州区建设用地、耕地面积、水资源承载力和 COD 排放总量模拟结果图

(a) 建设用地面积；(b) 耕地面积；(c) 水资源承载力；(d) COD 排放总量

耕地面积的 4 个情景均在 2020—2023 年有较大幅度的增长，随后，整体趋势逐渐平稳（见图 4-23(b)）。其中，生态环保情景下水资源的集约利用最大化，因此，2035 年的耕地面

积预测值最高,为156.183万亩。产业调整与现状延续情景增长速率适中。投资增强情景建设用地增长速率最慢,至2035年,预测为152.404万亩。

水资源承载力从2009—2012年均为超载状态,在2013—2022年转为可载状态,并保持持续增长,其中,生态环保情景下水资源的集约利用最大化,因此,在2023年的水资源承载力进一步增加,达到1.764 25亿m³。随后,各情景水资源承载力均开始下降,至2035年,水资源承载力最高的是生态环保情景,为0.202 932亿m³;产业调整与现状延续情景也仍然处于可载状态。投资增强情景的水资源承载力超载,至2035年,预测为−0.031 301 5亿m³。

COD排放总量在4个情景中的模拟变化趋势相差不大,在2009—2015年呈下降趋势波动,随后整体直线下跌,其中,投资增强情景下降最多(见图4-23(d)),其2035年COD排放总量仅为2.688 91t;生态环保情景的COD排放总量也较少,为8.902 97t。产业调整情景和现状发展情景的COD排放总量较多,至2035年,预测值分别为24.5323t和24.727t。

农药与化肥施用量在4个情景中模拟的变化趋势相差不大,从2009—2020年均缓慢上升,随后开始下降。其中,产业调整情景的施用量最少,其次是投资增强情景与生态环保情景,现状发展情景的农药与化肥施用量最多(图4-24(a)、(b))。

农民人均纯收入在4个情景中模拟的变化趋势相差较大。产业调整情景和现状发展情景在2009—2035年呈上升趋势波动,生态环保情景在2025—2035年基本持平,投资增强情景因提高了村镇地区基础设施建设,而带来了农村经济总费用的提高,造成2025—2035年农民人均纯收入持续下降(图4-24(c)),2035年,农民人均纯收入预计回到2010年水平。

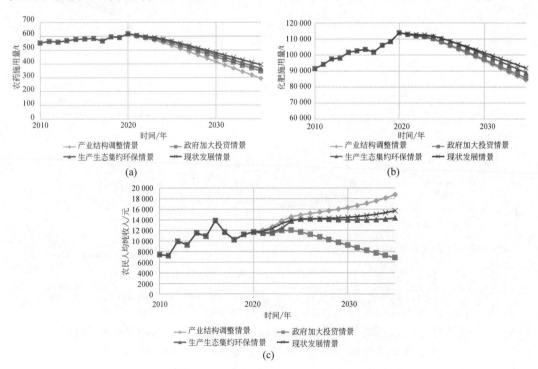

图4-24　农药施用量、化肥施用量和农民人均纯收入模拟结果

(a)农药施用量;(b)化肥施用量;(c)农民人均纯收入

以上分析结果如表 4-13 所示。4 种情景模拟的未来发展差异较大,其中,生态环境保护与产业结构调整是解决水资源承载力相对较低的地区发展问题的有效举措,可结合这两种模式,在提高和第二、三产业比例,降低一产占比的同时,对水资源利用严格管控,从而实现此类城镇的可持续发展。

表 4-13　甘州区 SDES 发展情景总结分析表

优　缺　点	现状延续情景	生态保护情景	投资增强情景	产业调整情景
优点	—	基于严格的水资源控制条件,水资源承载力更高,建设用地与耕地具有更好的发展基础	COD 排放量最少	农药化肥施用量最少
缺点	COD 排放量大	农民人均纯收入后期增长势头不足	建设用地与耕地增加较慢,水资源将会处于超载状态,农民人均纯收入较低	农民人均纯收入最高
总结分析	无明显优势且缺点明显	针对甘州区水资源约束的情况进行治理,效果显著,可以考虑与政府管控情景结合,提高农民收入	该情景单纯依靠政府投资,并不能解决现有的水资源约束问题	产业调整有效地激活了市场活力,但没有解决水资源约束的情况,建议结合政府投资情景进行政策治理

（四）政策启示

首先是严守资源底线,保证水资源总量。水资源是地区开发建设中不可缺少的要素,总水量缺乏会对后续各方面的发展产生限制。因此,政府需通过相应法律法规严控用水定额,优化水资源配置方案,对当地的环境变化保障一定量的后备用水,避免水资源制约发展的情况出现。

产业模式调整对于提升当地水资源利用效率有着较为显著的作用。对于与甘州区类似的第一产业主导地区而言,农业用水占据其用水总量的很大一部分,其产生的经济效益却不及其他产业。提升第二、三产业的投资比例,鼓励生态友好型产业建设,能够非常有效地改善当前水资源短缺的状况。

水资源质量及生态环境对甘州区这类生态脆弱性地区十分重要,因此,需要严格控制污染物排放,尽力避免环境破坏。若后续对高污染型工业的产业发展及农业农药化肥利用不加以限制管控,COD 排放和化肥的持续使用将导致当地生态脆弱性进一步加剧,造成人地关系的持续紧张。政府应加大污染治理投资力度,在进行污染管控的同时进行生态修复。

为防止"以绿水青山换金山银山"的问题出现,政府需增强管理,建立完备的法律机制,完善从上至下的管理体系,保障相关政策的具体实施。

（五）小结

本研究的发现为与甘州区具有相似特征的水源缺乏地区的政策制定提供了参考。本研究也有一定的不足之处。由于模型中相关数据难以获取,部分变量采取了其他有关信息进行表述,且历史数据的缺失或统计口径存在差异,因此使得构建模型过程中误差增大,这些问题可能导致最终模拟结果存在偏差。建议未来能够优化模型结构,寻找更加贴近实际情况的方式进行模型构建。

第三节　基于 SDES 模型的镇域资源环境承载力测算与提升案例

资源环境状况对镇域社会经济发展的影响剧烈。本节重点围绕镇级尺度空间单元,分别选取了 3 个镇进行资源环境承载力 SDES 模型的实证应用。其中,社渚镇由于开展水产养殖大量占用耕地,因而造成严重的耕地非粮化问题,后备土地资源也较为贫乏,因此,作为土地资源承载力与经济发展矛盾的典型村镇进行研究。我国是一个人口大国,国家发展的关键——粮食安全问题始终受到高度重视。然而,从目前来看,耕地种粮相较于其他经济作物或水产养殖、畜牧业而言,对农民的经济收入并不具有优势,因此,防止耕地非粮化的各项管理举措在各地都较难推进。甘浚镇和大满镇则同属黑河中游的张掖市甘州区,具有水资源承载力较弱、生态脆弱等特点,其中,甘浚镇在发展当地特色农业制种玉米的同时,对第一产业的内部结构进行调整,由农业逐步向畜牧业转型;而大满镇则通过对三产整体结构进行升级优化,充分利用当地旅游资源大力发展旅游业,这两个典型镇可为水资源稀缺地区的发展提供新的管理思路。另外,由于社渚镇土地利用变化剧烈,因此,资源环境承载力 SDES 模型重点模拟了该镇的土地利用动态演化趋势,同时采用 CA 模型,模拟了该区域的空间动态变化,两者相互验证,以期为社渚镇国土空间规划提供全面参考。

一、溧阳市社渚镇资源环境承载力测算、提升与土地利用时空变化模拟

我国人口众多,人均耕地面积少且耕地资源浪费情况日益加重,耕地分布细碎,后备耕地资源匮乏,且村庄居民点的分布较为零散,村镇建设用地与农用基础设施用地由于开发监管力度不严导致利用粗放。众所周知,土地是乡村社会经济发展的根本,土地资源的有限性与社会需求的无限性,在客观上要求对区域土地利用结构进行优化配置(刘彦随 等,2008),提升土地综合承载力。为保障乡村振兴战略的有序实施,对村镇层面的资源供给、水土资源保障、环境和生态系统承载力等,以及建立在这些要素之上的产业增长潜力、发展模式等都要进行较为详尽的研究。但我国的村镇规划体系仍处于各地自行探索的阶段,相关法律法规和行业规范更新较慢,且存在概念、观点、标准不统一等问题,针对乡镇层面资源环境承载力的研究框架和关键资源环境约束的承载力测算研究相对较少。不同地域之间的资源环境承载力情况也因各地资源环境禀赋的差异而不尽相同,与社会经济要素之间的互动关系亦会有所差别。因此迫切需要在当前较大尺度空间单元承载力研究的基础上,结合不同类型乡镇中社会经济与资源环境要素之间的相互作用机制,构建乡镇资源环境承载力的研究框架,为乡村振兴战略实施背景下不同类型乡镇规划标准的制定提供基础支撑和参考。

（一）研究对象

社渚镇位于溧阳市的西南部，坐落于苏皖交界处，2019年总人口为7.28万，一、二、三产比例为5∶4∶1，农业发达。《溧阳市乡村规划建设（2016—2030）》将社渚镇规划为特色农业发展区。现有耕地面积11.8万亩，其中水田面积10.8万亩，青虾养殖面积5万余亩。青虾养殖已成为极具特色的地方产业，也是社渚镇的经济支柱产业，被誉为"中国青虾第一镇""全国一村一品示范村镇"（图4-25）。

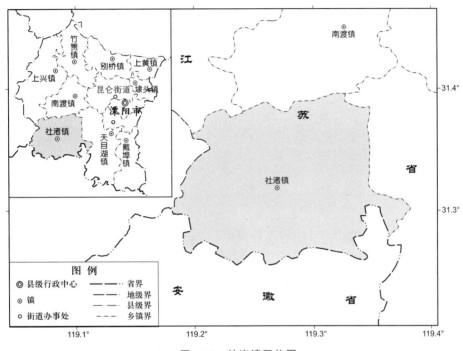

图4-25　社渚镇区位图

（二）研究方法及数据来源

1. 研究方法

该研究基于系统动力学与元胞自动机模型，对社渚镇土地利用变化及空间演变趋势进行了仿真模拟，并对该地区的资源环境承载力进行了研究测算。SD模型的基本原理在上述内容中已有详细介绍，关于元胞自动机模型的理论原理介绍如下。

元胞自动机（cellular automata，CA）模型最早源于20世纪40年代，风靡一时的"生命游戏"这一模拟生命系统自复制功能的算法，在随后的几十年，Wolf等学者在此基础上详细设定和完善了CA的基本特征，大大推动了CA算法模型在全球的发展，使其成为一个常用的研究复杂系统和行为的理论框架。CA模型概念是最先被Tobler（1970）应用到地理模型中的，是常用的模拟和预测城市增长的模型（Batty M，2003；Liu et al.，2016）。区别于其他许多完全人为设定的模型，CA模型的最大特点是"自下而上"。CA模型的原理是通过微观个体间的相互作用，在局部形成一定的可简化运算规则，进而模拟全局的、复杂的、离散的时空动态过程的动力学模型，兼具空间属性计算能力和平行层面多项目计算能力（杨青生 等，

2013；赵莉 等,2016）。CA 最为基本的单位即为微观个体——元胞(cell),组成 CA 的 4 个主体部分分别为元胞、元胞空间(cell space)、邻域(neighborhood)、离散时间集和转换规则函数(transfer rules)。

在土地利用变化研究中,元胞通常为研究空间中的地类栅格,而每个地类栅格拥有代表元胞状态(state)的属性；元胞空间是元胞所处的空间范围,通常是二维平面空间。邻域指元胞在元胞空间内的周围元胞及它们的状态,元胞自身的状态和周围元胞的状态决定了下一个时刻的元胞状态的演变方向。在邻域形式上最为常用的是八向 Moore 邻域形式(3×3网格)。离散时间集是对元胞演化模拟结果进行判定的素材,元胞的转换规则的计算公式在元胞状态、离散时间集和邻域状态的基础上建立而成。

$$p = P \times \Omega \times L \times (1 + (-\ln\varphi)^{\alpha}) \tag{4-29}$$

式中：p 为元胞的转换概率；P 为全局统一转换概率；Ω 表征周围 8 个邻居元胞对中心元胞的转换概率影响的邻域函数；L 为约束性条件；φ 为 0～1 的随机数值；α 为控制随机变量对结果影响的控制参数,大小为 1～10 的整数。

2. 数据来源

在 2007 年 3 月,社渚镇与周边城镇合并为新的社渚镇,行政区划变动造成社渚镇社会经济统计资料和村庄土地面积数据无法获取和统计口径不一致等问题。因此,本研究使用了 2009—2017 年的数据资料,其中人口、社会经济数据等来源于《溧阳市统计年鉴(2009—2016 年)》,土地利用数据来源于《溧阳市社渚镇土地利用变更调查(2009—2016 年)》。另外,CA 模型部分的基础地理信息数据包括高程数据,公路/铁路道路数据,镇中心、所在县级市中心等相关地理信息数据组成的数据集,这些数据与土地利用数据均以矢量转栅格及栅格重采样方法统一为 10m×10m 大小的栅格。所用数据不包含溧阳监狱区域。

（三）社渚镇资源环境现状及变化趋势

社渚镇的土地利用情况如表 4-14 所示。从中可以看出,社渚镇的农用地比例较高,具备较强的第一产业基础,建设用地占比较高且未利用地占比较少。目前,社渚镇所面临的问题是坑塘养殖面积增加导致的耕地非粮化,这涉及社渚镇近年来农用地的内部土地利用转移情况。青虾养殖是当地的特色产业,也是当地的农村经济支柱产业之一,但该地区的养殖坑塘大多数是 21 世纪初由耕地转化而来,对粮食安全和生态安全造成了不利影响。因此,从耕地保护和生态安全的角度,有必要开展社渚镇的土地利用变化分析,并基于此提出相应的政策建议。

表 4-14　2017 年社渚镇土地利用情况表

总面积/hm²	农用地		建设用地		未利用地	
	面积/hm²	占比	面积/hm²	占比	面积/hm²	占比
20 700	16 086.91	0.78	3061.01	0.15	1552.08	0.07

根据国家土地类型分类标准,将溧阳市社渚镇的土地利用类型分为坑塘养殖、旱地、水田、村建设用地、镇建设用地、设施农用地、其他农用地、其他建设用地、未利用地 9 种。利用溧阳市社渚镇 2009、2013、2017 年的土地利用调查数据计算得到 2009—2013 年、2013—

2017 年的土地利用转移矩阵（见表 4-15）。

表 4-15　2009—2013 年社渚镇土地利用转移矩阵　　　　单位：hm²

2013 年土地利用类型	2009 年土地利用类型									
	坑塘养殖	旱地	水田	村建设用地	镇建设用地	设施农用地	其他农用地	其他建设用地	未利用地	变化量
坑塘养殖	2985.10	0.00	0.00	0.00	0.00	0.00	0.00	0.00	0.00	0.00
旱地	0.00	1446.17	0.00	0.00	0.03	0.00	0.01	5.22	0.00	5.27
水田	3.51	0.08	8213.22	0.00	0.00	0.00	0.00	11.62	0.01	15.21
村建设用地	6.17	0.21	0.79	1249.02	0.00	0.00	1.37	0.00	0.07	8.60
镇建设用地	5.20	3.90	28.19	3.30	479.87	0.00	4.32	0.58	0.37	45.87
设施农用地	0.55	1.29	0.95	0.00	0.00	21.94	7.41	0.04	0.01	10.25
其他农用地	1.18	2.09	5.81	0.03	0.02	0.00	3519.02	0.15	186.64	195.92
其他建设用地	0.12	0.12	0.00	0.00	0.00	0.00	0.556	753.47	0.00	0.79
未利用地	0.00	0.00	0.00	0.00	0.00	0.00	0.00	0.00	633.00	0.00
变化量	16.71	7.68	35.74	3.33	0.05	0.00	13.67	17.62	187.10	281.92
净变化量	−16.71	−2.41	−20.53	5.27	45.81	10.25	182.25	−16.83	−187.10	0.00

从主要地类面积增减变化来看，在 2009—2013 年，耕地面积下降较多，旱地和水田面积分别减少 2.41hm² 和 20.53hm²，下降了 0.17% 与 0.25%。镇建设用地与设施农用地面积增加较多，分别增加了 45.81hm² 和 10.25hm²，上升了 9.55% 与 46.71%。其次，如表 4-16 所示，在 2013—2017 年，旱地、水田、设施农用地和镇建设用地均有所增加，分别增加了 28.84hm²、173.24hm²、8.33hm² 和 37.36hm²，上升了 7.1%、2.11%、25.88% 和 7.11%。

表 4-16　2013—2017 年社渚镇土地利用转移矩阵　　　　单位：hm²

2017 年土地利用类型	2013 年土地利用类型									
	坑塘养殖	旱地	水田	村建设用地	镇建设用地	设施农用地	其他农用地	其他建设用地	未利用地	变化量
坑塘养殖	2837	0.00	0.00	0.00	0.00	0.00	0.00	0.00	0.00	0.00
旱地	0.00	1440	0.00	0.00	0.00	0.00	0.00	39.92	0.00	39.92
水田	136.86	0.00	8179	38.73	0.00	0.00	8.30	37.53	1.19	222.6
村建设用地	0.45	0.83	0.32	1212	0.00	0.00	0.79	2.77	0.03	5.20
镇建设用地	3.26	4.16	21.17	6.78	525.74	0.01	1.84	0.00	0.14	37.36
设施农用地	0.15	1.10	2.44	0.00	0.00	32.19	4.49	0.00	0.16	8.34
其他农用地	0.90	0.68	4.22	0.00	0.00	0.00	3691	0.00	0.04	5.83
其他建设用地	6.54	4.31	21.23	0.15	0.00	0.00	11.59	673.92	2.11	45.93
未利用地	0.00	0.00	0.00	0.00	0.00	0.00	0.00	0.00	443.08	0.00
变化量	148.16	11.07	49.38	45.67	0.00	0.01	27.01	80.21	3.69	365.2
净变化量	−148.2	28.84	173.24	−40.47	37.36	8.33	−21.18	−34.28	−3.69	0.00

从土地利用转移的流向情况来看，在 2009—2013 年，未利用地开发情况较好，大部分转变为其他农用地；村镇建设用地总面积均有增加，其中，主要从水田与坑塘养殖中转化而来；设施农用地增加的面积主要来自于其他农用地；耕地"非农化"情况较为严重，耕地与水田面积有所下降。在 2013—2017 年，耕地面积有较大幅度增加；村建设用地总量减少，其中大部分转化为水田；其他建设用地总量减少，主要转化为旱地与水田；设施农用地面

积的增加来源于其他农用地、水田和旱地；未利用地的开发速度有所减缓。

因此，从上述分析可知，社渚镇地类转换主要分为农业用地内部转换、农业用地向建设用地的转换，加之全镇人口、社会和经济要素的影响分析，从而奠定全镇土地利用变化 SD 模型的基础，进而开展土地利用变化的仿真模型分析。

（四）社渚镇资源环境的制约因素

通过分析乡镇资源环境的主要特点，既总结了当地资源环境的发展趋势，又分析了乡镇资源环境的影响因素，并从中确定了乡镇发展的关键性制约因素，为后续构建资源环境承载力仿真模型提供依据。

1. 耕地"非粮化"倾向突出

2017 年，溧阳市社渚镇的耕地面积为 147 371.25 亩，水产养殖面积为 33 885 亩，其中，池塘养殖面积 18 751 亩，占耕地面积的比例为 12.72%。由于养殖与种田在每亩收入上的差距将近 10 倍，且近年来水产养殖面积持续增加，至 2019 年已达到 40 551 亩，其中池塘养殖面积 29 085 亩。根据调研访谈得知，近年来，池塘养殖面积增加的主要来源是占用耕地，这会导致粮食安全的国家战略受到影响。因此，需要对社渚镇近年来土地利用变化进行动态模拟，界定影响土地利用变化的关键要素及土地利用变化与社渚镇资源环境承载力之间的互动机制。针对社渚镇目前的"非粮化"现象，可以考虑对当地耕地承载力、建设用地承载力及粮食承载力的承载状态分别进行定量研究。

2. 用地空间集中度较低

2019 年，社渚镇共有 22 个行政村，村民小组有 593 个，全村户籍户数共 21 922 户，户籍人口 70 769，常住人口 69 552，平均每个村民小组只有 37 户。村庄的分布非常离散，宅基地空间布局较为碎片化。在家庭主要从事农业时，有利于就近耕种，但是集中宅基地规模小，不利用农业规模化经营和宅基地集中点的基础设施配置。如表 4-17 所示，在 116 920.2 亩耕地中，只有 59 636 亩耕地用于规模化经营，规模化经营比例仅为 51%。随着经营规模的扩大，粮食作物劳动生产率方面的优势会愈加明显，这会导致粮食作物的比例随之增加（张宗毅 等，2015），因此，为遏制社渚镇"非粮化"现象，应该提高耕地的规模化种植比例及空间集中度。在定量分析时，应该体现出规模化现代化农业对乡镇农业生产的促进作用，描述出社渚镇第一产业未来发展的内生动力。

表 4-17　社渚镇 2019 年行政村空间集中度分析

行政村/个	村民小组/个	户数/每个行政村户数/每个村民小组户数	户籍人口（人）/每户人口数（人）	耕地面积（亩）/规模经营的耕地面积（亩）
22	593	21 922/996/37	70 769/3.23	116 920.2/59 636

3. 规模化养殖造成的环境污染问题严重

社渚镇的大部分中小型虾蟹养殖场在生产过程中没有对尾水进行科学处理，而是选择将其排放至河流中，部分原因是处理的成本太高。因此，每当蟹塘和虾塘的换水季节，短时间内河道的水质均会发生急剧恶化（图 4-26）。由此可以得知，水产养殖在经营主体利润最大化的目标下，成为社渚镇村庄发展的特色产业，但其对水环境的影响较为严重，需要探究其养殖规模与经济效益之间的耦合关系，寻求未来社渚镇水产养殖特色产业可持续发展的方向。

图 4-26 社渚镇的水环境污染状况

（五）社渚镇资源环境承载力 SD 模型构建

1. SD 模型因果图构建

社渚镇的 SD 模型中有社会、经济和土地 3 个子系统，以当地资源环境特征为基础，选取 3 个子系统中应涵盖的主要指标。社会子系统中应包含年末总人口、建设用地需求、耕地需求这 3 个关键变量。经济子系统需要有 GDP 总量、一产增加值、二产增加值、三产增加值、地方财政收入、农业服务业总产值这些变量。在研究土地子系统内部不同土地利用类型之间的转化情况时，应将社渚镇村建设用地、镇建设用地、坑塘养殖、旱地、水田、设施农用地等变量纳入土地子系统中。

针对社渚镇目前资源环境发展中存在的耕地"非粮化"、土地资源集中度低以及水产养殖环境污染等特征，结合土地利用变化与社会经济要素之间的耦合关系，可以探索出社渚镇资源环境承载力与社会经济要素之间的影响机制，构建出社渚镇资源环境承载力 SD 模型的反馈回路，具体如下。

（1）耕地面积→耕地承载力→旱地面积→耕地面积，这是一条土地子系统内的负反馈回路，表明耕地面积的变化会影响耕地承载力的状态，进而影响旱地的转入转出情况，最终影响耕地面积自身的变化。该回路反映了耕地在转入或转出到其他类型用地的过程中，耕地面积变化逐渐平稳的特征，这使得耕地面积在变化的同时维持相对稳定，乡镇居民的生活需要能够得到满足。

（2）镇建设用地面积→建设用地面积→建设用地承载力→镇建设用地面积，这是土地子系统内的一条负反馈回路，表明镇建设用地面积的变化会影响建设用地面积及建设用地承载力的状态，进而影响镇建设用地面积的变化。该回路反映了城镇建设用地变化趋于平稳的特征，城镇建设用地保持相对平稳增长。

（3）GDP→财政收入→地方收入→设施农用地→一产增加值→GDP，这是土地子系统与经济子系统之间的一条正反馈回路，表明 GDP 的变化会影响财政收入与地方收入的情况，导致设施农用地面积发生变化，使一产增加值的变化受到影响，从而加剧 GDP 的变化趋势。这反映了在当前政策背景下，政府加大设施农用地建设力度对促进经济增长的影响，现代农业在政府的积极推动中稳步发展。

社渚镇土地利用转移矩阵中分析得到的土地利用类型之间的流向关系,结合社渚镇资源环境承载力与社会经济要素之间的影响机制所梳理出来的 3 条反馈回路,可以建立如图 4-27 所示的因果关系图。

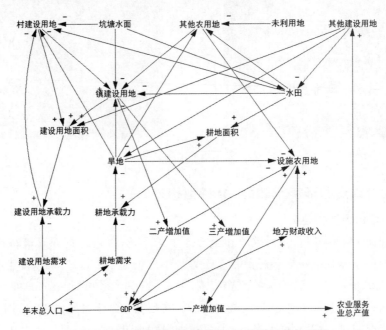

图 4-27　社渚镇资源环境承载力 SD 模型因果关系图

2. 社渚镇资源环境承载力 SD 模型系统流图构建

基于 Vensim PLE 软件,对社渚镇资源环境承载力 SD 模型因果关系图中的变量类型进一步细化,根据每个变量自身的属性和研究目的,用状态变量、速率变量、辅助变量、常量描绘出系统的结构,建立社渚镇资源环境承载力 SD 模型系统流图,如图 4-28 所示。

模型中部分变量间存在固定的数量关系,可以直接在 SD 模型中输入关系方程式。有些变量之间没有直接的数量关系但存在相关性,需要使用 SPSS 软件对社渚镇的历年数据进行回归分析。

社渚镇资源环境承载力 SD 系统的部分方程及常量赋值如下。

(1) 建设用地承载力＝(建设用地面积－年末总人口×规划人均建设用地指标)/10 000,单位:hm^2。

(2) 耕地承载力＝耕地面积/10 000－年末总人口×最低人均耕地面积/15,单位:hm^2。

(3) 粮食承载力＝粮食产量－最低人均粮食占有量×年末总人口/1000,单位:t。

(4) GDP＝一产增加值＋三产增加值＋二产增加值,单位:万元。

(5) 地方收入＝0.956 973×财政收入,单位:万元。

(6) 财政收入＝GDP×财政收入占比,单位:万元。

(7) 财政收入占比＝IF THEN ELSE(－0.007 839×Time＋15.8357<0.02,0.02,－0.007 839×Time＋15.8357),单位:无量纲。

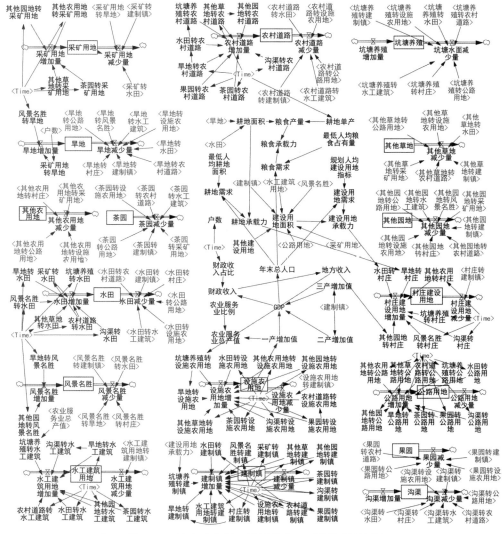

图 4-28　社渚镇资源环境承载力 SD 模型系统流图

（8）旱地＝INTEG（旱地增加量－旱地减少量,14 538 500）,单位：m^2。

（9）旱地增加量＝采矿用地转旱地＋风景名胜转旱地,单位：m^2。

（10）旱地减少量＝旱地转公路用地＋旱地转农村道路＋旱地转建制镇＋旱地转村庄＋旱地转水工建筑＋旱地转水田＋旱地转设施农用地＋旱地转风景名胜,单位：m^2。

（11）坑塘养殖转设施农用地＝0.183 038×地方收入－4192.77,单位：m^2。

（12）规划人均建设用地指标＝150,单位：m^2/人。

（13）最低人均耕地面积＝0.8,单位：亩/人。

（14）最低人均粮食占有量＝370,单位：kg/人。

3. 模型运行检验

为保证模型的真实性和有效性,采用平均相对误差方法进行模型误差检验。由于 2017 年的土地利用数据与之前年份差距较大,因此采用 2009—2016 年的相关历史数据进行模型检验。在此以 2009 年为模型模拟起始年份，以 2009—2016 年为验证期，对模型中的年末总人口、村庄建设用地、旱地和水田进行模型历史检验，检验结果如表 4-18 所示。

表 4-18　社渚镇资源环境承载力 SD 模型模拟结果与相对误差统计表

年份	年末总人口			村庄建设用地			旱地			水田		
	预测值/人	真实值/人	误差/%	预测值/hm²	真实值/hm²	误差/%	预测值/hm²	真实值/hm²	误差/%	预测值/hm²	真实值/hm²	误差/%
2009	72 559	72 350	0.29	1252.35	1252.35	0.00	1453.85	1453.85	0.00	8248.96	8248.96	0.00
2010	72 705	72 404	0.42	1254.52	1260.26	−0.46	1451.80	1453.13	−0.09	8249.04	8245.92	0.04
2011	72 832	73 290	−0.62	1254.42	1259.46	−0.40	1452.28	1452.98	−0.05	8246.52	8238.97	0.09
2012	72 994	72 941	0.07	1253.61	1258.17	−0.36	1453.52	1454.79	−0.09	8242.47	8232.05	0.13
2013	73 177	73 194	−0.02	1252.66	1257.62	−0.39	1455.96	1451.44	0.31	8236.38	8228.44	0.10
2014	73 306	73 366	−0.08	1253.16	1258.11	−0.39	1461.44	1466.78	−0.36	8236.91	8231.86	0.06
2015	73 436	73 663	−0.31	1253.85	1259.03	−0.41	1468.61	1465.68	0.20	8235.07	8227.41	0.09
2016	73 703	73 663	0.05	1247.44	1213.49	2.80	1474.10	1469.82	0.29	8367.01	8392.39	−0.30

模拟结果表明：该系统模型相对误差率不超过 10%，在误差允许范围内。这说明社渚镇土地利用变化系统模型的模拟结果可靠，符合建模要求，可以用来模拟不同情景下的土地利用变化情况及变化趋势，能够通过调节关键参数进行仿真模拟实验。

（六）基于改进 CA 模型与 SD 模型的村镇土地利用时空变化模拟预测与优化

在土地利用变化 SD 模型的基础上，以改进的 CA 模型自下而上地模拟社渚镇土地利用空间的动态变化，通过两个模型的结果互相融合与验证作用，对 SD 模型的土地利用数量预测结果进行优化，并实现空间演变预测，以期为未来社渚镇的国土空间规划提供更科学的指导。

1. 基于改进 CA 模型的土地利用空间变化模拟结果

社渚镇土地利用变化模拟的改进 CA 模型以 2009 年为基期，对 2017 年的土地利用情况进行模拟。通过输入 10m×10m 栅格大小的 2009 年的土地利用底图，以及距县级市中心距离、距镇中心距离、DEM、坡度、距公路/铁路距离等多项适宜性因子栅格图，并结合神经网络算法，来计算每个栅格的转换概率。基于 2009 年的底图、转换概率及约束地类变化的限制转化数据，对 2017 年的土地利用情况进行模拟预测。在具体模型设置中，模拟迭代终点为 2017 年各类用地的实际面积折算的栅格数，迭代次数为 500 次，邻域大小为 3×3，参考各类经验，地类转化的成本矩阵设置为建设用地、水体、耕地、林地，分别为 1，0.9，0.5，1。约束地类变化的限制包括水体不能直接转变为建设用地等。最终结果如图 4-29 所示。通过与 2017 年的实际土地利用情况进行比较，对该改进 CA 模型的模拟结果精度进行了验证。其中，林地、园地和水体的模拟精度最高，分别达到 0.999、0.991 和 0.998，耕地和建设用地的模拟情况也很好，模拟精度分别为 0.981 和 0.945。模拟效果较差的是草地，精度为 0.646。在空间形态上，大部分地类的变化模拟情况较为精准，但少量特殊形态的变化有所差异，如部分建设用地和草地的地块，尤其是新增道路等线状地物的模拟效果与现实情况有一定出入。

总体来说，基于改进 CA 模型的土地利用动态变化模拟效果较好，能满足土地利用数量与格局变化模拟和预测的需求。尤其是林地、园地、耕地、水体地类的模拟精度较高，但对特殊形态新增地物的模拟和精度仍有待完善与提升。

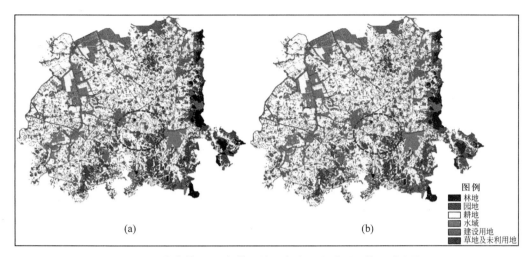

图 例
■ 林地
■ 园地
□ 耕地
■ 水域
■ 建设用地
■ 草地及未利用地

图 4-29　社渚镇 2017 年模拟结果与实际土地利用情况对比图

（a）模拟得到 2017 年；（b）实际 2017 年

2. 耦合 SD 模型结果的土地利用空间变化预测

在土地利用 SD 模型推算的 2025 年土地利用面积变化预测结果和已通过精度验证的神经网络改进 CA 模型的基础上，以 2017 年实际土地利用情况为基期，将 SD 模型的结果输入 CA 模型作为 6 个地类的迭代终点，在迭代次数设置为 500 次后，即可模拟预测 2025 年的土地利用空间变化。具体预测结果如图 4-30 所示，建设用地、园地、林地及草地分别在迭代第 76 次、172 次、281 次和 477 次时达到 SD 模型设置的栅格数。而耕地和水体地在迭代 500 次后仍然无法达到设置目标。在达到迭代次数后，社渚镇耕地的面积为 105 568 200m²，耕地增长面积未达到目标，距离 SD 模型的预测结果还差约 27 万 m²，而水体地则是减少面积距离目标仍差约 27 万 m²。该预测结果说明，若按社渚镇历史年份的自然增长趋势，在地形、距道路、镇中心距离等适宜性因子的驱动下，耕地增长到 SD 模型预测的面积，水体地减少到 SD 模型预测的面积有难度。

根据耦合模型的土地利用变化预测结果可以看出，到 2025 年，社渚镇的林地集中在东部边缘地带的金山村、丁山村和新山村，园地除包围在林地周围外，在南部地区的宜巷村、上蒋村和宋村也有大片种植，北部的梅山村、周城村和东升村的交界处也有连片种植；全域水网丰富，大片水域集中在北部和西部，由北至南依次为河口村、湖西村、下西村、孔村和姚巷村，这些村庄也是目前青虾养殖的集中片区。连片建设用地集中在社渚村、周城村与丁山村交界处，以及梅山村的北部，其余则以现有连片农村居民点为中心，呈现扩张格局（图 4-30）。

（七）社渚镇承载力 SD 模拟与多情景模式分析

1. SD 模型的仿真模拟

在充分综合考虑溧阳市社渚镇的经济社会情况后，结合对社渚镇未来发展规模和前景的预期，尝试对研究区土地利用变化系统中未来地类之间的变化情况进行调整，再通过对社渚镇的土地利用变化模型进行多情景模拟，可以得到不同参数组合下的情景仿真模拟结果（见表 4-19、表 4-20、图 4-31）。本研究模拟的时间边界为 2017—2035 年，时间间隔为 1 年，共选取了 31 个控制变量，涵盖了对各类土地面积变化及承载力指标影响较大的参数。模拟

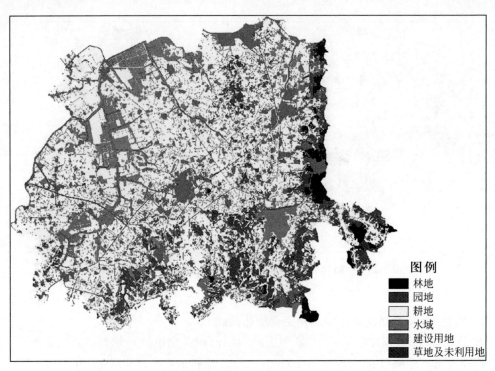

图 4-30　社渚镇 2025 年土地利用变化空间预测结果图

方案共设计出 4 种典型发展情景,它们代表社渚镇的未来土地利用方向且具有一定的可实施性,即现状发展模式、耕地保护模式、生态保护模式和经济加速增长模式。模型中以社渚镇 2009 年的数据为每个状态变量的初始值。对于以上 4 个发展情景而言,为模型输入各控制变量在 4 种方案中的取值,可以得到各变量的仿真模拟结果。对比分析这 4 种不同发展情景下变化较大的状态变量及人口模拟结果,能看出在各种不同因素影响下的土地利用与承载力指标变化情况。

表 4-19　社渚镇发展情景方案

控制变量名称	现 状 发 展	耕 地 保 护	生 态 保 护	经济加速增长
风景名胜转旱地	=	−	=	=
旱地转农村道路	=	+	=	=
旱地转水工建筑用地	=	+	=	+
旱地转公路	=	−	=	=
农村道路转水田	=	=	=	=
风景名胜转水田	=	=	=	=
水田转公路用地	=	=	=	=
水田转水工建筑用地	=	=	=	+
设施农用地转镇建设用地	=	=	=	+
其他园地转水工建筑	=	=	=	=
水工建筑用地转镇建设用地	=	=	=	+
沟渠转村庄	=	=	=	+
沟渠转镇建设用地	=	=	−	+
沟渠转农村道路	=	=	−	=

续表

控制变量名称	现状发展	耕地保护	生态保护	经济加速增长
其他园地转公路用地	=	=	－	=
其他园地转风景名胜	=	=	=	=
其他园地转采矿用地	=	＋	－	=
其他园地转镇建设用地	=	=	－	＋
其他草地转公路用地	=	=	－	=
其他草地转水田	=	＋	－	=
其他草地转农村道路	=	=	－	=
其他草地转采矿用地	=	=	－	=
其他草地转设施农用地	=	－	－	=
采矿转镇建设用地	=	=	=	＋
果园转镇建设用地	=	=	=	＋
其他农用地转村庄	=	=	=	＋
坑塘养殖转村庄	=	＋	＋	=
风景名胜转村庄	－	－	=	＋
坑塘养殖转公路用地	=	＋	＋	=
坑塘养殖转水田	=	＋	＋	=
耕地单产	=	Max	=	Max

注："="代表取2009—2016年平均值；"＋"代表取2009—2016年平均值的1.5倍值；"－"代表取2009—2016年平均值的0.5倍值；"Max"代表取2009—2016年最大值

表4-20　社渚镇人口与部分土地利用变化情景模拟结果

发展情景	年份	年末总人口/人	旱地/hm²	镇建设用地/hm²	水田/hm²	设施农用地/hm²
现状发展模式	2009	72 559	1453.9	479.9	8249.0	21.9
	2020	74 459	1519.6	600.1	8415.5	44.7
	2025	75 778	1618.2	685.5	8497.6	54.5
	2030	76 518	1757.8	731.4	8585.2	66.3
	2035	77 262	1937.5	777.2	8672.7	79.3
耕地保护模式	2009	72 559	1453.9	479.9	8249.0	21.9
	2020	74 534	1521.1	605.1	8456.9	44.8
	2025	76 164	1621.1	711.1	8608.2	55.3
	2030	76 905	1760.6	756.8	8766.6	67.9
	2035	77 652	1938.9	802.5	8924.9	81.8
生态保护模式	2009	72 559	1453.9	479.9	8249.0	21.9
	2020	74 448	1519.5	599.4	8456.9	44.7
	2025	75 773	1617.3	685.2	8608.2	54.4
	2030	76 492	1755.2	729.7	8766.6	66.1
	2035	77 215	1932.4	774.1	8924.9	79.0
经济加速增长模式	2009	72 559	1453.9	479.9	8249.0	21.9
	2020	74 472	1519.5	601.0	8388.5	44.6
	2025	75 794	1618.7	686.6	8425.7	54.3
	2030	76 558	1759.7	734.2	8468.2	66.0
	2035	77 328	1941.7	781.7	8510.7	79.0

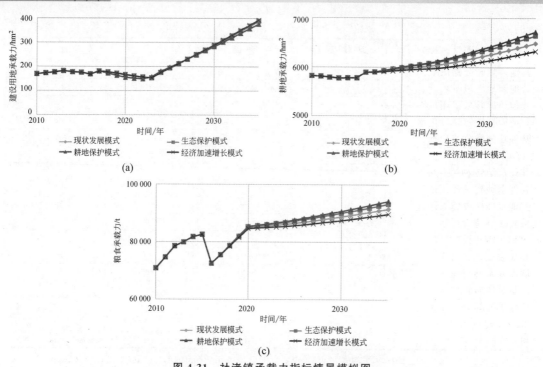

图 4-31　社渚镇承载力指标情景模拟图
（a）建设用地承载力；（b）耕地承载力；（c）粮食承载力

2. 基于多种发展模式的情景分析

1）现状发展模式

现状发展模式是假定各地类间转化情况不变的情景。在此情景下，并没有高效集约利用土地资源。从模拟结果来看，这是一种高消耗、高耕地占用、低效益的发展情景。从可持续发展的角度来审视，该情景并不能适应溧阳市社渚镇的未来发展。因此，未来在编制社渚镇国土空间规划时，不应延续当前的发展策略。

2）耕地保护模式

耕地保护模式加强了旱地、水田、设施农用地和其他农用地的转入量，减少了此类用地的转出量。这相对其他 3 种方案而言是一种低土地资源消耗、低耕地占用、低效益的发展模式。该情景虽然不能适应溧阳市社渚镇的未来发展，但仍具有一定的政策价值。未来的国土空间规划不仅要加大在水田与设施农用地上的政策投入，还要平衡好粮食安全与经济发展之间的矛盾。

3）生态保护模式

生态保护模式减少了其他园地、沟渠、其他草地、果园的转出量，提升了坑塘养殖的转出量。该发展模式从模拟结果来看，具备低土地资源消耗、中耕地占用、较高效益的特点。该情景虽然较能适应溧阳市社渚镇的未来发展，但粮食承载力水平在 4 种情景中较低。因此，在国土空间规划中则需要平衡好粮食安全与生态保护之间的矛盾。

4）经济加速增长模式

经济加速增长模式减少了坑塘养殖的转出量，提升了水工建筑用地、村庄建设用地、镇建设用地的转入量。这相对其他 3 种方案而言是一种高土地资源消耗、高耕地占用、较高效益的发展模式。该情景虽然较能适应溧阳市社渚镇未来经济建设的发展需要,但需平衡与生态保护的矛盾,从可持续发展的角度来看,不推荐此发展模式。

（八）社渚镇资源环境承载力提升对策

从社渚镇资源环境承载力 SD 模型的情景模拟结果来看,未来资源环境承载力的提升主要考虑的问题就是如何平衡粮食安全、经济发展及生态保护 3 者的关系。因此,社渚镇提升资源环境承载力应从这 3 方面入手。

1) 优化产业结构,提高土地承载的结构潜力

推进社渚镇产业人口与用地结构的优化,是社渚镇向资源节约型和环境友好型的新型产业化转型的必经之路。这需要政府强化规划引领和政策激励,加快中心镇区用地功能转型,加快发展第三产业,同时对青虾养殖产业进行调整,保障永久基本农田的复垦,并确保粮食安全。

2) 推进城乡基础设施与公共服务设施均等化,提升乡镇的综合承载力

政府应在当今城乡一体化的发展背景下,进一步加强乡镇基础设施建设,逐步扭转城乡资源配置失衡的格局,遏制城乡差距的持续扩大,增大乡镇对外商投资的吸引力,引入社会资本的力量,将当地的第一产业和第三产业相结合,利用历史和自然资源发展乡村旅游产业,提高乡镇集体经营性建设用地的经济承载力,让农村留得住人。

3) 加大资源集约利用与环境保护力度

按照建设资源节约型社会的要求,推进土地整治,大规模建设高标准农田,提高土地利用率和土地经济效益,提升农业生产能力。在水资源方面,提高对水资源的集约利用程度与环境保护力度,降低污水排放比例,提高环境污染治理投资比例与工业用水重复利用率。同时,整治和梳理村庄建设用地,在未来减少自然村数量,将居民点布局在附近的镇区及部分交通便利和基础设施较好的村中,提高土地的集约度和利用效率。

（九）小结

本节对溧阳市社渚镇资源环境承载力的作用机制进行了分析,根据资源环境承载力及其影响要素之间运行的反馈回路,构建了社渚镇资源环境承载力的仿真模型,结合 CA 对空间的利用情况进行了预测,并对未来发展的 4 个情景分别进行关键指标的系统仿真,研究结论如下:从社渚镇系统动力学模型的构建过程与仿真结果可以看出,社渚镇目前的发展模式存在土地资源粗放式管理的问题,必须结合耕地保护模式、生态保护模式及水田和设施农用地的保护政策,寻求具有较优综合效益的切实可行的国土空间规划方案。

二、甘州区大满镇资源环境承载力测算与提升

（一）研究区概况

研究范围选取甘州区大满镇(图 4-32),该镇隶属于甘肃省张掖市甘州区,地处甘州区南部,位于西北黑河流域,东与党寨镇接壤,南与安阳乡、花寨乡相连,西靠龙渠乡,北与小满镇毗邻,距甘州区城区 16km。辖区总面积为 102.65km²。地势为东高西低、南高北低,地形大部分区域为山前平原。境内平均海拔 1550m。大满镇气候属温带大陆性干旱气候,年平均降水量 145mm,因此,当地水资源量极为短缺,对社会经济发展有较强的约束作用。

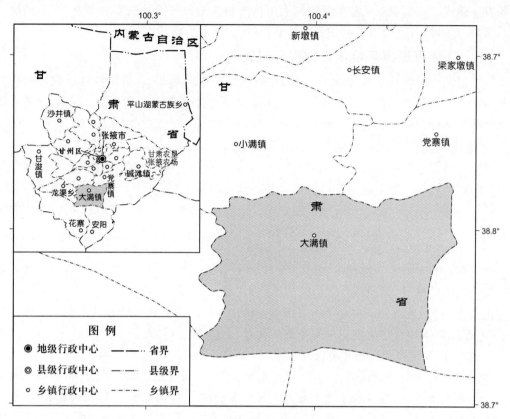

图 4-32 大满镇区位图

截至 2019 年年底,大满镇户籍人口数为 31 434,加上外来务工人口实有劳动力人数 35 567,较 2018 年减少 0.19%,全镇现有房屋 144.6 万 m²,较 2018 年减少 0.69%。2019 年,大满镇经济总收入 86 343 万元,同比增长 6.8%,其中农业总收入 47 935 万元,同比增长 6.8%,工业收入 5228 万元,同比增长 6.85%,批发、餐饮、仓储业收入 4197 万元,同比增长 6.8%,其他行业收入 28 983 万元,同比增长 6.79%。农村经济总费用 37 127 万元,增长 6.79%,农民人均可支配收入为 15 644 元,同比增长 7%。从产业收入的结构分布上来看,目前大满镇的经济收入主要来源为第一产业,第三产业产值占比较多,这是由于甘州区当地有着丰富的旅游资源。以平山湖、丹霞地貌等为首的许多旅游景区都在甘州区内,结合大满镇当地的创意农业与红色旅游资源,对第三产业发展有明显的带动作用。

大满镇由于乡镇层面的土地利用数据收集难度较大,因此,目前,只有 2019 年年末的各类土地面积的相关数据,见表 4-21。该数据通过遥感图像进行目视解译得出,与实际情况相比可能存在一定误差,但也可用来定性分析大满镇的土地利用情况。

表 4-21　2019 年大满镇土地利用面积表

用地类型	面积/hm²	比例/%
耕地	5863.53	57.12
园地	278.92	2.72
林地	741.24	7.22

续表

用 地 类 型	面积/hm²	比例/％
草地	614.21	5.98
商服用地	107.43	1.05
工矿仓储用地	327.1	3.19
住宅用地	14.37	0.14
公共管理与公共服务用地	605.01	5.89
其他用地	1713.19	16.69

目前,大满镇的农用地面积占比高,在土地利用类型中,占地面积最多的为耕地,林地和草地的占比也在总辖区面积的5％以上。从水资源利用的角度来看,大满镇当地的基于耕地生产活动所耗的水资源量占比较多。因此,为应对当前水资源短缺的情况,调整耕地生产结构和生产模式,从2011年开始,大满镇玉米与蔬菜的种植面积均有较大程度的增加(图4-33),但近三年来出现了玉米种植面积减少,蔬菜种植面积增加的情况,说明近年来当地在积极提高单位面积的经济效益,但这种势头能持续多久,需要结合水资源承载力进行进一步研判。

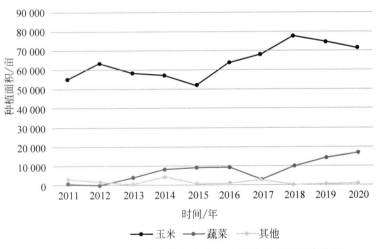

图4-33　2011—2020年大满镇主要作物耕地种植面积变化图

(二)数据来源与系统边界确定

受制于村镇数据的可得性,本文中大满镇使用2011—2019年的数据资料,其中,社会经济和产业等数据来源于《甘州区国民经济和社会发展统计年鉴(2011—2019年)》和《甘州区乡镇年报(2011—2019年)》。研究以Vensim PLE软件为模型构建平台,以张掖市甘州区大满镇行政区划界限为空间边界,行政面积分别为102.65km²。系统模拟的时间边界为2020—2030年,时间间隔为1年。

(三)资源环境特征分析与反馈回路构建

1. 水资源量制约未来发展

从实地调研及后续分析结果来看,当前,影响甘州区大满镇综合承载力的最关键因素是水资源量。目前,大满镇耕地与建设用地后备资源(未利用地)充足,但开发受水资源量约束,未利用地开发较为困难。受水资源承载力的制约,耕地承载力与建设用地承载力受到的约束较强。如何提高甘州区的水资源承载力,使得在人口持续增加的情况下,人口、资源与环境协调发展,获取最大的社会、经济和生态效益,是未来需要关注的关键问题。

2. 生产模式需要进一步优化

在大满镇中,农业对经济增长的贡献度较多,而与此同时,对水资源的消耗占比也相应较大,这在一定程度上会造成水资源承载力的降低,对农业规模的进一步扩大造成不利影响。从 2012—2020 年玉米播种(制种)面积和蔬菜种植面积的增长率变化情况可以看出,其增长的势头正在减弱,主要原因便是水资源承载力的约束。大满镇中的工业生产活动同样也受水资源量的约束。2012—2019 年,工业收入增长率总体呈下降趋势,究其原因主要是大满镇地区用水总量的控制和农业规模的增长在一定程度上会造成水资源承载力的降低,对工业生产规模的增加速度形成了阻碍。因此需要对农业种植结构与水资源承载力之间的耦合关系进行梳理,对其未来的发展趋势进行定量分析,寻求农业种植结构优化和乡镇经济的突破口。

3. 经济发展与水资源利用之间的耦合关系

经济发展对水资源承载力的提升作用明显,但仍受水资源量的制约。随着张掖市经济的发展,水资源过度消耗的情况将会有所减弱(任俊涛,2018),这是因为农业生产中的用水效率及工业生产中单位产值的用水量并不是一成不变的,会随着节水技术的进步及生产工艺的提升而逐步减少。技术的进步离不开经济水平的提高,因此可以看出,经济发展对水资源承载力提高的积极作用,但并没有解决当前大满镇发展面临的水资源匮乏问题,该地区用水效率的提升程度已经远超出了经济发展的水平,未来单纯依靠经济增长带动用水效率的提升是不可行的,需要对当地的发展模式进行调整,以适应越来越严峻的水资源短缺问题。

综上所述,大满镇资源环境禀赋与生产生活状况属于典型的生态保育型乡镇。因此,对于大满镇资源环境承载力变化的研究分析,需要以该类型乡镇资源环境影响机制为基础,构建资源环境承载力与其他社会经济要素之间的反馈回路。

反馈回路是系统动力学模型的基本构成单元,是模型结构的核心。因此,为构建村镇资源环境承载力 SD 模型,应当在反馈回路中体现出地区发展的关键性影响因素。大满镇在目前的社会经济发展中存在水资源量短缺、生产模式落后及经济发展可持续性不强等特征,结合水资源承载力与社会经济要素之间的耦合关系,可以探索出大满镇资源环境承载力与社会经济要素之间的演化机制,构建资源环境承载力 SD 模型的反馈回路。

总体而言,大满镇的反馈回路有以下 3 条。

(1) 工业收入→工业需水量→需水总量→水资源承载力→工业收入,该回路是一条负反馈回路,体现了工业生产过程中工业收入增长对水资源需求的增加,从而导致水资源承载力减少,限制工业收入进一步增长的情况,符合该地区工业收入受水资源量制约的客观条件。

(2) 工业收入(批发餐饮仓储收入)→农村经济总收入→用水效率→农业需水量(生态需水量)→需水总量→水资源承载力→工业收入(批发餐饮仓储收入),该回路是一条正反馈回路,体现了经济活动中收入的增长对用水效率的提升作用,从而导致水资源承载力减少,限制工业收入进一步增长的情况,符合该地区工业收入受水资源量制约的客观条件。

(3)农村人口→生活需水量→需水总量→水资源承载力→农村人口,该回路是一条负反馈回路,体现了村镇发展过程中人口数量变化对水资源需求的影响,而水资源承载力同时也对人口增长的速率有一定的约束,体现了当地水资源量对村镇居民生活的影响效果。

(四)构建因果关系图及流图

大满镇的 SD 模型中有社会子系统、经济子系统、土地子系统和水资源子系统,以大满镇区位及资源环境特征为基础,选取这 4 个子系统中应涵盖的主要指标。社会子系统中应包含年末总人口、建设用地需求、耕地需求这 3 个关键变量。经济子系统需要有 GDP 总量、一产增加值、二产增加值、三产增加值、地方财政收入、农业服务业总产值这些变量。

根据大满镇水资源承载力与农业、生态、工业、生活要素之间的流向关系及 3 类反馈回路,结合大满镇社会经济等要素可以建立如图 4-34 所示的因果关系图。

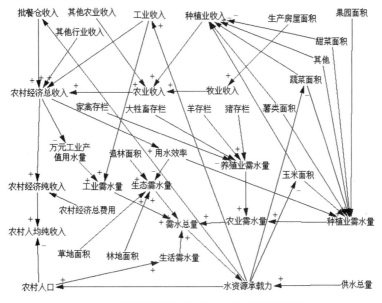

图 4-34　大满镇资源环境承载力 SD 模型因果关系图

采用 Vensim PLE 软件,对大满镇资源环境承载力 SD 模型因果关系图中的变量类型进一步细化为状态变量、速率变量、辅助变量、常量,可得大满镇资源环境承载力 SD 模型系统流图,如图 4-35 所示。

1. 系统方程建立

模型中部分变量间的方程关系是固定的数量关系,可以直接写出系统方程式,有些变量之间没有直接的数量关系,则需要运用 SPSS 软件对历年数据进行回归分析得到。大满镇资源环境承载力 SD 系统的部分方程及常量赋值如下。

(1)水资源承载力＝供水总量－需水总量,单位:万 t。

(2)需水总量＝农业需水量＋工业需水量＋生态需水量＋生活需水量,单位:万 t。

(3)农业需水量＝畜牧业需水量＋种植业需水量,单位:万 t。

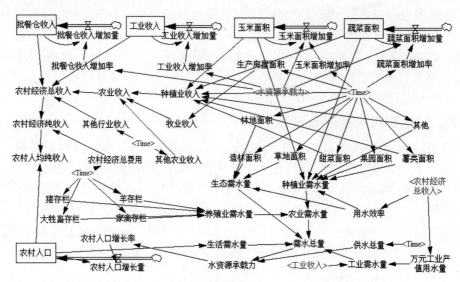

图 4-35　大满镇资源环境承载力 SD 模型系统流图

(4) 畜牧业需水量＝(大牲畜存栏×60＋猪存栏×35＋羊存栏×9＋家禽存栏)×365/10^7,单位:万 t。

(5) 种植业需水量＝(玉米面积×440＋甜菜面积×300＋蔬菜面积×430＋薯类面积×260＋其他×350＋果园面积×220)/用水效率/10 000,单位:万 t。

(6) 生态需水量＝(225×(林地面积＋造林面积)＋草地面积×200)/用水效率/10 000,单位:万 t。

(7) 农村经济总收入＝其他行业收入＋农业收入＋工业收入＋批餐仓收入,单位:万元。

(8) 批餐仓收入＝INTEG(批餐仓收入增加量,2120),单位:万元。

(9) 批餐仓收入增加量＝批餐仓收入×批餐仓收入增加率,单位:万元。

(10) 批餐仓收入增加率＝IF THEN ELSE(水资源承载力＞3000,0.290 379－0.000 159 705×水资源承载力＋2.533 74×10^{-8}×水资源承载力^2,0.008 300 51×exp(0.000 485 794×水资源承载力)),单位:无量纲。

(11) 工业收入＝INTEG(工业收入增加量,2683.7),单位:万元。

(12) 工业收入增加量＝工业收入×工业收入增加率,单位:万元。

(13) 工业收入增加率＝IF THEN ELSE(水资源承载力＞3000,0.150 539－9.119 65×10^{-5}×水资源承载力＋1.759 41×10^{-8}×水资源承载力^2,0.005 855 97×exp(0.000 584 489×水资源承载力)),单位:无量纲。

(14) 农业收入＝牧业收入＋其他农业收入＋种植业收入,单位:万元。

(15) 种植业收入＝IF THEN ELSE(年份＞2011,－0.176 833×其他＋0.108 882×玉米面积＋0.577 873×蔬菜面积－1.932 88×薯类面积－5.320 86×甜菜面积＋13 416.8,－0.176 833×其他＋0.108 882×玉米面积＋0.577 873×蔬菜面积－1.932 88×薯类面积－5.320 86×甜菜面积＋9416.8),单位:万元。

（16）牧业收入＝3480.34×生产房屋面积－34 624.1，单位：万元。

（17）万元工业产值用水量＝exp(2.495 24＋71 528/农村经济总收入)，单位：m^3/万元。

（18）用水效率＝9.833 39×10^{-7}×农村经济总收入＋0.525 131，单位：无量纲。

（19）农村人口增长率＝IF THEN ELSE(水资源承载力＞5000，－1.7619＋0.001 478 31×水资源承载力－4.0888×10^{-7}×水资源承载力^2＋3.566 29×10^{-11}×水资源承载力^3，1.576 32×10^{-5}×水资源承载力－0.059 445)，单位：无量纲。

（20）农村人口增长量＝农村人口×农村人口增长率，单位：人。

（21）农村人口＝INTEG(农村人口增长量，30 213)，单位：人。

2．模型误差检验

大满镇采用2011—2019年的相关历史数据进行模型检验，对模型中的批发餐饮仓储收入、工业收入、种植业收入和农村人口的模拟值进行误差检验，检验结果如表4-22所示。

表4-22　大满镇SD模型的模拟结果与相对误差统计表

年份	批餐仓收入			工业收入			种植业收入			农村人口		
	预测值/万元	真实值/万元	误差/%	预测值/万元	真实值/万元	误差/%	预测值/万元	真实值/万元	误差/%	预测值/人	真实值/人	误差/%
2011	2120	2120	0.00	2684	2684	0.00	13 535	13 167	2.79	30 213	30 213	0.00
2012	25 56	2481	3.02	3197	3140	1.83	16 732	16 406	1.99	29 667	30 264	−1.97
2013	2864	2877	−0.46	3585	3642	−1.57	20 460	19 030	7.51	30 225	30 315	−0.30
2014	3219	3252	−1.01	4030	4116	−2.08	22 476	21 504	4.52	30 809	30 315	1.63
2015	3447	3577	−3.62	4326	4528	−4.45	22 430	23 654	−5.17	31 064	30 590	1.55
2016	3797	3645	4.17	4774	4596	3.87	25 688	23 926	7.37	31 537	31 651	−0.36
2017	3967	3671	8.05	4974	4573	8.78	22 101	24 275	−8.96	31 476	31 839	−1.14
2018	4154	3928	5.75	5201	4893	6.30	27 552	25 976	6.07	31 462	31 493	−0.10
2019	4264	4197	1.59	5304	5228	1.45	29 704	27 740	7.08	30 781	31 434	−2.08

模拟结果表明：该系统模型的相对误差率不超过10%，在误差允许范围内。这说明大满镇资源环境承载力SD模型的模拟结果可靠，符合建模要求，可以用来模拟不同情景下社会经济及承载力指标的变化情况和变化趋势，能够通过调节调控参数进行仿真模拟实验。

（五）情景方案设定与结果分析

1．情景方案设定

在综合考虑甘州区大满镇的经济社会发展状况后，预期大满镇的未来农业、生态与经济发展规模和前景，尝试将研究区未来种植结构和生态保护力度进行调整，通过对大满镇资源环境承载力SD模型进行多情景模拟，可以得到不同参数组合下的情景仿真模拟结果。本研究模拟的时间边界为2020—2035年，时间间隔为1年，共选取10个控制变量，涵盖对各类种植结构面积变化及承载力指标影响较大的参数。模拟方案共设计出4种典型发展情景，代表大满镇的未来土地利用方向且具有一定可实施性（见表4-23），即①现状发展模式；②扩大种植面积模式；③水资源保护模式；④一产加速增长模式。

表 4-23　大满镇发展情景方案

控制变量名称	现 状 发 展	扩大种植面积	水资源保护	一产加速增长
生产房屋面积	o	－	＝	＋
猪存栏	o	－	＝	＋
羊存栏	o	－	＝	＋
大牲畜存栏	o	－	＝	＋
家禽存栏	o	－	＝	＋
玉米面积增加率	o	＋	＝	＋
蔬菜面积增加率	o	＋	Min	＋
林地面积	o	＝	＋	－
造林面积	o	＝	＋	－
草地面积	o	＝	＋	－

注："o"表示取 2019 年的现状值；"＝"代表至 2035 年线性变化为 2011—2019 年的平均值；"＋"代表至 2035 年，线性变化为 2011—2019 年平均值的 1.5 倍值；"－"代表至 2035 年，线性变化为 2011—2019 年平均值的 0.5 倍值；"Min"代表至 2035 年，线性变化为 2011—2019 年的最小值。

2. 模拟结果分析

模型中以大满镇 2011 年的数据为每个状态变量的初始值，为模型输入各控制变量在 4 种发展情景中的取值，得到各变量的仿真模拟结果。对比分析这 4 种发展情景下的主要社会经济与承载力情况的模拟结果，可以看出，在不同发展情景影响下，社会经济与承载力指标的变化情况（表 4-24、图 4-36）。

表 4-24　大满镇人口与部分土地利用变化情景模拟结果

发 展 情 景	年　份	农村人口/人	农村经济总收入/万元	农村人均纯收入/万元	水资源承载力/万 t
现状发展模式	2011	30 213	44194.2	6841.73	5691.3
	2020	29 985	88 668.8	17 305.3	1924.14
	2025	25 919	99 962.9	24 980	－292.217
	2030	21 020	125 810	35 400.9	－107.337
	2035	15 411	134 271	51 153.7	－498.133
扩大种植面积模式	2011	30 213	44 194.2	6841.73	5691.3
	2020	29 984	86 993.6	16 631.2	1915.87
	2025	25 057	100 577	25 322.5	－16.1934
	2030	17 218	104 852	39 333.2	－1321.54
	2035	11 354	96 649.5	52 424.6	－1264.27
水资源保护模式	2011	30 213	44 194.2	6841.73	5691.3
	2020	29 983	88 620.6	17 174.1	1923.56
	2025	26 230	89 192.2	19 849.2	24 89.65
	2030	24 362	83 212.6	18 917.3	3177.28
	2035	22 827	84 703.1	20 842.2	2243.13
一产加速增长模式	2011	30 213	44 194.2	6841.73	5691.3
	2020	29 984	90 217.4	17 706.2	1950.86
	2025	25 286	119 960	32 757.8	242.009
	2030	17 701	139 337	57 743.1	－652.067
	2035	12 458	147 348	88 471.4	－353.306

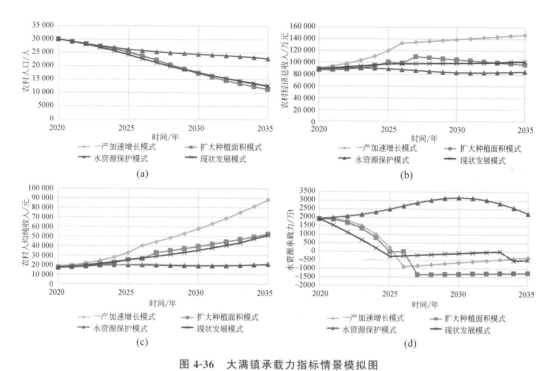

图 4-36　大满镇承载力指标情景模拟图

(a) 农村人口；(b) 农村经济总收入；(c) 农村人均纯收入；(d) 水资源承载力

1）现状发展模式

现状发展模式是假定大满镇各调控变量未来发展情况与 2019 年一致而设置的情景。在此情景下，该地区人口数量逐年下降，农村经济总收入稳步上升，人均收入也以较为稳健的速度逐年提升，水资源承载力下降速度最快，并于 2025 年处于超载状态，随后，至 2035 年，基本恢复至平衡状态。从模拟结果来看，这是一种高水资源消耗、经济效益较好、适度人口承载的发展情景。从可持续发展的角度审视，该情景不能适应甘州区大满镇的未来发展，但在经济发展和水资源保护利用方面仍有较大潜力。未来，在编制大满镇镇国土空间规划时，应优化考虑目前的产业布局，进一步提高农村经济总收入和节水力度。

2）扩大种植面积模式

扩大种植面积模式指减少畜牧业规模的同时增加作物种植面积的发展情景。在此情景下，大满镇人口数量下降趋势最快，农村经济总收入在 2027 年前不断上升，随后开始下降，人均收入以较为稳健的速度逐年提升，水资源承载力下降速度较快，于 2025 年处于平衡状态，2027 年后严重超载且恢复速度缓慢。这相对其他 3 种方案而言是一种高水资源消耗、经济效益较好、低人口承载的发展模式。该情景虽然不能适应甘州区大满镇的未来发展，但仍具有一定的政策价值。该情景的模拟结果说明了该地区畜牧业对农村经济总收入的贡献较大，若减少畜牧业规模，限制其未来发展，则会对整体镇域经济发展造成影响，同时种植面积的增加也会很快造成水资源承载力超载的情况。未来，国土空间规划不仅要平衡好粮食安全与畜牧业养殖资源需求之间的矛盾，还要对种植业的发展进行一定约束。

3）水资源保护模式

水资源保护模式是模拟未来大满镇注重生态环境保护与水资源节约利用的发展情景，在增加林地、草地面积的同时，也对水资源消耗较大的种植结构进行了调整。在此情景下，大满镇人口数量下降趋势最慢，农村经济总收入和农村人均纯收入增长陷入停滞，水资源承载力总体处于可载状态，且在2030年前不断上升，随后开始下降。从该发展模式的模拟结果来看，该情景具备低水资源消耗、低经济效益、高人口承载的特点。该情景节水效果显著，符合甘州区大满镇的未来发展定位，但该情景下的未来经济发展情况较差，因此，在国土空间规划中需要平衡好经济发展与水资源保护之间的矛盾。

4）一产加速增长模式

一产加速增长模式是模拟未来大满镇加大养殖业规模和种植业中玉米制种与蔬菜种植规模的发展情景。在此情景下，大满镇人口数量下降趋势较快，农村经济总收入增长最快，其中，2026年之前保持高增速增长，之后增速有所放缓。农村人均纯收入增长最快且一直保持高速增长，水资源承载力下降速度较快，于2025年处于平衡状态，2026年后严重超载但恢复速度较快。这相对其他3种方案而言是一种高水资源消耗、高经济效益、适度人口承载的发展模式。该情景虽然符合甘州区大满镇未来经济建设的发展需要，但经济发展与水资源保护的矛盾较为突出，从可持续发展的角度来看，不推荐此发展模式。但该模式能反映出经济发展对水资源利用效率的提升作用，因此应注重国土空间规划中的经济发展对资源利用效率的带动作用，努力进行生产技术和产业布局的优化。

从大满镇模拟结果可以看出：大满镇现状发展模式存在一定的问题。在此保持现状发展的模式下，大满镇将于2025年面临水资源超载的困境，因此需要考虑新的发展模式。大满镇在水资源短缺的背景下，通过对经济、人口和水资源承载力3方面关键指标的对比，发现水资源保护模式能显著改善未来水资源承载力超载的问题，但此情景下的经济发展停滞，因此需要平衡好经济发展与水资源保护之间的矛盾。

（六）大满镇资源环境承载力提升对策

从大满镇资源环境承载力SD模型的情景模拟结果来看，未来资源环境承载力的提升主要考虑的问题就是如何平衡水资源节约利用、经济发展及农业结构3者的关系，因此，大满镇提升资源环境承载力的对策如下。

1. 优先提高节水效率

加强水资源保护措施，多方位严格实行节水措施。由于农业用水需求量最大，因此需要推行节水灌溉方式和节水技术，提高农业用水效率。工业用水应当提高技术工艺和设备，以及工业用水的重复利用率。提高中心镇区污水集中处理率和处理技术，以及污水再生利用率，并增加再生水的使用场景。

2. 优化种植结构与养殖规模，以水定产

政府应当遵守取水总量控制和定额管理要求，积极引导和激励当地种植结构优化。减少高耗水、低收益的种植作物播种面积，对于高耗水、高收益的作物生产而言，应全面推行节水灌溉技术，保证农业节水增效。从事畜禽规模养殖应当控制设施农用地面积与饲料生产规模，在保障经济效益的同时确保畜牧业可持续发展。

3. 加强废污整治工作,健康绿色发展

按照建设环境友好型社会的要求,综合考虑生活垃圾和农业生产废弃物的利用、处理工作。力求农村生活垃圾处理体系全覆盖,完成农村家用厕所无害化改造。鼓励引导社会资本研究、制造、销售、使用可降解且无害的农用塑料薄膜。对农业固体废物采取回收利用和其他防止污染环境的措施。从事畜禽规模养殖应及时收集、贮存、利用或处置生产中的固体废物,防止对环境造成污染。

三、甘州区甘浚镇资源环境承载力测算与提升

(一)研究区概况

甘浚镇隶属甘肃省张掖市甘州区(图4-37),地处甘州区西南部,东枕黑河西岸,南依祁连山北麓的丹霞景区,西与临泽县倪家营乡和肃南县白银乡接壤,北接甘州区明永乡。辖区面积133.62km²。地势西高东低、南高北低,境内最高点位于祁连村,海拔1760m。该地属温带干旱气候,多年平均气温12.8℃,年平均降水量140mm,降水集中在每年的6—9月。甘浚镇境内河道属黑河水系,黑河西干渠自毛家湾村以东入境,由南而北,贯穿甘浚镇,境内长24.5km。

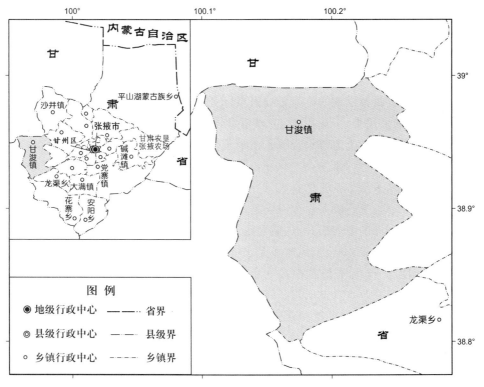

图4-37 甘浚镇区位图

截至2020年年底,甘浚镇总人口数为23 061,实有劳动力人数为16 620,较2019年增加4.6%,全镇现有房屋145.6万m²,较2019年减少22.4%。2011—2018年,人数整体处于下降阶段,2018年达到21 675人后,人口数又迅速回升。

2017年,甘浚镇农村经济总收入54 995万元,同比增长6.0%,其中农业总收入35 216

万元,同比增长 8.6%,工业收入 4594 万元,与上一年相同,批发、餐饮、仓储业收入 3202 万元,同比增长 3.2%,其他行业收入 11 983 万元,同比增长 1.8%。农村经济总费用 28 064 万元,增长 14.3%,农民人均可支配收入为 13 112 元,同比增长 6.4%。由此可看出,近年来,甘浚镇经济状况总体发展较好,农村经济总收入和农民人均可支配收入均处于稳定上升阶段。从产业收入的结构分布上来看,甘浚镇的经济收入主要来源仍为第一产业,且远超过第二、三产业收入,这是由于甘浚镇作为农业小镇,目前,仍未完成产业升级,但从数据中也能看出,未来第三产业有着较好的发展潜力。

甘浚镇的农业收入主要来自其种植业,该地的制种玉米是主要的经济来源,遵守甘州区大力推广的农业节水项目,制种玉米作为耐旱品种在当地发展情况较好。至 2020 年年底,全镇共种植玉米 78 176 亩,占总耕地面积的 98.7%;而 2017 年的种植业收入为 19 982,占农业总收入的 56.7%。

(二)数据来源与系统边界确定

受制于村镇数据的可得性,本研究中的甘浚镇使用 2011—2020 年的数据资料,其中,社会经济和产业等数据来源于《甘州区国民经济和社会发展统计年鉴(2011—2020 年)》和《甘州区乡镇年报(2011—2020)》。

基于 Vensim PLE 软件为模型构建平台,以张掖市甘州区甘浚镇行政区划界限为空间边界,行政面积为 133.62km²。系统模拟的时间边界为 2020—2035 年,时间间隔为 1 年。

(三)资源环境特征分析与反馈回路构建

水资源是制约甘浚镇发展的主要影响因素。基于供需水差值可以得出水资源承载力,其中,需水量包含农业用水、工业用水、生态用水与生活用水 4 个方面,因此,在 SD 模型构建中主要基于社会、经济、土地与水资源 4 个子系统。最终得到的甘浚镇模型的反馈回路包含以下两类。

(1)批餐仓收入→农村经济总收入→用水效率→生态需水量(农业需水量)→需水总量→水资源承载力→批餐仓收入。该回路是一条负反馈回路,体现了批发、餐饮、仓储业收入生产过程中对水资源的需求提升,从而导致需水总量增多,水资源承载力下降,反过来限制批餐仓业的进一步发展,符合当地产业受水资源制约的客观情况。

(2)批餐仓收入→农村经济总收入→万元工业产值用水量→工业需水量→需水总量→水资源承载力→批餐仓收入。该回路是一条正反馈回路,表现了随经济收入不断增长,万元工业产值用水量逐步下降,从而使得水资源承载力降低,限制产业的进一步发展,符合当地整体产业的发展情况。

(四)构建因果关系图及流图

1. 因果关系图

甘浚镇的 SD 模型中有社会子系统、经济子系统、土地子系统和水资源子系统。以研究目的及甘浚镇区位和资源环境特征为基础,选取这 4 个子系统中应涵盖的主要指标。社会子系统中应包含年末农村人口、生产房屋面积等关键变量。经济子系统需要有农村经济总收入、农村经济纯收入、农村人均纯收入、种植业收入、牧业收入和牧业相关变量。在研究土地子系统内部不同土地利用类型之间的转化情况时,应将主要种植作物的种植面积变量纳入土地子系统中。根据甘浚镇水资源承载力与农业、生态、工业、生活要素之间的流向关系及反馈回路,结合社会经济等要素可以建立如图 4-38 所示的因果关系图。

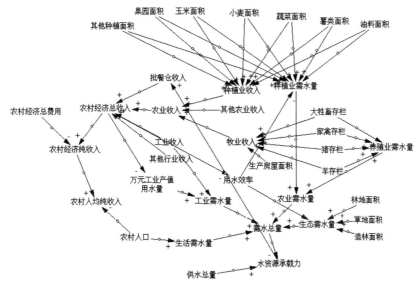

图 4-38 甘浚镇资源环境承载力 SD 模型因果关系图

通过 Vensim PLE 软件,将甘浚镇资源环境承载力 SD 模型因果关系图中的变量类型进一步细化为状态变量、速率变量、辅助变量、常量,可得该镇资源环境承载力 SD 模型系统流图,如图 4-39 所示。

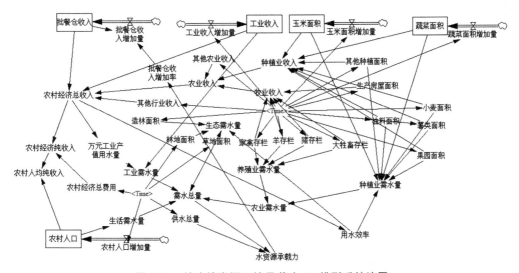

图 4-39 甘浚镇资源环境承载力 SD 模型系统流图

2. 建立系统方程

模型中部分变量间的方程关系是固定的数量关系,可以直接写出系统方程式,有些变量之间没有直接的数量关系,则需要运用 SPSS 软件对历年数据进行回归分析得到。甘浚镇资源环境承载力 SD 系统部分的方程及常量赋值如下。

（1）农村人口＝INTEG（农村人口增加量，22 500），单位：人。

（2）工业收入＝INTEG（工业收入增加量，3477.07），单位：万元。

（3）农业收入＝种植业收入＋牧业收入＋其他农业收入，单位：万元。

（4）种植业收入＝IF THEN ELSE（蔬菜面积＞1200，16 003.4＋0.016 047×玉米面积＋0.421 947×蔬菜面积＋0.161 33×果园面积－0.193 603×（小麦面积＋油料面积＋薯类面积＋其他种植面积），20 003.4＋0.016 047×玉米面积＋0.421 947×蔬菜面积＋0.161 33×果园面积＋0.193 603×（小麦面积＋油料面积＋薯类面积＋其他种植面积）），单位：万元。

（5）牧业收入＝IF THEN ELSE（Time＜2019，14 700－0.090 212×大牲畜存栏－0.095 912×猪存栏－0.016 506×羊存栏＋0.003 113×家禽存栏＋102.062×生产房屋面积，17 400－0.090 212×大牲畜存栏－0.095 912×猪存栏－0.016 506×羊存栏＋0.003 113×家禽存栏＋102.062×生产房屋面积），单位：万元。

（6）批餐仓收入＝INTEG（批餐仓收入增加量，2179.62），单位：万元。

（7）批餐仓收入增加量＝批餐仓收入×批餐仓收入增加率，单位：万元。

（8）批餐仓收入增加率＝0.056 733 4＋7.819 49×10^{-5}×水资源承载力－6.3046×10^{-8}×水资源承载力×水资源承载力＋1.131 49×10^{-11}×水资源承载力^3，单位：无量纲。

（9）农村经济总收入＝农业收入＋工业收入＋批餐仓收入＋其他行业收入，单位：万元。

（10）农村经济纯收入＝农村经济总收入－农村经济总费用，单位：万元。

（11）农村人均纯收入＝农村经济纯收入/农村人口，单位：万元/人。

（12）水资源承载力＝供水总量－需水总量，单位：万 t。

（13）需水总量＝农业需水量＋工业需水量＋生态需水量＋生活需水量，单位：万 t。

（14）用水效率＝0.458 607＋2×10^{-6}×农村经济总收入，单位：无量纲。

（15）生活需水量＝40×365×农村人口/（1×10^7），单位：万 t。

（16）工业需水量＝万元工业产值用水量×工业收入/10 000，单位：万 t。

（17）生态需水量＝（225×（林地面积＋造林面积）＋草地面积×200）/用水效率/10 000，单位：万 t。

（18）种植业需水量＝（小麦面积×350＋玉米面积×440＋油料面积×320＋蔬菜面积×430＋薯类面积×260＋其他种植面积×350＋果园面积×220）/用水效率/10 000，单位：万 t。

（19）养殖业需水量＝（大牲畜存栏×60＋猪存栏×35＋羊存栏×9＋家禽存栏）×365/10^7，单位：万 t。

（20）农业需水量＝种植业需水量＋养殖业需水量，单位：万 t。

（21）万元工业产值用水量＝107.779－0.001 369×农村经济总收入，单位：t/万元。

（22）玉米面积＝INTEG（玉米面积增加量，50 356），单位：亩。

（23）蔬菜面积＝INTEG（蔬菜面积增加量，1877.1），单位：亩。

3. 模型误差检验

甘浚镇采用 2011—2020 年的相关历史数据进行模型检验,对模型中的批发餐饮仓储收入、牧业收入和种植业收入的模拟值进行误差检验,检验结果如表 4-25 所示。

表 4-25　甘浚镇 SD 模型的模拟结果与相对误差统计表

年份/年	批餐仓收入			种植业收入			牧业收入		
	预测值/万元	真实值/万元	误差/%	预测值/万元	真实值/万元	误差/%	预测值/万元	真实值/万元	误差/%
2011	2179.62	2179.62	0.00	14 092.40	14 430.29	−2.34	9078.79	9331.33	−2.71
2012	2247.20	2249.20	−0.09	13 582.50	14 890.90	−8.79	10 411.90	9629.20	8.13
2013	2320.11	2429.00	−4.48	18 951.20	17 300.00	9.54	11 787.50	11 533.00	2.21
2014	2639.24	2796.00	−5.61	19 297.00	19 218.00	0.41	12 405.10	12 812.00	−3.18
2015	2935.58	2996.00	−2.02	18 310.00	19 218.00	−4.72	11 755.00	12 812.00	−8.25
2016	3110.28	3102.00	0.27	19 318.00	19 482.00	−0.84	14 142.90	12 934.00	9.35
2017	3268.63	3202.00	2.08	18 596.10	19 982.00	−6.94	14 558.90	15 234.00	−4.43
2018	3545.34	3422.62	3.59	22 173.50	21 185.01	4.67	15 340.80	16 231.95	−5.49
2019	3829.80	3645.91	5.04	21 430.80	22 387.83	−4.27	17 239.60	17 224.44	0.09
2020	4007.34	3750.81	6.84	21 687.50	22 848.60	−5.08	16 612.90	17 652.06	−5.89

模拟结果表明:该系统模型的相对误差率不超过 10%,在误差允许范围内。这说明,甘浚镇资源环境承载力 SD 模型的模拟结果可靠,符合建模要求,可以用来模拟不同情景下社会经济及承载力指标的变化情况和变化趋势,能够通过调节调控参数进行仿真模拟实验。

(五)情景方案设定与结果分析

1. 情景方案设定

在对甘浚镇的总体发展态势进行分析后,通过对其未来产业发展倾向及资源利用做出合理预测,尝试对研究区的土地利用结构及生态保护力度进行调整,对甘浚镇资源环境承载力 SD 模型进行多情景模拟,可以得到不同参数组合下的情景仿真模拟结果。本研究模拟的时间边界为 2021—2035 年,时间间隔为 1 年,共选取 13 个控制变量,涵盖对各类种植结构面积变化及承载力指标影响较大的参数。模拟方案共设计出 4 种典型发展情景,代表甘浚镇的未来土地利用方向(见表 4-26),即现状延续型、经济发展型、生态保护型和协调发展型。

表 4-26　甘浚镇的发展情景方案

控制变量名称	现状延续	经济发展	生态保护	协调发展
生产房屋面积	o	+	−	−
猪存栏	o	+	−	−
羊存栏	o	+	−	−
大牲畜存栏	o	+	−	−
家禽存栏	o	+	−	−
玉米面积增加量	0	+	0	0
蔬菜面积增加量	0	Max	+	Max
果园面积	o	+	Min	Max
林地面积	o	−	+	+

续表

控制变量名称	现状延续	经济发展	生态保护	协调发展
造林面积	o	−	＋	＋
草地面积	o	−	＋	＋
工业收入增加量	0	＋	0	＋
农村人口增加量	0	Max	−	＋

注："o"表示取 2020 年的现状值;"0"代表线性变化为 0;"＋"代表至 2035 年,线性变化为 2011—2020 年平均值的 1.5 倍值;"−"代表至 2035 年,线性变化为 2011—2020 年平均值的 0.5 倍值;"Max"代表至 2035 年,线性变化为 2011—2020 年的最大值;"Min"代表至 2035 年,线性变化为 2011—2020 年的最小值。

2. 模拟结果与分析

模型中以甘浚镇 2011 年的数据为每个状态变量的初始值,在模型中输入各控制变量在 4 种发展情景中的取值,得到各变量的仿真模拟结果。对比分析这 4 种发展情景下的主要社会经济与承载力情况的模拟结果,可以看出,在不同发展情景影响下的社会经济与承载力指标变化情况(表 4-27、图 4-40)。

表 4-27 甘浚镇人口与部分土地利用变化情景的模拟结果

发展情景	年份	农村人口/人	农村经济总收入/万元	农村人均纯收入/万元	水资源承载力/万 t
现状延续	2011	22 500	36 975.10	0.62	2697.55
	2020	23 061	61 810.10	1.21	2135.36
	2025	25 035	62 828.30	1.15	2902.25
	2030	26 250	63 782.00	1.14	3438.72
	2035	26 706	61 064.70	1.01	3680.93
经济发展	2011	22 500	36 975.10	0.62	2697.55
	2020	23 061	61 810.10	1.21	2135.36
	2025	25 879	59 655.30	0.99	2045.85
	2030	29 344	64 490.80	1.04	774.13
	2035	33 456	69 797.60	1.07	−1754.58
生态保护	2011	22 500	36 975.10	0.62	2697.55
	2020	23 061	61 810.10	1.21	2135.36
	2025	25 064	62 613.40	1.14	2899.66
	2030	26 357	63 170.40	1.11	3463.07
	2035	26 939	64 246.40	1.12	3841.33
协调发展	2011	22 500	36 975.10	0.62	2697.55
	2020	23 061	61 810.10	1.21	2135.36
	2025	25 123	59 975.70	1.04	2584.54
	2030	26 571	64 043.80	1.13	2697.61
	2035	27 406	69 942.80	1.31	2403.34

1) 现状延续型

现状延续型设定能维持各控制变量的未来发展情况与 2020 年相一致,在该情景下,农村人口随着后三年的发展态势呈现出快速增长后增速逐渐变缓的趋势,最终人口将保持在 26 000 左右,农村经济总收入在 2033 年以前保持稳定,有小幅度的增长,2033 年由于水资源承载力下降,农村经济总收入下跌至 61 064 万元,农村人均纯收入也随之下降。从该模拟

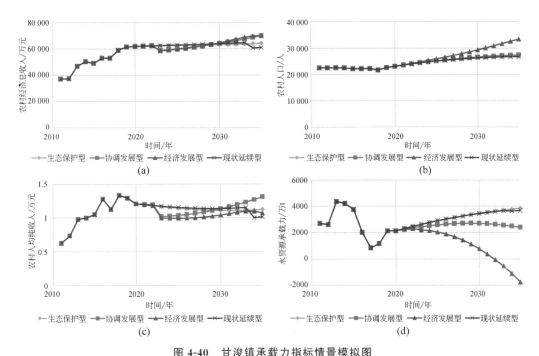

图 4-40　甘浚镇承载力指标情景模拟图
（a）农村经济总收入；（b）农村人口；（c）农村人均纯收入；（d）水资源承载力

情况来看,该发展模式在较合理范围内进行资源利用,基本可以满足经济的平稳发展,保证生活水平。但也可以看出,该情景到一定阶段时会出现水资源承载力迅速下降,从而导致农村总收入的下跌。为保证当地的合理可持续发展,还应适当调整其土地利用方式及产业比重。

2）经济发展型

经济发展型设定的总人口将维持小幅度增长,提高甘浚镇的主要产业,即一产产量,同时减少林草种植。在该情境下,玉米面积一开始会出现小幅度下降,导致总收入降低,其后由于玉米和蔬菜面积的稳定增长,农村经济总收入将保持持续的较高增速,至 2035 年达到69 797 万元。同时,农村人口也将维持较高增速的增长,至 2035 年达到 33 456 人。但由于该类型发展模式大量使用土地及水资源,因此,水资源承载力将持续下滑,至 2032 年越过临界值下降为负值。该发展模式说明,当地种植业对地方经济贡献较大,其中,玉米和蔬菜尤其影响当地的经济发展。但过多的农业种植势必影响资源环境,因此需要控制农业在合理范围内发展,避免出现资源超载的情况。

3）生态保护型

生态保护型指减少农牧业产量,保持工业现状发展趋势基本不变,同时提升林草种植面积。至 2035 年,水资源承载力明显提升,并保持稳定增长至 3841 万 t。总体经济水平相较现状有所提升,基本呈现平稳发展,没有太大的提升态势。在该情境下,水资源消耗最少,生态环境得到了有效改善,但从经济角度来看,未来村镇将维持现状,不再有明显发展,不符合村镇的发展规划定位,因此还需要在发展与保护中进行协调与平衡。

4）协调发展型

协调发展型对前面的几类情景进行了综合,在保持农牧业总体水平基本不变的同时,提升经济价值较高的蔬菜种植量,提高工业收入增量,同时增加林草种植面积,并使人口保持小幅度稳定增长。至 2035 年,农村经济总收入将明显提升,并在 2035 年与经济发展型相齐平。水资源承载力相较于现状延续类型有小幅度下降,但仍维持在可控水平,同时,农村人口保持基本稳定数字。该模式最符合当地的未来发展需求,减少牧业比重,对需水量最大的玉米种植面积进行控制,使之维持在一个合理范围内,同时保持蔬菜面积小幅度增长。提升工业收入,对当地产业结构进行适当调整。提高林草种植面积,保证生态环境良好发展。在该模式下,能反映经济发展对水资源的合理利用,充分实现生态与经济的平衡和协调。

(六)甘浚镇资源环境承载力提升对策

从资源环境承载力模型的模拟结果来看,甘浚镇的未来发展主要考虑如何优化其产业结构,从而实现较为高效且生态友好的社会经济发展。其资源环境承载力的提升对策如下。

1. 严控用水总量,保证不突破水资源利用底线

甘浚镇地处西北干旱地区,要提高其水资源承载力,增强地区韧性的首要点就是设定合理的水资源利用底线,严格把控用水量,保证水资源总量。通过完善水权、制定用水相关条例等政策手段,逐步培养居民节水意识,从源头上提高水资源的可利用总量。

2. 调整产业结构,实现用水效率最大化

当前的甘浚镇仍以第一产业作为其主要经济来源,其中又以农业占比最高。现有的产业结构耗水量较大且经济效益相对较低,是造成当地资源利用与经济发展矛盾的重要影响因素。通过调整种植结构,逐步降低耗水量较大农作物的种植,并促进节水农业在当地的广泛应用,将甘浚镇用水的主要产业加以调整。同时,优化三产结构,推进第二、第三产业发展,鼓励发展生态友好型产业,从而实现用水效率的最大化。

3. 加大生态治理,积极修复环境问题

从甘浚镇的发展现状中可以看出,水资源承载力较低、生态脆弱都会导致城镇后续发展动力不足,土地利用受到限制。因此,需加大生态治理力度,通过增加生态补给用水,扩大防护林种植面积,严格管控污水、废水排放等多种方式,保证当地生态环境不遭到破坏,尽可能修复已有生态问题,为当地后续发展提供有力保障。

第四节　典型村庄资源环境承载力测算与提升案例

本节重点对典型村进行资源环境承载力 SDES 模型应用,具体选择了溧阳市河口村、戴南村为案例(图 4-41),分析村庄的土地资源、水资源和社会经济 3 个方面之间的作用影响。两村庄位于土地资源利用分配相对紧张的地区,对土地如何进行规划管控,在追求乡村经济发展的同时保障生态安全和基本底线,是村庄资源承载力需要研究的重点。其中,河口村的土地利用问题主要集中在第一产业内水产养殖与耕种的用地矛盾,需要在确保社会经济平稳发展同时,坚持粮食安全的基本原则,避免出现耕地非粮化的蔓延。戴南村则通过当地乡村特色发展乡村旅游,实现了以旅助农的发展新局面。该村庄作为当下乡村旅游发展的典型案例,可探究产业优化过程中的资源合理利用配置与未来发展方向。由于乡村地区数据较少,乡村模型很难构建成与城市模型一样的反馈回路,因此,要根据具体研究目的对指标和模型结构进行简化处理,在确定模型变量时应根据实地调研和主要指标之间的影响关系,忽略和剔除无关变量,保证模型能够有效运转。

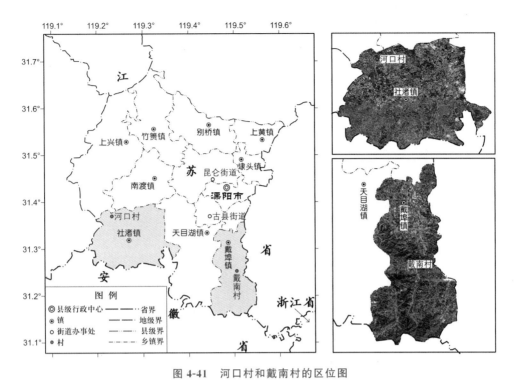

图 4-41　河口村和戴南村的区位图

一、村庄 SD 模型子系统分析

（一）土地资源子系统

河口村属于水产养殖型村庄。从河口村的村庄发展过程来看,土地利用变化主要是耕地与水产养殖用地这两个土地类型的转入与转出。因此,土地子系统主要分析耕地总量、耕地流入量、耕地增加率、村集体经营性建设用地、水产养殖用地总量、户均养殖面积、养殖面积增量、养殖面积户均增量、水田比例、种粮大户种植面积、水产养殖大户养殖面积的变化情况。

戴南村属于乡村旅游型村庄。由于产业结构不同,其生产生活用地的变化主要集中在耕地、宅基地、茶园用地和民宿用地 4 个方面。因此,土地子系统主要分析耕地总量、耕地流入量、耕地增加率、宅基地新增速率、宅基地总量、宅基地复垦率、宅基地增量、宅基地减量、水田比例、种粮大户种植面积、投产民宿比例、产业居住增量、宅基地投产率、宅基地废弃率、茶园用地总量、茶园用地减量、茶园用地人均减量、民宿用地总量、民宿用地增量的变化情况。

（二）水资源子系统

村庄的水资源子系统指标主要用于计算其综合用水量,从使用方式上大体可分为生活用水和生产用水两类。河口村自引进青虾养殖产业后,其生产用水主要包含耕地用水和水产养殖用水。因此,水资源子系统主要模拟耕地用水、生活用水、水产养殖用水、生产用水和用水总量的变化情况。戴南村发展旅游业和茶园种植产业,其生活用水需要统计游客用水量,生产用水中需要考虑种茶用水量。

（三）社会经济子系统

基于村庄的实地调研和统计数据来看，人口的自然增长与外出打工是影响河口村社会经济变化的最主要原因。外出就业能为村民增加收入，不断吸引村中人口长期外出打工，导致村中人口比例下降，工资性收入的增加也使得村民人均收入处于上升趋势。因此，社会经济子系统主要分析本地打工人均年收入、外出打工人均年收入、收入比值、村中人口、村中人口比例、总人口、自然增长率、全年村集体收入、外出打工人口、工资性收入、产业总收入、粮食总收入、家庭经营性收入、人均经营性收入、农村居民总收入、农村居民人均收入的变化情况。

二、系统构建及对应的方程

（一）因果关系图

选取了总人口、外出打工人均年收入、本地打工人均年收入、耕地面积等指标作为状态变量，对应多个速率变量及其他辅助变量，通过 Vensim PLE 软件来完成河口村水产养殖型（图 4-42）和戴南村乡村旅游型（图 4-43）土地承载力系统流图的构建。

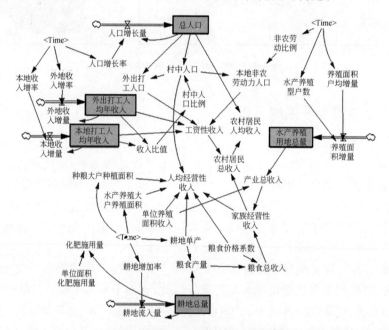

图 4-42 河口村土地承载力系统流图

模型中部分变量间的方程关系是固定的数量关系，可以直接写出系统方程式。而有些变量之间没有直接的数量关系，需要运用 SPSS 软件对历年数据进行回归分析得到。

（二）河口村部分系统方程及常数赋值

（1）总人口＝INTEG（人口增长量，3980），单位：人。

（2）耕地总量＝INTEG（耕地流入量，7894），单位：亩。

（3）本地打工人均年收入＝INTEG（本地收入增量，26 000），单位：元。

（4）外地打工人均年收入＝INTEG（外地收入增量，40 000），单位：元。

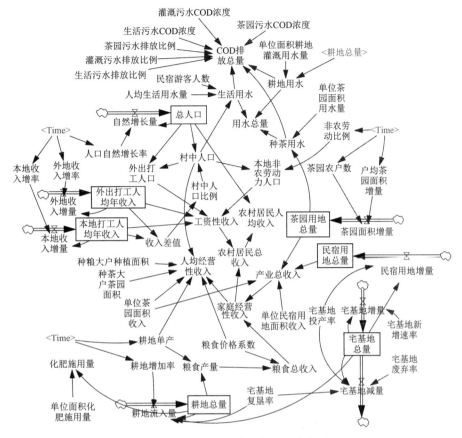

图 4-43　戴南村土地承载力系统流图

（5）耕地流入量＝IF THEN ELSE（耕地总量＜12 010.3，耕地增加率×耕地总量，12 010.3），单位：亩。

（6）生活用水＝人均生活用水量×村中人口×365/10 000 000，单位：万 t。

（7）生产用水＝耕地用水＋水产养殖用水，单位：万 t。

（8）耕地用水＝单位面积旱地灌溉用水量×耕地总量×（1－水田比例）/10 000＋单位面积水田灌溉用水量×耕地总量×水田比例/10 000，单位：万 t。

（9）粮食价格系数＝2700，单位：元/t。

（10）单位面积化肥施用量＝120，单位：0.5kg/亩。

（11）人均生活用水量（村民）＝60，单位：L/（人·d）。

（12）单位面积养殖用地用水量＝800，单位：t/亩。

（13）单位面积水田灌溉用水量＝445，单位：t吨/亩。

（14）单位面积旱地灌溉用水量＝75，单位：t/亩。

（三）戴南村部分系统方程及常数赋值

（1）总人口＝INTEG（人口增长量，2487），单位：人。

（2）耕地总量＝INTEG（耕地流入量，3420），单位：亩。

（3）茶园用地总量＝INTEG（－茶园用地减量，5804），单位：亩。

(4) 耕地流入量＝IF THEN ELSE(耕地总量＜9621.48,耕地增加率×耕地总量＋宅基地总量×宅基地复垦率,9621.48),单位:亩。

(5) 村中人口比例＝0.36×收入比值＋0.653,无量纲。

(6) 外出打工人口＝总人口－村中人口,单位:人。

(7) 本地非农劳动力人口＝村中人口×非农劳动比例,单位:人。

(8) 宅基地总量＝INTEG(宅基地增量－宅基地减量,867.31),单位:亩。

(9) 宅基地增量＝宅基地总量×宅基地新增速率,单位:亩。

(10) 宅基地减量＝IF THEN ELSE(宅基地总量＞总人口×30/667,宅基地总量×(宅基地复垦率＋宅基地废弃率＋宅基地投产率),0),单位:亩。

(11) 宅基地投产率＝0.000 701×Time－1.384 86,无量纲。

(12) 产业居住增量＝宅基地总量×宅基地投产率,单位:亩。

(13) 民宿用地增量＝产业居住增量×投产民宿比例,单位:亩。

(14) 耕地单产＝－4.975 57×Time＋10 972.7,单位:kg。

(15) 粮食产量＝耕地单产×耕地总量/1000,单位:t。

(16) 粮食总收入＝粮食产量×粮食价格系数/1000,单位:万元。

(17) 收入比值＝本地打工人均年收入/外出打工人均年收入,无量纲。

(18) 工资性收入＝外出打工人口×外出打工人均年收入/10 000＋本地打工人均年收入×本地非农劳动力人口/10 000,单位:万元。

(19) 产业总收入＝(单位茶园面积收入×茶园用地总量＋单位民宿用地面积收入×民宿用地总量×667)/10 000,单位:万元。

(20) 家庭经营性收入＝粮食总收入＋产业总收入,单位:万元。

(21) 人均经营性收入＝(家庭经营性收入－种粮大户种植面积×耕地单产×粮食价格系数)/10^7,单位:万元。

(22) 农村居民总收入＝工资性收入＋家庭经营性收入,单位:万元。

(23) 农村居民人均收入＝农村居民总收入/总人口×10 000,单位:元。

(24) 化肥施用量＝单位面积化肥施用量×耕地总量/(2×1000),单位:t。

(25) 用水总量＝生活用水＋种茶用水＋耕地用水,单位:万t,

(26) 生活用水＝(人均生活用水量×村中人口×365＋民宿游客人均用水量×民宿游客人数×365)/10 000 000,单位:万t。

(27) 种类用水＝单位茶园面积用水量×茶园用地总量/10 000,单位:万t。

(28) 耕地用水＝单位面积旱地灌溉用水量×耕地总量×(1－水田比例)/10 000＋单位面积水田灌溉用水量×耕地总量×水田比例/10 000,单位:万t。

(29) 粮食价格系数＝2700,单位:元/t。

(30) 单位面积化肥施用量＝120,单位:0.5kg/亩。

(31) 民宿游客人均用水量＝110,单位:L/(人·d)。

(32) 人均生活用水量(村民)＝60,单位:L/(人·d)。

(33) 单位茶园面积用水量＝200.7,单位:t/亩。

(34) 单位面积水田灌溉用水量＝445,单位:t/亩。

(35) 单位面积旱地灌溉用水量＝75,单位:t/亩。

三、模型误差验证

以 2009 年为模型模拟起始年份,以 2000—2018 年为验证期,对水产养殖型模型中的村中人口、水产养殖用地总量、粮食产量和乡村旅游型模型中的宅基地总量、村中人口、粮食产量等变量进行模型历史检验,检验结果如表 4-28、表 4-29 所示。从表中可以看出,两个模型运行的相对误差的绝对值均小于 10%,这表明两个村模型的运行结果与实际值的拟合度达到了有效水平,模型均通过了历史检验。

表 4-28　河口村水产养殖型模型相对误差表

年　份	村中人口			水产养殖用地总量			粮食产量		
	预测值/人	真实值/人	误差/%	预测值/亩	真实值/亩	误差/%	预测值/t	真实值/t	误差/%
2009	3741	4005	−6.59	4400.00	4400.00	0.00	7710.40	7760.00	−0.64
2010	3696	4005	−7.72	4571.47	4820.00	−5.16	7671.12	7387.00	3.85
2011	3962	3885	1.98	5064.97	5331.00	−4.99	7631.84	7564.00	0.90
2012	3921	3993	−1.79	5807.25	5962.00	−2.60	7592.56	7720.00	−1.65
2013	4078	4099	−0.52	6213.22	6311.00	−1.55	7779.10	7815.54	−0.47
2014	4248	4200	1.14	6662.21	6721.00	−0.87	7738.65	7892.43	−1.95
2015	4234	4200	0.82	7072.61	7118.00	−0.64	7698.21	8034.00	−4.18
2016	4197	4197	0.00	7389.31	7431.00	−0.56	7657.75	7615.90	0.55
2017	4142	4197	−1.31	7948.07	8000.00	−0.65	6371.17	6256.00	1.84
2018	4089	3868	5.70	5978.87	6000.00	−0.35	6343.68	6211.09	2.13

表 4-29　戴南村乡村旅游型模型相对误差表

年　份	宅基地总量			村中人口			粮食产量		
	预测值/亩	真实值/亩	误差/%	预测值/人	真实值/人	误差/%	预测值/t	真实值/t	误差/%
2009	867.31	867.31	0.00	2102	2087	0.70	3340.59	3361.95	−0.64
2010	846.97	846.40	0.07	2100	2087	0.61	3323.57	3200.35	3.85
2011	826.51	825.49	0.12	2500	2471	1.18	3306.55	3277.03	0.90
2012	805.97	804.58	0.17	2509	2487	0.90	3289.54	3344.62	−1.65
2013	785.38	783.67	0.22	2520	2507	0.52	3272.52	3290.60	−0.55
2014	764.75	762.76	0.26	2810	2790	0.73	3255.50	3320.06	−1.94
2015	744.14	741.85	0.31	2810	2810	0.01	3238.49	3379.62	−4.18
2016	723.56	720.94	0.36	2721	2556	6.46	3221.47	3203.74	0.55
2017	703.04	700.00	0.43	2607	2556	1.99	3204.46	3146.40	1.85
2018	682.61	636.00	7.33	2619	2507	4.46	3262.00	3190.32	2.25

四、情景模拟与结果分析

(一)河口村情景设置与模拟

1. 河口村模拟情景设置

土地资源是经济社会可持续发展的基本要素,粮食安全则是我国作为人口大国必须要保障的基本底线。乡镇作为我国行政区划的最小单元,在关于生态底线的问题上更要严格把控,切实推行好底层土地管理与利用,杜绝以生态换经济的恶性行为,确保耕地总量动态平衡,保证村庄土地资源承载力能够长期维持当地平稳发展。在河口村中,其土地利用的矛盾主要在于水产养殖与耕地间的用地调整,因此,主要围绕水产养殖这一产业的后续发展进行情景模拟。

假定未来至 2035 年,河口村有 3 种发展情景模式:现状发展模式、增大水产养殖规模模式和减少水产养殖规模模式。

(1) 现状发展模式指未来社会经济保持 2018 年的发展速度,各个控制变量分别设置为 2018 年的现状值。

(2) 增大水产养殖规模模式指未来进一步占用耕地,增加水产养殖面积的发展模式。模型调控变量方案:2019 年后的耕地增加率按照 −0.1636(历史最低值)计算;养殖面积户均增量按 5 亩(平衡耕地减少量得出的估计值)计算;水产养殖大户养殖面积预计 2035 年至 1105 亩(历史趋势进行线性推算)。

(3) 减少水产养殖规模模式指未来增加耕地面积,减少水产养殖面积的发展模式。模型调控变量方案:2019 年后的耕地增加率按照 0.0299(历史最高值)计算;养殖面积户均增量按 −3 亩(平衡耕地增加量得出的估计值)计算;水产养殖大户养殖面积预计 2035 年减少至 0 亩。

2. 河口村模拟结果与分析

基于上述 3 种情景方案设定,运算河口村 SD 模型,得到河口村水产养殖用地总量、耕地总量、人均经营性收入和农村居民人均纯收入的模拟结果(图 4-44)。

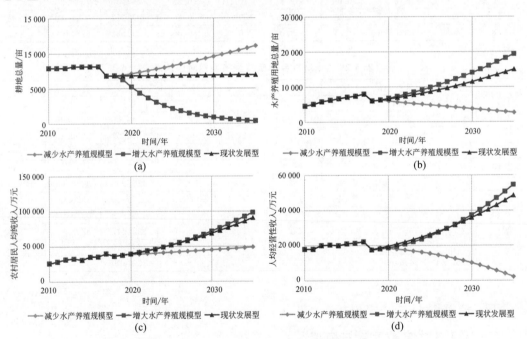

图 4-44　河口村多情景模拟结果
(a) 耕地总量;(b) 水产养殖用地总量;(c) 农村居民人均纯收入;(d) 人均经营性收入

从模拟结果可以看出,若当地维持现状继续发展,水产养殖用地在后期的增速将逐渐加快,同时,耕地总量受约束管控保持相对稳定,但二者的土地面积比例将接近 2:1,粮食安全较难得到保障。尽管人均收入随水产养殖用地呈持续增长态势,但在该模式下,以生态和粮食安全换经济发展的设定是否能长期推动乡村发展仍然存疑。

在模拟中,通过增大水产养殖规模,可以发现在水产养殖用地增加的同时,耕地总量大幅下降至接近0,且人均收入的增幅相较于现状发展变化并不显著。这说明,水产养殖业目前的产业规模已接近临界值,后续再推动其发展甚至占据耕地并不经济,因此需要在二者之间找到一个平衡点,让土地资源承载力和社会经济都能够有较好的发展。

在模拟中降低水产养殖规模,结果表明耕地面积增加,但农村居民人均收入和人均经营性收入都有较大程度的下降。这表明,该村庄的水产养殖和农民经济已经紧密联系在一起,一味减少其面积,不顾农民生计也不可取。综合来看,需要进一步验证耕地总量的下限与水产养殖的上限,平衡粮食安全与村民收入水平之间的矛盾,让村庄能够合理利用资源,实现发展。

(二)戴南村情景设置与模拟

1. 戴南村模拟情景设置

我国于2017年提出了乡村振兴政策。为保障农业农村优先发展,要求按照产业兴旺、生态宜居、乡风文明、治理有效、生活富裕的总要求,建立健全城乡融合发展体制和政策体系。由于我国乡村长期以农业作为其主要产业,而从目前来看,城乡差距较大,仅依靠农牧业发展不足以实现乡村振兴的政策愿景。因此,为推动乡村经济进一步提升,乡村旅游作为一个农业、制造业与服务业三产融合的产业形态,在乡村产业的转型中将起到重要作用。戴南村在村庄发展中积极利用当地资源实现产业结构优化,将旅游业引入村庄,实现了当地经济的发展新态势。但由于其土地资源的相对紧缺,农业与旅游业之间同样存在土地利用的矛盾问题,未来产业结构如何定位是一个关键问题。同时,当地农业存在着用地碎片化的现象,通过规模种植实现土地集约化利用和当地经济提升是另一个关键问题,情景模拟将基于以上两个问题展开。假定未来至2035年,戴南村有3种发展情景模式:传统种植模式、旅游发展模式与规模种植模式。其参数设置方案如表4-30所示。

表4-30　戴南村情景方案设置

发展模式	家庭耕地面积增加率	民宿游客人数/人次	宅基地投产率	投产民宿比例	单位民宿用地面积收入/(元·m^{-2})	种粮大户种植面积/亩
传统种植模式	0.023 392	—	0	—	—	1900
旅游发展模式	0.023 392	每年增加一万人次	根据现有趋势+10%	13.75%(历史最高值)	至2035年线性上升至3145.8	1900
规模种植模式	至2035年线性下降至-0.8	—	—	—	—	至2035年增加至5150亩

2. 戴南村模拟结果与分析

基于上述3种情景方案设定,运算戴南村 SD 模型,得到戴南村农村居民人均收入、宅基地总量、家庭耕地面积、民宿用地总量模拟结果(图4-45)。

通过情景模拟可以发现,如果保持传统种植模式不变,后期农民收入将基本保持稳定,各户耕地面积线性增长,相较于现状而言,村庄发展动力不足,农民对生活质量提升、经济水平发展等需求较难得到满足。而如果通过农业规模化,将零碎耕地进行整合,可以发现,到后期,户均耕地面积逐步减少,且农民人均收入相较于传统种植模式有所降低。这表明,在

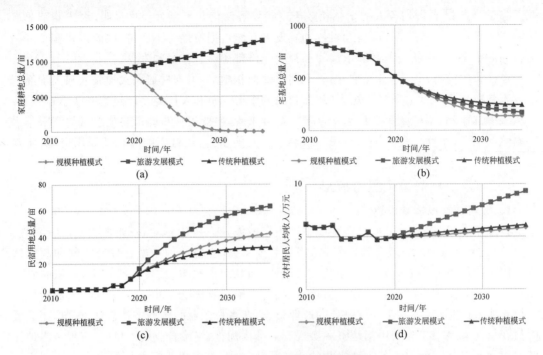

图 4-45　戴南村多情景指标模拟结果
(a) 家庭耕地总量；(b) 宅基地总量；(c) 民宿用地总量；(d) 农村居民人均收入

规模化种植模式下，农民土地流转到种粮大户手中，但普通农民失去持续性收入来源，可能会加大农民外出务工的数量。

通过旅游发展模式模拟，提高民宿数量和游客人数，将部分空置房屋流转至有意愿开办民宿的人手中，可以发现，当地农民人均收入得以迅速增长，且家庭耕地面积仍保持线性提升。从目前的模型中来看，旅游发展对土地利用和粮食安全的影响较小，且通过合理利用闲置宅基地能够助力村庄发展。因此，在粮食安全得到保障的前提下，旅游发展模式对乡村旅游型村庄发展有利。

五、村庄资源环境承载力提升对策

通过上述两个典型村庄的资源承载力模型模拟结果来看，乡村的发展必须建立在保证当地资源可载的范围内。如果发展过程中一味消耗当地资源，承载力出现过载情况，则村庄发展也会陷入停滞。因此，针对典型村镇，提出以下对策。

（一）保障资源环境承载力基本底线与生态安全

自然资源是社会得以持续发展的物质基础，其中，土地资源与水资源更是保障经济社会能够平稳运行的基本条件，一旦遭到破坏就很难修复。因此，需设立相关的政策法规，严格保护当地资源要素，同时提升居民自发保护生态环境的意识，维护资源承载力的基本底线。

（二）推进产业结构持续优化调整

伴随着我国经济社会的不断繁荣，乡村仅仅依靠农牧业已经较难满足其发展需要。在充分挖掘当地潜力的情况下,盘活现有闲置资源,积极引入生态友好新产业,能够促进当地产业结构的优化,提升资源利用效率,让村庄得以持续发展。

（三）促进发展与保护的平衡协调

经济提升与资源保护是社会发展中的普遍性矛盾。过度的资源保护势必造成当地经济的紧缩与人口的流失,但一味提升经济效益也会造成不可逆转的生态危机。因此,在村庄的后续发展中需在二者之间尽力求得一个平衡点,能够合理利用当地资源条件,促进经济社会的平稳发展。

六、小结

本章建立了中小尺度空间单元资源环境承载力 SDES 模型的理论和方法体系,并以水环境约束、水资源约束下的典型县、镇、村为案例,进行了中小尺度空间单元的资源环境承载力 SDES 模型的实证应用。在此过程中,结合当地实际情况,分析了政府、村集体、村民等自上而下和自下而上的多利益主体的治理行动,设置了多种治理情景,并定量模拟了它们对承载力提升的效益和代价,为当地资源环境承载力提供政策制定参考。当然,资源环境问题类型多样,涉及面广泛,包括水、土、生态等多种类型,限于研究精力,未能将更多的典型案例区纳入研究中;此外,治理行动也不仅仅包括本章中所采用、所使用的治理变量,限于数据搜集情况,未能将更多适应性较强的治理行动纳入 SDES 模型中,尤其是在镇村尺度,历史数据的缺失使得众多治理变量无法作为情景模拟变量。这些不足之处是进一步研究中需要再完善的内容。

第五章

基于SES框架的中小尺度
空间单元资源环境承载力提
升工具箱

总结提炼形成规律性的工具,是理论实证研究走向推广应用的关键环节。本章根据第三章、第四章的研究内容,借鉴前人研究结果,基于 SES 框架,针对中小尺度空间单元的特点,总结提炼形成中小尺度空间单元资源环境承载力的规划提升工具箱。工具箱框架由 5 个工具集和与其对应的 23 个规划工具组成,并对工具集中的工具名称、应对问题和在国土空间规划中的应用场景等进行了介绍。使用该工具箱有助于用系统的规划手段提升中小尺度空间单元的资源环境承载力,以解决在小尺度空间规划过程中所面临的社会经济和自然环境问题,缓解村镇中的"五化"问题,推动村镇资源环境的可持续发展。

第一节　中小尺度空间单元资源环境承载力提升
工具箱框架设定

本节基于 SES 框架,构建中小尺度空间单元资源环境承载力提升的工具箱。首先,根据 SES 框架解读中小尺度空间单元承载力提升的路径,即根据资源环境承载力的 SES 框架,挖掘提升承载力的重点模块,根据这些模块的特点,结合已有研究,提出承载力提升路径。然后,根据这些提升路径,提出工具箱中不同种类工具集的设置原则、框架内容及应用范围。

一、政策工具箱

工具原指工作时所需要的器具,后引申为达到、完成或促进某一事物的手段,应用解决具体问题的理论方法也可称为工具,而工具箱(toolbox),顾名思义,是将众多工具进行系统归类,存储各类工具的容器,目的是形成一套通用的解决或处理复杂问题的系统方法。在规划学科中,通过构建与使用工具箱,可根据不同情景,运用不同的理论方法工具去解决某一类型的实际问题,尤其是面对日益严峻的气候与环境问题,国际社会积极行动聚焦可持续发展、土地管理与环境健康建设,并积极探索开发了各类工具箱。如谷歌应对资源紧缺开发出的能源战略工具(energy strategies),可以通过提供能源组合模拟功能,让用户扮演能源规划师的角色,进而选择最佳的能源组合以满足能源需求,提高能源效率,减少能源浪费。Bennett 等提出了土地权益测绘和管理的工具箱框架,该框架反映了良好土地管理所必需的其他组成部分,其中包括土地政策、立法、灵活使用权、机构、空间数据基础设施和能力建设等,使不同司法管辖区的土地权益系统化(Bennett et al.,2008)。联合国人居署和世界卫生组织于 2020 年线上发布《将卫生纳入城市与区域规划》的实用手册,针对各种不同问题,提供了多达 71 个"工具"的工具箱,这些"工具"将"健康"和"规划"结合起来,不仅有基本框架、指导方针和实用工具,还辅以具体案例。通过上述工具箱,城市规划师、城市管理人员、医疗卫生专业人员及其他所有关注人类公共福祉的人士,可以更好地参与城市和区域规划,改善我们的城市环境、卫生和福祉。

近几年,我国规划行业也广泛开展了工具箱政策的研究与应用,杜东等构建了MATLAB 遗传算法工具箱(GAOT),应用于水资源优化计算(杜东 等,2007)。北京城市象限开发的"社区规划工具箱"是国内首个面向社区规划的智能工具体系,在 2019 年北京市朝阳区责任规划师工作中发挥了重大作用(崔博庶 等,2020)。张利君在研究和梳理气候评价技术方法和路线的基础上,利用 ArcGIS 与 Python 语言二次开发了一套气候评价工具箱,大大提高了国土空间规划"双评价"的工作效率(张利君,2021)。总的来看,规划政策工具箱的创建,不仅能极大提升规划效率,而且,对人居环境的提升也具有极高的科学价值与重大的现实意义。在面对复杂的小尺度多要素的承载力测算时,构建具有全面性和系统性的承载力工具集构成的工具箱显得尤为重要。

二、基于 SES 框架的中小尺度空间单元承载力提升路径

环境问题是一个复合的系统问题,在中小尺度空间单元中,人类活动对其影响尤为明显。使用不同的概念和语言来理解并影响自然资源会有诸多限制,需要在一个共同的框架下进行考量。在第二章第四节中,已建立了中小尺度空间单元资源环境承载力 SES 框架,该框架可以将人类社会和生态系统交互过程中涉及的所有资源过程都囊括其中,形成一个多维耦合互动的有机体(林耀奔 等,2019),主要包括资源系统(RS)、资源单位(RU)、治理系统(GS)、行动者(A)等 4 个核心系统,以及在社会系统(S)和生态系统(ECO)中建立特定区域的 SES 框架,以用于寻找中小尺度空间单元在不同路径下的社会-生态系统治理策略(张晓玲,2018)。

对应中小尺度资源环境承载力 SES 框架的各子系统,结合工具箱构建思路,研究提出了中小尺度空间单元资源环境承载力规划提升工具箱(图 5-1),主要由工具集——工具 2 级组成。SES 框架的各子系统与工具箱的对应关系如下:①各类空间的约束性评价工具集对应承载资源系统;②承载资源单位的提升工具集对应承载资源单位;③物质承载与人类治理协调水平工具集对应承载治理规则评价;④人类活动的预测与约束工具集对应承载对象的调整;⑤治理水平提升工具集,共 5 个部分,包含了 23 个具体的规划工具。

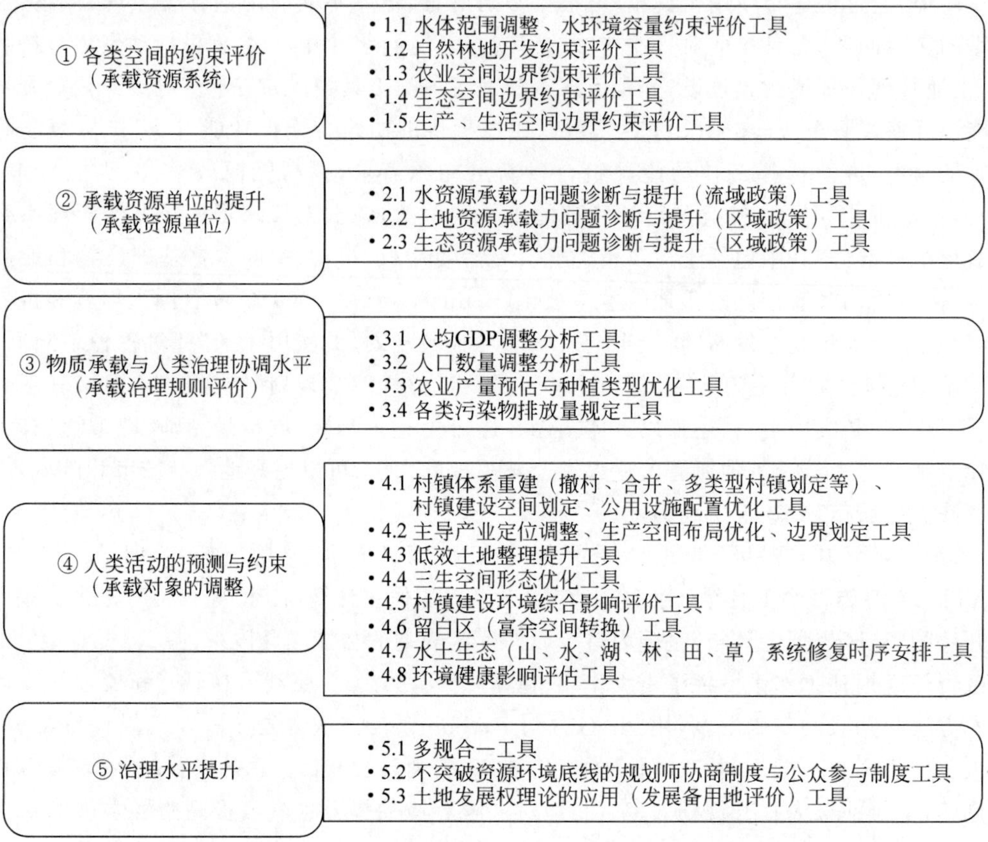

① 各类空间的约束评价 （承载资源系统）	• 1.1 水体范围调整、水环境容量约束评价工具 • 1.2 自然林地开发约束评价工具 • 1.3 农业空间边界约束评价工具 • 1.4 生态空间边界约束评价工具 • 1.5 生产、生活空间边界约束评价工具
② 承载资源单位的提升 （承载资源单位）	• 2.1 水资源承载力问题诊断与提升（流域政策）工具 • 2.2 土地资源承载力问题诊断与提升（区域政策）工具 • 2.3 生态资源承载力问题诊断与提升（区域政策）工具
③ 物质承载与人类治理协调水平 （承载治理规则评价）	• 3.1 人均GDP调整分析工具 • 3.2 人口数量调整分析工具 • 3.3 农业产量预估与种植类型优化工具 • 3.4 各类污染物排放量规定工具
④ 人类活动的预测与约束 （承载对象的调整）	• 4.1 村镇体系重建（撤村、合并、多类型村镇划定等）、 村镇建设空间划定、公用设施配置优化工具 • 4.2 主导产业定位调整、生产空间布局优化、边界划定工具 • 4.3 低效土地整理提升工具 • 4.4 三生空间形态优化工具 • 4.5 村镇建设环境综合影响评价工具 • 4.6 留白区（富余空间转换）工具 • 4.7 水土生态（山、水、湖、林、田、草）系统修复时序安排工具 • 4.8 环境健康影响评估工具
⑤ 治理水平提升	• 5.1 多规合一工具 • 5.2 不突破资源环境底线的规划师协商制度与公众参与制度工具 • 5.3 土地发展权理论的应用（发展备用地评价）工具

图 5-1 基于 SES 框架的中小尺度空间建设资源环境承载力的规划提升工具箱框架

第二节 中小尺度空间单元的资源环境承载力提升工具箱应用

工具集给定了工具箱的构建原则与应用范围，相当于确定了工具集中具体工具箱的构建范式。据此，本节将重点讨论水、土、生态资源环境承载力在各类工具集中的具体提升工具，并分析工具箱对应的问题、使用情景，以及规划工具的应用方法。

一、工具集一：各类空间的约束评价工具集

工具集一是各类空间的约束评价工具集，所对应的是 SES 框架中的资源系统（RS），是区域建设中资源环境承载力形成的空间基础。此工具集的目的是在规划初期对区域各类用地资源进行约束评价，尤其是对中小尺度空间单元规划建设过程中的水体、林地、农业空间、生态空间进行评估；同时以区域发展为目标，对约束中小尺度空间单元建设发展的因素进行评价。具体而言，该工具集包括水体范围调整、水环境容量约束工具；自然林地开发约束评价工具；农业空间边界约束评价工具；生态空间边界约束评价工具；生产、生活空间边界约束评价工具等 5 个工具，各类工具的方法及所用情景的具体介绍如表 5-1 所示。

表 5-1　各类空间的约束评价工具集

规划工具的名称	工具应对的问题	工具使用情景	规划工具的应用方法
1.1 水体范围调整、水环境容量约束评价工具	确定哪些水体可以进行土地利用变更？水体周边污染物排放是否调整？如何达到水体的占补平衡？	已有上位规划与分类规划，在国土空间规划方案制定前	通过主成分分析法、层次分析法、条件价值评估法和选择实验法等测算方法对因需要边界保护而禁止填方、取土、挖塘、捕捞等的水体（河岸、湖泊、池塘、湿地和海岸线等）进行空间管制、范围测算与空间约束等级分区（傅湘等，1999；陈雯等，2008；叶有华等，2017），水环境约束较弱的地区可以适当进行水体形态调整，适度布局水污染物排放量较大的生产生活项目，而水环境约束较强的地区则需要严格控制乃至禁止水体形态调整、水污染物排放量大的项目建设（代晓玲，2019；周晶等，2020）
1.2 自然林地开发约束评价工具	现状林地的开发有哪些限制？如何确保林地的开发能在生态经营目标下有效分配林地资源？	已有上位规划与分类规划，在国土空间规划方案制定前	根据林业调查结果，探索林地质量在空间上的分布特性，耦合林地自然条件、社会经济及其空间属性，作为林地保护分区、采伐、空间调整的依据（熊昌盛等，2016）
1.3 农业空间边界约束评价工具	如何确定农业用地可以进行开发？如何划定农业空间用地红线边界（含基本农田红线或边界）？	已有上位规划与分类规划，在国土空间规划方案制定前	可对接上位农业规划要求，针对农业生产及基本农田保护提出政策（文博等，2021），之后从自然质量、区位条件、发展稳定性和生态安全性等多个方面评价基本农田综合质量，确定优质基本农田空间集聚格局，基本农田保护区边界，划定具有空间调控与引导功能的基本农田保护区（关小克等，2010）
1.4 生态空间边界约束评价工具	如何确定生态空间约束？	已有上位规划与分类规划，在国土空间规划方案制定前	可对接上位生态规划要求，以生物多样性保护为目标，提出生态敏感性评价结果，并在此基础上提出生态红线划定措施；提出中小尺度空间建设的生态空间分类，分级管制规则（陈彩虹等，2011；姜广辉等，2015）
1.5 生产、生活空间边界约束评价工具	如何确定生产生活用地范围？	已有上位规划与分类规划，在国土空间规划方案制定前	可对接上位规划要求，针对中小尺度空间发展开展用地适宜性评价，根据评价结果提出中小尺度空间建设生产生活空间分区规划（李国煜等，2018）

二、工具集二：承载资源单位的提升工具集

工具集二是承载资源单位的提升（区域优化）工具集，所对应的是 SES 框架中的资源单位（RU）。资源单位表征资源系统环境的本底状况，该工具集制定的目的是在山水林田湖草本底的调查基础上，对区域中的水资源、土地资源、生态资源等进行修复与优化提质。此工具集主要包括水资源承载力问题诊断与提升（流域政策）工具、土地资源承载力问题诊断与提升（区域政策）工具、生态资源承载力问题诊断与提升（区域政策）工具等 3 个工具，工具集中各类工具的介绍如表 5-2 所示。

表 5-2　承载力原值的提升工具集

规划工具的名称	工具应对的问题	工具使用情景	规划工具的应用方法
2.1 水资源承载能力问题诊断与提升(流域政策)工具	如何结合上位规划与根据空间尺度实际评价结果协调上位规划,开展中小尺度的水资源环境承载能力提升项目?	已有上位规划与分类规划,在国土空间规划方案制定前	在表 5-1 工具评价的基础上,寻找短板因素,结合区域大型水环境整治项目,在规划范围内开展相应的水承载力提升工程。村镇重点关注周边开展的以下内容:流域水环境综合治理;河湖水生态系统保护与修复;饮用水水源地保护;海洋生态系统保护与岸线环境修复;减污;南水北调、调水蓄水工程;水土保持工程等(任冲锋,2017;王婧媛,2017)
2.2 土地资源承载力问题诊断与提升(区域政策)工具	如何结合上位规划,开展对应的中小尺度土地资源环境承载能力提升项目?	已有上位规划与分类规划,在国土空间规划方案制定前	在现状承载力评价的基础上,使用碳排放生态足迹等模型寻找短板因素,结合区域大型土地资源整治项目,在规划范围内开展相应土地承载力提升工程。重点关注周边开展的以下内容:农业结构调整,土地利用结构优化,自然地质灾害防治(朱晓霞,2005)
2.3 生态资源承载力问题诊断与提升(区域政策)工具	如何结合上位规划,开展对应的中小尺度生态资源环境承载能力提升项目?	已有上位规划与分类规划,在国土空间规划方案制定前	在现状承载力评价的基础上,结合生态环境评价及潜在廊道评价,在规划范围内开展相应生态资源承载力提升工程。该工程有以下几种类型:重要生境斑块保护与修复(损毁山体治理、水体生物多样性保护工程、林地生态修复、退化草地生态修复),重要生态廊道保护与修复("踏脚石""阻碍点""脆弱点")等(张芳怡 等,2006)

三、工具集三:物质承载与人类治理协调水平工具集

　　工具集三是物质承载与人类治理协调水平工具集,所对应的是 SES 框架中的治理系统(GS),是现状的人与环境之间的规则状态,规划时应在资源环境承载力体系下,充分考虑当地的物质承载与人类治理协调水平。此工具集的适用条件是在规划初期认识当地社会的经济条件与发展条件,同时对各中小尺度空间建设的物质承载与人类治理协调水平进行分析,寻求社会经济发展与产业发展及生态环境的平衡状态。工具集三包括人均 GDP 调整分析工具、人口数量调整分析工具、农业产量预估与种植类型优化工具、各类污染物排放量规定工具等 4 个工具,各类工具的介绍与应用如表 5-3 所示。

表 5-3　物质承载与人类治理协调水平工具集

规划工具的名称	工具应对的问题	工具使用情景	规划工具的应用方法
3.1 人均 GDP 调整分析工具	当地经济与社会发展是否有不平衡问题?	已有中小尺度空间建设分类规划,中小尺度空间建设现状条件分析阶段	根据不同的村镇类型,建立案例地及周边区域的人均 GDP 预测模型,为中小尺度空间单元的建设、经济的发展与均衡提供参考价值(梁盛泉,2007)
3.2 人口数量调整分析工具	当地建设用地指标是否合理?是否需要调整?	已有中小尺度空间建设分类规划,中小尺度空间建设现状条件分析阶段	可通过人口预测测算现有建设用地规模是否超标或盈余,并根据测算结果进行调整(王秋颖,2014)

续表

规划工具的名称	工具应对的问题	工具使用情景	规划工具的应用方法
3.3 农业产量预估与种植类型优化工具	未来主导型农作物是什么？	已有中小尺度空间建设分类规划，中小尺度空间建设现状条件分析阶段	可通过遥感、经验值预估现状产量；进行农作物产品产量优势分析，根据农业功能区划分、市场价值分析等方法选择主导优势型农业作物进行种植规划（祖廷勋 等，2007；孙俊荣，2019）
3.4 各类污染物排放量规定工具	减排目标如何制定？	已有中小尺度空间建设分类规划，中小尺度空间建设现状条件分析阶段	通过搜集当地历史数据形成村镇的库兹涅兹曲线，分析判断当地处于的库兹涅兹曲线阶段，根据阶段制定减排措施（沈满洪 等，2000）

四、工具集四：人类活动的预测与约束工具集

工具集四是人类活动的预测与约束工具集，它对应 SES 框架中的行动者（U）。行动者是资源开采者或利用者，是区域发展的主体，是资源环境的主要承载对象。这个工具集适用于对人类的活动进行预测与约束规划，主要包括已有县村镇建设分类规划，县村镇建设现状条件分析、建设空间划定与公用设施配置优化工具；主导产业定位调整、生产空间布局优化、边界划定工具；低效土地整理提升工具；三生空间形态优化工具；村镇建设环境综合影响评价工具；留白区、富余空间转换工具；水土生态（山、水、湖、林、田、草）系统修复时序安排工具；环境健康影响评估工具等。通过这些工具可以判断每一个规划项目造成的空间变更是否在当地的资源环境承载能力之内，从而制定中小尺度空间单元相关的行为规则，以防范资源承载力恶化。各类工具的介绍如表 5-4 所示。

表 5-4　人类活动的预测与约束工具集

规划工具的名称	工具应对的问题	工具使用情景	规划工具的应用方法
4.1 村镇体系重建（撤村、合并、多类型村镇划定等）、村镇建设空间划定、公用设施配置优化工具	如何进行中小尺度空间建设体系优化？如何制定中小尺度空间建设公共设施、公用资源投资优化的方法？	县村镇空间建设体系规划阶段	可通过对区域类型、区位、现状的实际情况及用地评价结果，提出相应的中小尺度空间建设体系与分类指引（重建、撤村、合并等）；在中小尺度空间建设空间划定后，通过公共设施配置模型进行公用、公共设施配置优化（李渊 等，2019）
4.2 主导产业定位调整、生产空间布局优化、边界划定工具	如何优化中小尺度空间单元工业产业结构？	已有村镇空间建设分类规划，中小尺度空间建设现状条件分析阶段	可通过优势度评价、SWOT 法、产业结构分析、市场价值法等对村镇主导类型进行划分；对比村镇实际情况提出发展的特色引导，调整与主导类型不相符的产业功能，同时在资源评价与用地评价的基础上，划定生产空间的边界（王山海 等，2016；苏鹤放 等，2020）
4.3 低效土地整理提升工具	如何确定低效土地整理提升的内容？	已有中小尺度空间单元建设分类规划，建设现状条件分析阶段	在国土整治潜力评价的基础上，开展各类国土整治、农用地划定项目，可包括以下内容：农业用地、农村集体建设用地整治；高标准基本农田建设、工矿建设用地整治、土地复垦（含土壤污染修复）、非农建设占用耕地；耕作层表土剥离、滩涂、围垦养殖用地修复，明确新增耕地、基本农田建设用地面积（杨伟，2013）

规划工具的名称	工具应对的问题	工具使用情景	规划工具的应用方法
4.4 三生空间形态优化工具	如何优化三生空间形态？	已有中小尺度空间单元建设分类规划，建设现状条件分析阶段	在分析景观格局的基础上，从降低破碎度增加连通性的视角，优化村镇内部居住、农业与生态空间形态(林耀奔 等,2019)
4.5 村镇建设环境综合影响评价工具	如何评价村镇建设的综合影响？	规划后评价阶段	使用环评的方法，评价中小尺度空间单元建设中新建项目的建设是否符合环境承载力的建设要求(刘小媛,2020)
4.6 留白区、富余空间转换工具	如何分配富余空间建设用地指标？	空间规划阶段	设立约束机制，进行留白预测与留白分区(彭晶,2017;施卫良 等,2020)
4.7 水土生态(山、水、湖、林、田、草)系统修复时序安排工具	如何制定生态系统修复计划？	空间规划行动计划制定阶段	使用开展重要生态功能区的调查，并根据规划时序优先对高价值的生态区域及内部脆弱的地区进行修复(刘鹏 等,2017)
4.8 环境健康影响评估工具	如何科学合理评估影响环境健康因素？	空间规划方案制定效应评估阶段	在人类活动预测的基础上，从生活、农业生产和企业生产造成的环境污染影响、当地环境、健康设施布局影响等方面选定对村镇环境健康有影响的因素，建立指标体系,结合赋分标准体系测算健康效应综合评分，并找出短板(李昂 等,2016)

五、工具集五：治理水平提升工具集

工具集五是治理水平提升工具集。这个工具集的重点是对上述活动的综合领导统筹，包括多规合一工具、规划师协商制度与公众参与制度工具及土地发展权理论的应用(发展备用地评价)工具。对每一个建设项目做好规划协调，促进多元主体共建资源友好型村镇的各类工具介绍如表 5-5 所示。

表 5-5　治理水平提升工具集

规划工具的名称	工具应对的问题	工具使用情景	规划工具的应用方法
5.1 多规合一工具	如何解决"九龙治水""多头管辖"问题？	规划前基数转换及建库阶段	在编制中小尺度空间单元建设规划时，落实上位规划内容，通过数据库技术对比与项目库合并，整合中小尺度空间中的各种规划意图，协同各部门形成完整的国土规划(吴宇翔,2017)
5.2 不突破资源环境底线的规划师协商制度与公众参与制度工具	规划师如何参与规划协调？规划师协调的底线是什么？	规划实施阶段	推行村镇规划师协商制度，加深政府与村民参与度；保证每一个规划都在不突破资源环境底线的基础上进行环境沟通、协商；目标是使规划不破坏环境并最大化利用环境,实现社会经济利益的最大化(冯现学,2004)
5.3 土地发展权理论的应用(发展备用地评价)工具	如何制定农地征用及征地补偿制度？怎样发展备用地？如何配置城乡土地发展权？	中小尺度空间单元建设空间规划与实施阶段	在土地征收时，按照发展期理论设置土地补偿费和安置补偿费；在分区控制时设立转入区、转出区(划定待置换用地区、待置换耕地区)；可建立空间交易平台(跨县市折抵建设用地指标市场、基本农田异地代保)作为城乡土地增值转移支付工具(冯现学,2015;王秦 等,2020)

六、小结

本章基于 SES 框架,针对中小尺度空间单元的特点,提出包含 5 个工具集与 23 个工具的承载力规划提升工具箱框架,针对我国县村镇资源环境承载力的相关研究缺失问题,提出了规划框架指引。使用该工具箱有助于用系统的规划手段促进中小尺度空间单元资源环境承载力的提升,也有助于解决村镇中的"五化"、资源过度开发、土地利用低效、环境污染严重、生态治理滞后和村镇发展权益保护欠缺等问题。该框架旨在为中小尺度空间单元的规划建设提供分析框架,针对我国不同地区的村镇规划实践,应在开展全境承载力短板分区工作的基础上,根据需要进行工具使用的调整,以适应不同地区的需求。

为此,本研究提出基于承载力提升工具箱的中小尺度空间单元规划流程(图 5-2)。首先,根据上位规划要求及研究区资源禀赋分析研究区的发展条件。其次,结合国家对县镇村类型的划分,研判县镇村类型,如根据集聚提升类、城郊融合类、特色保护类和搬迁拆并类等各类型村镇的特征进行工具箱的规划工具遴选。再次,根据政府的经济发展导向、生态—粮食—水资源安全导向、社会—特色文化保护导向、治理行动及强度等设定规划情景。最后,选用不同的规划工具,通过 SDES 模拟这些情景对资源环境承载力其他维度的指标带来正面和负面影响,对每个政策工具的使用情景进行成本和收益的对比,以此为依据,为当地的可持续发展选择最佳的规划路径,进而形成规划方案。

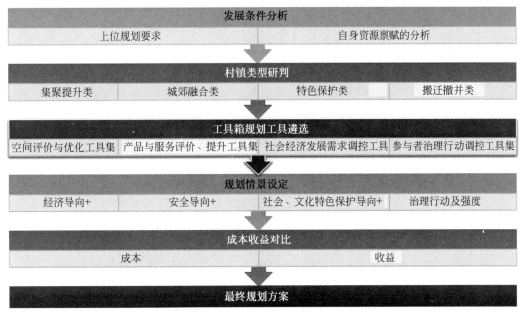

图 5-2　基于承载力提升工具箱的中小尺度空间单元规划流程

第六章

中小尺度空间单元资源环境承载力提升的规划案例与策略

提升资源环境承载力的关键在于对人类行为进行干预和调整，减少对自然的负面影响，恢复资源环境的韧性，促进人与自然和谐演进。当前，在迈向生态文明和构建人类命运共同体的中华民族永续发展千年大计的新时代，对人类在乡村地域的行为进行干预和调整，并对村镇资源环境实施管控，具有明晰的规划目标和政策导向，具体表现为保证生态安全和粮食安全，在两山理论的指导下，推动乡村振兴。乡村振兴20字方针包含五大目标，其中"产业兴旺"和"生活富裕"需要发展经济，乡村经济发展的本底和主要资产是乡村的水土资源，尤其是土地资源，因此，需要在保护的基础上，充分有效地利用土地资源，这涉及"土地发展权"的运作与管控；"生态宜居、乡风文明、治理有效"这3个目标都与"乡村治理"有关。由此可以判断，生态安全、粮食安全、土地发展权和乡村治理等是构成资源环境承载力提升的关键性4大因素。当然，4个因素之间是相互影响的。从正向影响上看，粮食安全包含粮食数量安全和粮食质量安全，生态农业和有机农业直接能够促进生态安全，反之亦然；涉及土地发展权的农用地流转和建设用地流转，有助于建设高标准农田和增加耕地数量，推广依托农机装备的现代化农业生产方式，提升土地使用效率及构建更为有效和系统的生态网络体系；乡村治理是由人参与和主导的治理，良好的乡村治理模式与机制是资源环境承载力提升干预行动成功的基本保障。此外，4大因素的规划操作和实施落地与资源环境承载力的提升工具密切相关（图 6-1）。为了解析这些因素之间诸多的内在关系，探索资源环境承载力提升的规划方法，本章将结合江苏省溧阳市社渚镇河口村、南渡镇庆丰村和湖南省长沙市茶亭镇祥云片区等3个典型案例，分析不同因素主导情景下诸多要素的相互关系及提升资源环境承载力的规划策略，并结合前几章的案例研究，梳理出资源环境承载力提升的规划策略库。

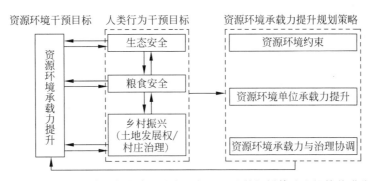

图 6-1 资源环境承载力与人类行为多目标干预及其规划策略之间的关联分析

第一节 基于粮食安全约束和土地发展权的乡村资源环境承载力提升规划策略

一、概念界定与分析框架

粮食安全(food security)的概念于 1974 年由联合国粮农组织首次提出,它指任何人在任何地方都应该能够得到生存和健康所需要的足够粮食。1983 年,该组织将粮食安全的目标修改为"确保所有人在任何时候都能买得到、买得起所需要的基本粮食",强调不同国家或地区的人获取粮食的能力。从联合国粮农组织对于粮食(food)的定义来看,粮食包括植物性粮食和动物性粮食,指由蛋白质、碳水化合物、脂肪和其他营养物组成的物质,用于维持有机体的生长和生命过程。我国一般文献所提及的粮食主要指麦类、豆类、粗粮类和稻谷类等植物性粮食。对于我国这样一个农业生产大国和粮食消费大国来说,粮食安全问题举足轻重。粮食安全不仅包括粮食的数量安全,还包含粮食的质量安全(翟虎渠,2004;朱晶 等,2004;胡岳岷,2013)。叶宏亮(2013)通过对国内虚拟耕地贸易进行系统研究,认为"相较于供给数量,供给质量对国内耕地资源有效供给的约束作用更为明显"。目前,我国耕地总体质量欠佳,高产稳产的高标准农田数量少,中、低产田比例高。保障粮食安全的首要是保障耕地安全,保护耕地资源,节约和可持续地利用耕地,提升耕地生产能力。

土地发展权(land development right)源于土地的空间管制,最早见于 1947 年英国的《城乡规划法》,指改变土地用途或增强土地使用强度的权利。有的学者将"土地发展权"译为"土地开发权"。土地发展权是一种物权,是将土地利用状态从低效益向高效益转变,或通过提升土地利用强度,获取更多土地收益的财产权(张友安 等,2005)。一般而言,土地发展权主要应用于城市土地的开发利用,但是农村土地同样拥有资源、资产和资本属性,同样具有土地发展权的诉求。根据我国宪法,农村土地归村集体所有。村集体可以依法将部分农地转变为非农用途,建设村民集体所需要的公共设施(学校、诊所等)、农民住房、乡村工业和商店等。但长期以来,农村土地被视为生产资料,而不是经济资产。生产资料强调使用权,经济资产强调完整产权。土地归农村集体所有的条件是土地用于农业生产和村庄居住(朱介鸣 等,2014)。在改革开放后,家庭联产承包责任制使得农业用地的所有权和使用权"两权分置",提高了村民的生产积极性和农业用地的生产效率。但由于耕地快速减少,乡村环境污染日趋严重,1998年,国务院重新修订的《中华人民共和国土地管理法》规定,农村集体所有的土地不得出让、转让或出租用于非农建设,这种对于土地发展权的约束保护了耕地,但也大幅限制了缺乏第二、第三产业基础的乡村未来的发展机会。2014年,我国开始实施"三权分置"的农村土地制度,即将耕地的"两权分置"扩展为土地的所有权、承包权和经营权"三权分置",土地经营权可流转,将乡村宅基地的所有权、资格权和使用权"三权分离"。这些关于乡村土地发展权的探索,有利于重新盘活乡村土地,促进乡村土地的流转和入市经营,提高乡村土地的利用效益。

　　中小尺度空间单元资源环境承载力是在一定社会经济发展目标下,作为承载体的水、土、生态空间资源与环境,对不同利益主体遵循治理系统规则从事生产、生活活动,占用空间、资源与环境容量的支撑能力。乡村资源环境承载力中的农业生产和非农建设等活动的合理规模受到水和土地等两个因素的约束。水约束分为水量约束和水质约束;土地约束分为农用地约束、建设用地约束和生态用地约束,在某一特定地域范围内,这3类土地呈现出一定的竞争性转换关系(图6-2)。水量约束和水质约束可用"水丰度"和"水质等级"等影响因子表达。农用地约束可分为耕地约束和其他农用地约束,其中:耕地约束是主导性的影响因素,耕地约束可分为耕地数量约束及其产出的粮食数量(产量)和粮食质量约束,耕地数量的影响因子包括耕地"非农化"和耕地"非粮化"程度,粮食产量的影响因子包括"土壤肥力""化肥/农药用量""耕地破碎度""劳动力"和"优质种子率";非农建设用地可分为宅基地、经营性建设用地和公共服务与基础设施用地,在当前我国推进高质量城镇化和城乡一体化的过程中,一般乡村的非农建设用地在总量上是收缩的,其变动的主要影响因子可用宅基地"空置率"和集体建设用地"流转率"表达。可以发现,"水丰度"、"水质等级"、耕地"非农化"、耕地"非粮化"、"土壤肥力"、"化肥/农药用量"、"耕地破碎度"、"劳动力"和"优质种子比例"等影响因子与粮食安全直接相关,耕地"非农化"、宅基地"空置率"和集体建设用地"流转率"涉及村庄的土地发展权。由于生态用地约束主要为上级刚性控制的传导,因此暂不考虑生态用地约束因子的相关性讨论。由此可以形成基于粮食安全约束和土地发展权的乡村资源环境承载力要素关联逻辑(图6-2),粮食安全约束和土地发展权与乡村资源环境承载力可以用如下方程式表达,只要提高粮食安全约束、土地发展权约束,严控生态约束,就能提升资源环境承载力。

　　S(村庄资源环境承载力)=S(粮食安全约束)+S(土地发展权约束)+S(生态限制约束)

　　S(粮食安全约束)=A(水丰度)+G(水质等级)+F(耕地非农化)-R(耕地非粮化)-F(土壤肥力)-C(化肥(农药)用量程度)-B(耕地破碎度)+L(劳动力)+S(优质种子比例)

　　S(土地发展权约束)=-R(耕地非粮化)+E(宅基地空置率)+T(集体建设用地流转率)

二、基于粮食安全约束和土地发展权的村庄资源环境承载力提升案例分析

(一)案例概况

　　本节选取的案例——河口村是溧阳市社渚镇青虾养殖特色村之一。溧阳市于2019年入选为国家城乡融合发展试验区,2020年被生态环境部定为第四批"绿水青山就是金山银

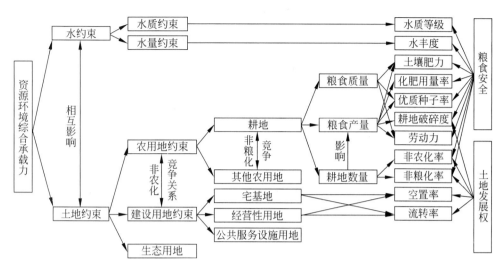

图6-2 基于粮食安全约束和土地发展权的乡村资源环境承载力要素关联

山"实践创新基地,近年来,在乡村发展上积极进行多种探索。河口村位于社渚镇西南部,与南京市高淳区和溧阳市上兴镇相接壤,距社渚镇区约6km、溧阳市区约20km(图6-3),溧阳市级乡村旅游环线从村中穿过,辖区面积约9.9km²,地形较为平坦,属万亩圩区。2019年,河口村下辖18个自然村、33个村民小组,户籍农户1284户,4380人,较2009年分别增长了400人和375人。农业以水稻种植、青虾养殖为主。村中专业种植大户有8户,有5个家庭农场和2个农民专业合作社,村中营业面积50m²以上的综合商店或超市有3家。依据《溧阳市社渚镇总体规划(2014—2030)》和《溧阳市乡村规划建设(2016—2030)》,河口村处在社渚镇西部现代渔业片区内,拟在行政村域内规划1个特色村、1个重点特色村和4个重点村,打造河口青虾现代产业园。

中华人民共和国成立以来,河口村的社会经济发展先后经历了三次重大转变:1978年,家庭联产承包责任制的实行,村庄由集体农业生产转为农户家庭分散农业种植;2000年与2009年的两次合村,使得河口村的村庄布局发生变化;2010年前后,从外地引进青虾养殖技术,如今成为当地的特色产业。2019年,村民人均年收入约为2.0万元,全村28%的人从事传统粮食作物种植与水产养殖,32%的人在社渚镇内从事第二、三产业,10%的人长期在外地打工,还有30%的人口主要为老人和小孩。

河口村现状有城乡建设用地78hm²,占村庄总用地的8%;人均城乡建设用地达到178m²/人,远超村镇建设用地标准;农村宅基地52hm²,占城乡居民点建设用地的67%,农村宅基地占比较大,人均农村宅基地达120m²(表6-1)。现状有农地738hm²,占河口村总用地的74.5%,其中基本农田647hm²,占河口村总用地的66.2%及河口村农地的87.7%。2019年,村庄年末耕地总面积5290亩,其中规模经营的耕地面积有1500亩。2019年,人均耕地面积1.2亩,较2009年,人均耕地面积减少了0.78亩,该指标呈逐年下降趋势。2019年宅基地总量为785亩,较2009年减少了41.45亩。河口村从2009年开始进行水产养殖,水产养殖面积从2009年的4400亩增加至2017年的8000多亩,随后,2019年减少至6300亩,目前,青虾养殖的成本约为3000元/亩,利润为2000～6000元/亩。现状基本农田区内

图 6-3　河口村区位图

有耕地、园地和坑塘水面等不同用地,非粮化状态明显。省级生态红线区 10 余 hm^2,集中分布在河口村东北侧边界,主要为洪水调蓄功能(图 6-4)。

表 6-1　河口村现状各类用地面积统计

用地分类		面积/hm^2	用地分类	面积/hm^2
耕地	水田	312.22	城镇村道路用地	1.47
	水浇地	9.80	交通服务场站用地	0.30
	旱地	0.29	沟渠	38.27
园地	茶园	0.07	农村宅基地	52.35
	其他园地	5.41	农村道路	12.59
林地	乔木林地	13.89	公路用地	7.33
	其他林地	2.39	水工建筑用地	26.92
工业用地		7.67	河流水面	26.58
商业服务业设施用地		0.54	坑塘水面	59.97
广场用地		0.04	养殖坑塘	393.32
机关团体新闻出版用地		0.05	设施农用地	0.55
科教文卫用地		3.09	特殊用地	2.21
总计：977.32				

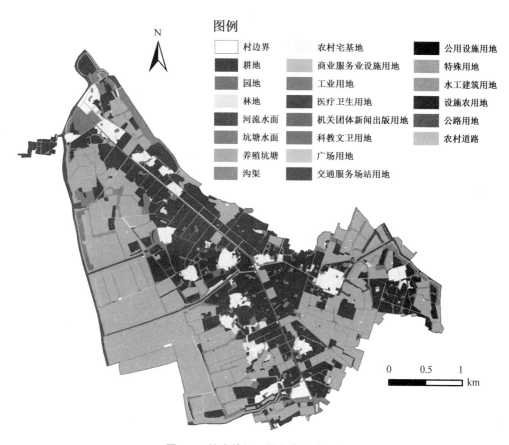

图例

村边界	农村宅基地	公用设施用地
耕地	商业服务业设施用地	特殊用地
园地	工业用地	水工建筑用地
林地	医疗卫生用地	设施农用地
河流水面	机关团体新闻出版用地	公路用地
坑塘水面	科教文卫用地	农村道路
养殖坑塘	广场用地	
沟渠	交通服务场站用地	

0　0.5　1 km

图 6-4　社渚镇河口村各类用地现状

（二）河口村发展存在的主要问题

目前,河口村发展的主要问题为耕地非粮化、耕地破碎化、水土环境轻度污损化、建设用地破碎化和宅基地空置化及劳动力老龄化和人均收入相对贫困化等 6 个方面。

1. 耕地非粮化

河口村青虾养殖业发达,但虾塘主要来自于耕地。从"二调"和 2018 年土地利用图像数据对比发现,十余年间,河口村 48.23% 的土地性质发生改变,这主要是因为 47.36% 的耕地(约 4090 亩)出现非农或非粮化,其中,6.81% 的耕地出现非农化,89.66% 的耕地为"非粮化",转变为虾塘养殖用地。近年来,我国对于耕地的保护越来越重视,河口村非粮化趋势已经得到抑制,2018 年,3000 亩虾塘得到复垦。

2. 耕地局部破碎化

依据 2018 年土地利用图斑,河口村现有耕地面积 322hm²,耕地地块 256 块,耕地周长之和 133 345m。耕地平均地块面积 1.26hm²,耕地地块密度 0.85 块/hm²,耕地边界密度指数 0.04,耕地破碎化指数 0.27,耕地呈现出局部破碎化特征(图 6-5)。据调研访谈和河口村土地调查统计数据得知,河口村 83% 的耕地已流转给私人或村集体承包,共 85 户,其中:

现有种粮大户 7 户,共承包耕地 3172 亩,最大户承包面积 1350 亩,最小户承包面积 20 亩,户均承包面积 453 亩;养殖大户 78 户,共承包耕地 5970.31 亩,最大户承包面积 675.6 亩,最小户承包面积 20 亩,户均承包面积 77 亩。目前,河口村种粮承包 500 亩以上的有 3 户,均是外地人;养殖承包 500 亩以上的有 2 户,特色青虾养殖大户都是本地人(表 6-2)。耕地权属破碎化程度虽较轻,但耕地非粮化较为严重。

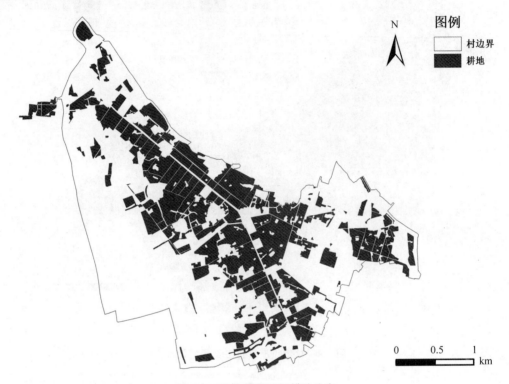

图 6-5　社渚镇河口村耕地分布

表 6-2　河口村用地承包情况

农 户 类 型	总户数/户	总承包面积/亩	最大户承包面积/亩	最小户承包面积/亩	户均承包面积/亩
种粮大户	7	3172	1350	20	453
养殖大户	78	5970	675	20	70
合计	85	9142	—	—	523

以河口村典型自然村——东里村为例,村内耕地面积为 1692 亩,耕地流转承包大户有 17 户,总承包面积 1629 亩,其中:最大承包面积达 520 亩,最小 18 亩,户均承包面积 96 亩;虾塘承包大户 16 户,承包农地面积 1109 亩,户均承包 69 亩;粮食种植承包大户 1 户,承包耕地面积 520 亩(图 6-6)。最大承包土地面积源自 2018 年虾塘复垦。自我耕种的未流转耕地的原承包户有 42 户,主要位于东里村宅基地附近。据与该村最大土地承包者访谈得知,承包户目前主要采用现代机械化种植、收割、无人机撒药,效率高,所需劳动力少,520 亩的农田一年仅需雇佣 20 个工时的人工,若耕地资源充足,承包户可种5000 亩左右。

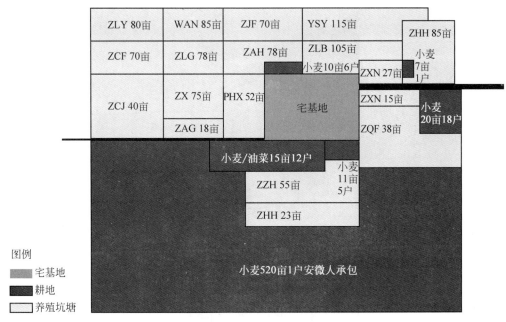

图 6-6 社渚镇河口行政村东里村农地权属分布

3. 水土环境轻度污损化

参考图 6-7～图 6-9：河口村水资源总量在枯水年有 4.30×10^{6} t、丰水年有 1.45×10^{7} t，多年平均为 6.62×10^{6} t；用村庄水资源量乘以水质指标，测算其水环境承载容量为 COD 66 t、TN9.9t、TP2.0t。尽管河口村周边的南河水质持续改善，2019 年，氨氮、总磷、化学需氧量浓度较 2018 年分别有所下降，但养殖水面面积大，水产养殖对环境污染贡献度较大。河口村总氮容量供给量为 9.9t，目前，实际占用 21.6t，COD 容量供给量为 66t，实际占用为 74t，从测算结果得知，河口村水环境承载力超载，后续改进重点在于 TN 减排和控制青虾养殖规模，总量适宜控制在 4000 亩以内（表 6-3）。

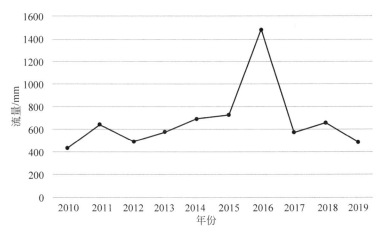

图 6-7 河口村水资源量逐年变化

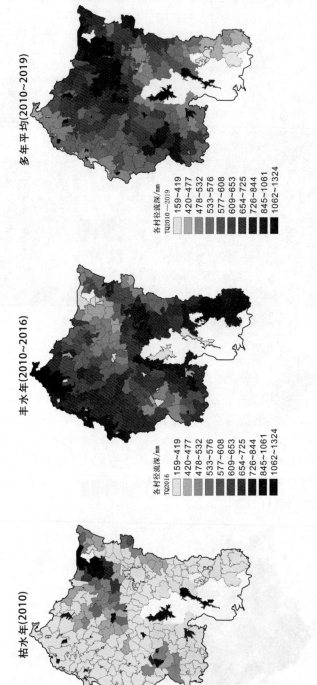

图 6-8　溧阳市各村产水量变化图

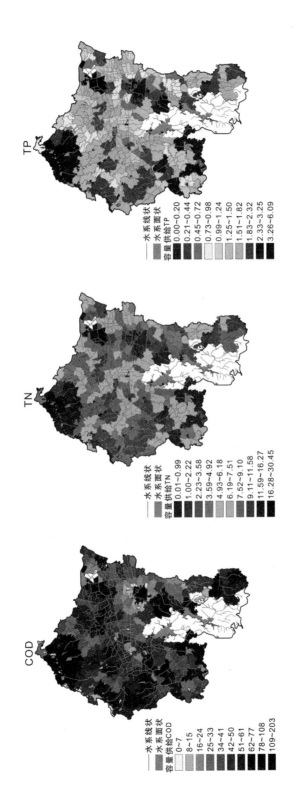

图 6-9　溧阳市各村水环境容量供给量测算图

表 6-3　河口村水环境容量占用测算　　　　　　　　　　t/a

容量占用类型	总氮	总磷	氨氮	COD
青虾养殖	10.20	0.97	1.17	39.10
农业生产	7.96	0.19	1.82	24.24
生产生活	2.28	0.09	0.38	6.26
其他源	1.14	0.06	0.24	4.06
总计	21.58	1.31	3.61	73.66

在土壤方面,溧阳市 10 个土壤质量监测点的评估结果及现场采样测定结果均基本达标,各项污染物指标浓度均低于农用地或建设用地土壤污染风险管制值,后续改善重点在于农业减量施肥、技术途径缓释肥推广和节水减排。

4. 劳动力老龄化

通过访谈得知,在河口村 4380 人口中,常住人口仅占户籍人口的 50% 左右,10% 的户籍人口常年在外,村里常住的主要是 60 岁以上的留守老人和 15 岁以下的留守儿童,中青年几乎都在外出务工,村庄人口结构"空心化",劳动力呈现出老龄化特征。

以河口村最大的自然村东里村为例,东里村共有 4 个村民小组,182 户 534 人,其中 0~14 岁占 10%、15~59 岁占 61%、60 岁及以上占 29%。常住人口仅 200 左右,全家常年住在东里村的家庭不足 40%,主要是留守老人和留守儿童,少数为留守妇女,整个村子劳动力老龄化严重。

5. 建设用地破碎化和空置化

目前,河口村的 18 个自然村中共 33 个村民小组零散分布在村域,用地集约度低(图 6-10)。由于就业、教育和医疗等原因,乡村大量村民外流,因此造成村庄宅基地空置化现象突出,宅基地利用效率低、资源浪费。

东里村全年不回家的 34 户,占 19%;全家只过节回家的 27 户,占 15%;全家全年常在家的 72 户,占 40%;仅留守老人在家的 37 户,占 20%;留守老人和儿童在家的 3 户,占 2%;留守老人与妇女儿童在家的为 8 户,占 4%。东里村的住宅空置占比为 33.5%,其中超过一半的住宅常年无人居住,宅基地使用率极低(图 6-11、图 6-12)。

6. 相对贫困化

河口村村集体的收入主要来自虾塘租赁的租金收益,每年约有 76 万元,另在河口集镇上,村集体有八间房子,每年可收租金约 2.5 万元。村集体收入基本能满足村集体建设、日常维护开支,无余钱给村民分红。村民人均收入与溧阳市其他乡村相比,差距较小,但与溧阳市城市人均收入相比,城乡差距大,呈相对贫困化特征(图 6-13)。村民人均年收入为 2.4万元,其中外出打工收入占比较大,约占 64%,农业收入仅占总收入的 34%,即人均农业年收入为 0.8 万元,农业收入中的青虾养殖收入占 74%。2018 年,河口村虾塘复垦 3000 余亩,次年村民人均收入随之下降近 40%,而且由于复垦耕地由大户承包,原来养殖青虾的村民也随之"失业"。

(三)河口村资源环境约束分析

从河口村存在的 6 大问题当中可以看出:耕地非粮化、水土环境轻度污损化、耕地破碎

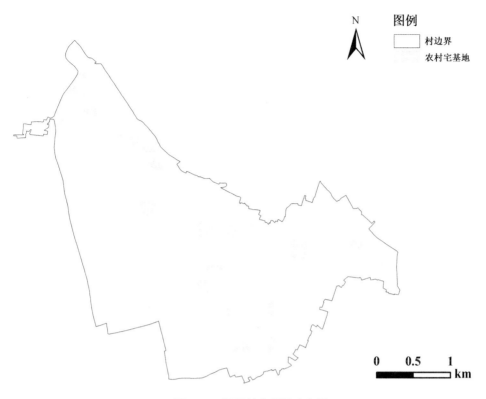

图 6-10 河口村宅基地分布图

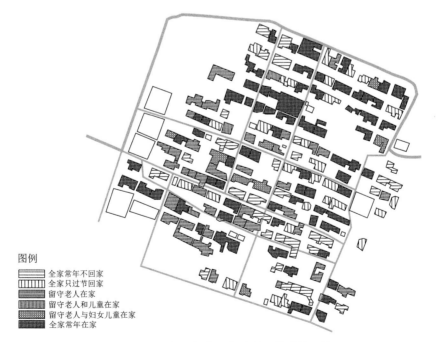

图 6-11 河口行政村东里自然村宅基地使用情况

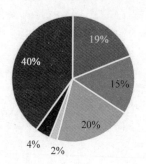

- 全家常年不回家　　　　　■ 全家只过节回家
- 留守老人在家　　　　　　■ 留守老人与儿童在家
- 留守老人与妇女儿童在家　■ 全家常年在家

图 6-12　河口行政村东里村宅基地各使用情况占比

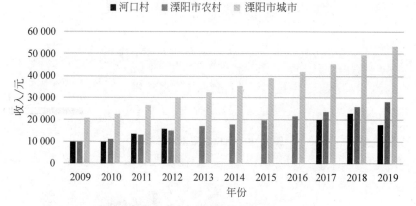

图 6-13　河口村与溧阳市人均收入比较

（资料来源：溧阳年鉴及溧阳村卡（统计包含外出务工收入））

化、建设用地破碎化和宅基地空置化与乡村的资源环境直接相关,降低了资源环境承载能力;劳动力老龄化和人均收入相对贫困化属于社会经济问题,但又与资源环境的经济效益密切相关,反过来影响资源环境承载的负面效应。如果耕地的粮食产出及其产业链能够拉长,单位面积的经济收入能够增加,耕地非粮化的现象就会自然减少,强化粮食质量安全也会降低水土环境轻度污损化;如果土地发展权能够更好地利用,取得更好的经济效益,耕地破碎化、建设用地破碎化和宅基地空置化等现象就会缓解甚至消除。可见,资源环境承载能力只有与土地发展权和经济效益相挂钩,才能取得持续性的资源环境承载力提升。

　　从水环境资源上来看,溧阳市年均降水量 1149.7mm,河口村常年降雨充沛,经历年数据测算评估,水资源总量在枯水年有 4.30×10^6 t、丰水年 1.45×10^7 t,多年平均为 6.62×10^6。按照 IV 类水质指标测算其水环境承载容量为 COD66t、TN9.9t、TP2.0t,目前有一定超载,若后续改进 TN 减排,则水资源量和水环境质量能满足基本生产生活需要。从土地环境资源上来看,社渚镇全镇地势平坦,仅北部和西部零星处有坡度大于 25% 的地形,河口村全域较平整,能满足农业生产和城镇建设的要求。河口村土壤肥力均匀,其光热条件普遍满足农作物一年两熟的需求,土壤污染物含量均在风险管控区以内。参照溧阳市土壤污染治理与修复规划的乡村土壤检测数据：土壤环境中各点位的主要重金属污染物（镉、汞、砷、铅、铬）全部达标；土壤环境中的苯并[a]芘、七氯未检出，六六六、滴滴涕、氯丹等 3 种有机污染物均有检出但达标（参见深阳市土壤污染治理与修复规划（2017—2020））。结合现状的土地性质和使用效益评估，河口村耕地的适宜性可各自划分为 4 级：适宜为现状耕地；较适宜为易复垦、现状作为养殖等用途的农用地；一般适宜为其余农用地，以及可复垦的宅基地；不适宜为生态红线区周边、河口集镇建设用地和重要区域设施用地（如公路）。经计算，耕地不适宜区为 36.74hm²，适宜区为 322.31hm²，较适宜区为 279.80hm²，一般适宜区为 338.45hm²，耕地最大规模合计 940.57hm²（图 6-14）。

图 6-14　河口村耕地适宜性划分

（四）基于人类活动预测与约束的河口村资源环境单位承载能力提升多情景分析

针对河口村的耕地非粮化、水土环境轻度污损化、耕地破碎化、建设用地破碎化、宅基地空置化、劳动力老龄化和人均收入相对贫困化等 6 个方面的问题，基于不同人类活动预测与约束可能产生的资源环境单位承载能力提升愿景，河口村未来可呈现 5 种不同的发展情景模式。

1. "现状发展"模式

现状发展模式指顺应当前青虾养殖的主导特色产业发展趋势，不对耕地和水产养殖用地的分配比例进行强干预，在建设用地上进行一定程度的空废宅基地流转，降低集体建设用地破碎度。在粮食产量方面,将现状坑塘水面用地中部分即可恢复与经工程恢复的用地复垦为耕地,降低耕地非粮化率,促进耕地进一步流转和土地整治,提升高标准农田的比例,推广规模化种植,普及优质抗虫害种子,化肥农药减量化,实现粮食增产增收。农田及养殖污水通过周边生态沟渠处理后排放,减少水土的污损化。

此情景模式拟继续现有"一村一品"的品牌效应,在保障粮食增产的大前提下提高土地亩产效益和村民纯收益。规划后有耕地约 341hm²,比现状增加 19hm²;水产养殖用地约393hm²,基本不变;城乡居民点建设用地 70hm²,其中农村宅基地 46hm²,比现状减少6hm²(图 6-15)。

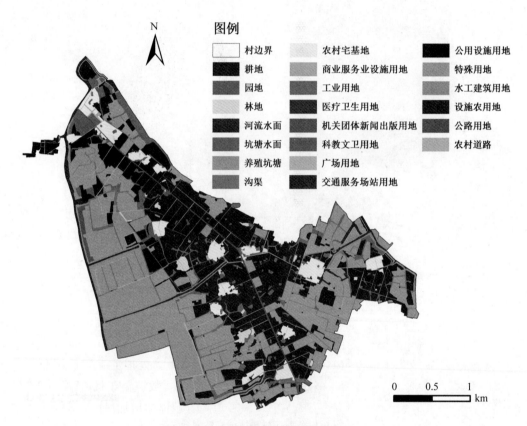

图 6-15 "现状发展"模式用地规划图

2. 耕地保护模式

耕地保护模式指以保护耕地和基本农田为首要任务,尽可能多地利用耕地生产更多的粮食,相对弱化经济效益,将现状用地中即可恢复与经工程恢复可恢复的用地和基本农田区划范围内的土地全都复垦为耕地,消除耕地非粮化情况,同时促进耕地全域整治,普及使用优质抗虫害种子并推广规模化种植,以达到粮食增产增收的目的。化肥农药减量化,农田及养殖污水通过周边生态沟渠处理后排放。

规划后有耕地 693hm²,比现状增加 371hm²;水产养殖用地 44hm²,比现状减少 349hm²;城乡居民点建设用地 70hm²,其中农村宅基地 46hm²,比现状减少 6hm²(图 6-16)。

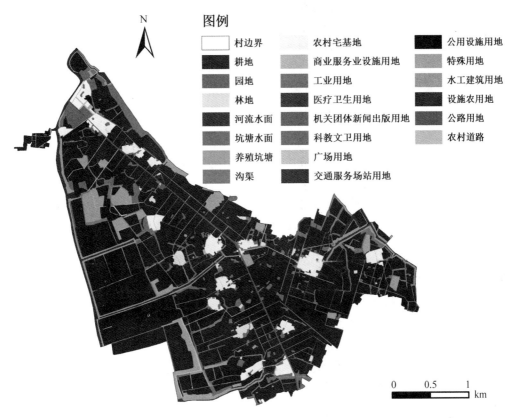

图 6-16　耕地保护模式用地规划图

3. 生态经济模式

生态经济模式指大力发展有机农业,在较大面积保护耕地和适当保留水产养殖用地的前提下,通过改善土壤质量、种子质量和耕种方式来提高耕地亩产效益,从而平衡粮食生产与经济收益之间的矛盾。依托社会资本和社会网络,稳定有机农业的产品销路,降低集体建设用地破碎度,减少集体建设用地的空置化。自然村增建化粪池处理生活污水,农田种植和渔业养殖使用有机肥料,生产污水经过周边生态沟渠处理后排放。由于目前的有机农业亩均产值是常规农业亩均产值的 4 倍左右,因此,有机农业种植能够增加居民收益。

规划后有耕地 607hm^2,比现状增加 285hm^2;水产养殖用地 128hm^2,比现状减少 265hm^2;城乡居民点建设用地 67hm^2,其中农村宅基地 46hm^2,比现状减少 6hm^2(图 6-17)。

4. 经济增长模式

经济增长模式指顺应现状发展趋势,同时发展水产养殖业和传统农业,通过对分散、细碎、小规模的耕地加以整治,加大农田灌溉等基础设施的建设,提高大型机械化耕种的效率等方式来提高土地利用率和生产效益。针对村庄住宅的破碎性和空置化现象,整理宅基地,提升宅基地的流转率。

规划后有耕地 447hm^2,比现状增加 125hm^2;水产养殖用地 328hm^2,比现状减少 65hm^2;城乡居民点建设用地 52hm^2,其中农村宅基地 30hm^2,比现状减少 22hm^2(图 6-18)。

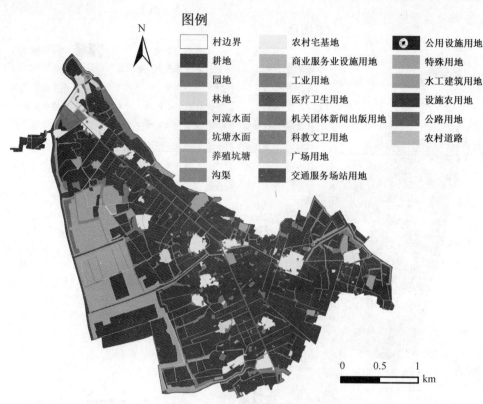

图 6-17　生态经济模式用地规划图

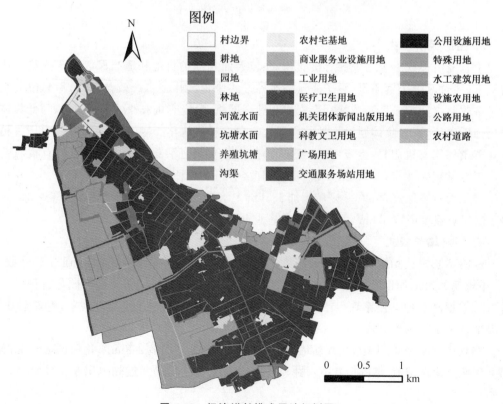

图 6-18　经济增长模式用地规划图

5. 协调发展模式

协调发展模式指依托全域整治，挖掘和强化"一村一品"，引入社会资本，政府支持引导，村集体参与市场运作。推广有机农业和养殖业并举，在保护农田的基础上提倡稻虾共养。推进耕地"三权"分置，盘活耕地资源，加大高标准农田建设规模。推进宅基地"三权"分置，将使用权流转至村集体，村委会需要与镇和县的领导合作，依托河口村青虾声誉，打造具有较高附加效应的青虾品牌和稻虾共养的水稻品牌。在此基础上促进农旅经济的发展，以农促旅，以旅养农，拉长产业链。相较于经济增长模式情景，协调发展模式的耕地保护面积更大，养殖坑塘用地恢复为耕地的面积更多。

规划后有耕地 604hm^2，比现状增加 282hm^2；水产养殖用地 155hm^2，比现状减少 238hm^2；城乡居民点建设用地 52hm^2，其中农村宅基地 28hm^2，比现状减少 24hm^2（图 6-19）。

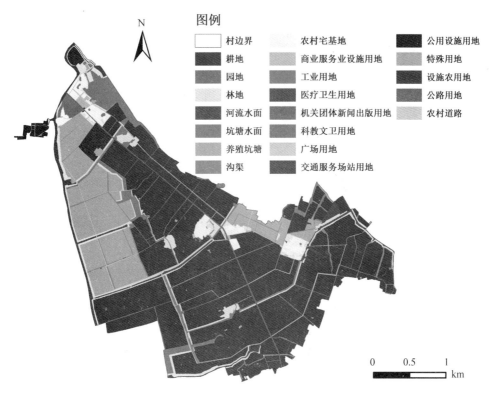

图 6-19　协调发展模式用地规划图

（五）河口村资源环境承载力多情景对比

据 2020 年数据得知：河口村粮食种植 4800 余亩，粮食产量 280 万 kg，粮食产值 784 万元；青虾养殖面积 5800 余亩，青虾养殖收益 2960 万元。在人口预测上，根据溧阳市总体规划和社渚镇总体规划的城镇化率预计，再折算河口村在社渚镇的人口占比，可预测河口村未来常住/户籍人口约为 1870。规划拟对用地进行平整化整治，单位产量将有一定程度的提高，有机耕种的粮食产量采用 0.83 折算系数进行计算。5 个情景的用地变动及效益比较如表 6-4 所示。

表 6-4　河口村资源环境承载力五情景多要素比较

承 载 要 素	2021 年情况	现状发展模式	粮食安全模式	生态经济模式	经济增长模式	协调发展模式
村庄总用地面积/hm²	977	977	977	977	977	977
水产养殖面积/hm²	393	394	44	128	328	155
耕地面积/hm²	322	341	693	607	447	604
基本农田总面积/hm²	647	647	647	647	647	647
城乡居民点建设用地面积/hm²	78	70	70	67	52	50
农村居民点用地/hm²	52	46	46	46	30	28
河口村土地产值/万元	3740	3790	2020	6860	3560	7200
粮食可养活人口/万人	1.1	1.2	2.4	1.8	1.6	2.0
村庄户籍人口/人	4380	1870	1870	1870	1870	1870
村庄常住人口占比/%	50	50	20	30	45	80

对 5 个情景用地分配进行比较：粮食安全情景的耕地保护面积最大,水产养殖用地最少,可养活人口数最多,协调发展情景兼具耕地较多和水产养殖用地较多的优点;在人均收入方面,粮食安全情景人均收入最低,协调发展情景人均收入最高。相比现状,协调发展情景兼具粮食耕地保护和经济效益提升的优势,建设用地集约度较高,土地流转更多,人口外流少,是立足现实、面向未来的优势方案(图 6-20~图 6-23)。

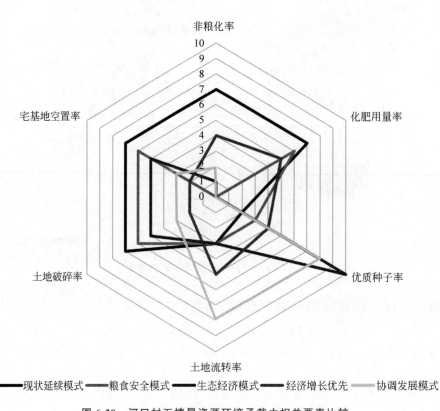

图 6-20　河口村五情景资源环境承载力相关要素比较

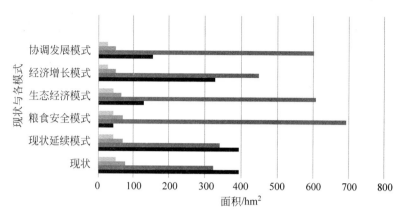

图 6-21　河口村现状与规划情景用地比较

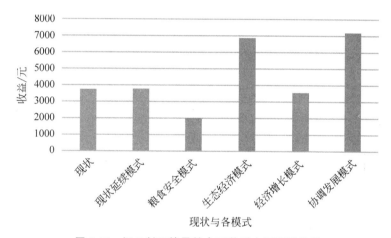

图 6-22　河口村五情景粮食可养活人口预测比较

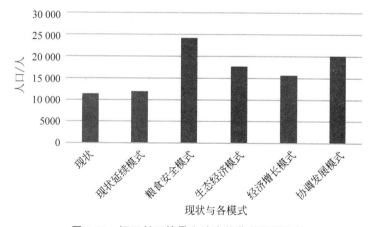

图 6-23　河口村五情景土地产值收益预测比较

（六）河口村资源环境与人类行为协调发展的规划分析

从 5 个情景的资源环境单位承载能力提升的比较来看，协调发展模式相对占优，既考量了水产养殖的现状及其就业,又突出了粮食安全和生态安全,强化了生态农业和生态环境发展导向。运用土地发展权转移下的农地和宅基地流转,促进配套第三产业的发展,与溧阳市周边旅游景点产生联动,从而使得产业"升级提质",带动村庄的转型发展。从数据上来看,耕地面积将从 2021 年的 322hm² 提升为 601hm²,粮食可养活人口从 2021 年的 1.1 万提升为 2.0 万。水产养殖面积从 2021 年的 393hm² 下降为 154hm²。由于水产养殖基地并没有把原耕地土壤移走,因此,如有上位要求,这些水产养殖地可迅速转变为耕地。与此同时,推广和提倡稻虾共养。三产联动发展使得河口村的土地产出可从 2021 年的 3740 万元上升至约 7200 万元。

在协调发展模式下,河口村的功能结构可概括为"一轴、双心和多片区"(图 6-24)。一轴依托溧阳市乡村旅游环线(溧阳 1 号公路),发展形成河口村境内的乡村旅游轴线;双心是在村口北端设置河口集镇中心、中部规划乡村旅游接待中心;多片区包括北侧依托集镇发展的商贸工业,中部联合巷埂村、史家边村和东里村 3 村,打造乡村农旅组团,西侧沿河布置成片集中式青虾养殖,其余规划为有机农业区。生态网络结构规划可概括为"一河一底"、"五廊"和多个"斑块"(图 6-25)。一河一底指以有机农田为生态网络的基底,西侧省级生态保护红线向南延伸,形成主体生态廊道;五廊依托现状生态河塘,贯穿东西,联通南北,打通多处端头点;多个斑块指由北至南修复 2 处较大的生态湖泊和 3 处林地斑块。

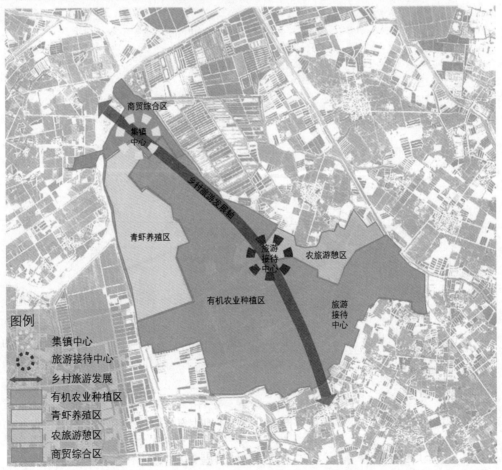

图 6-24　协调发展模式下的功能空间结构规划

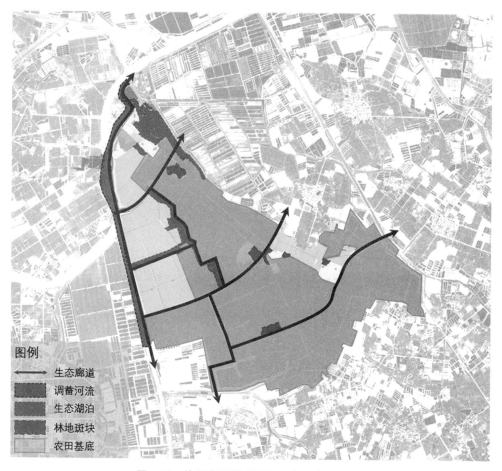

图例

◀▶　生态廊道

■　调蓄河流

■　生态湖泊

■　林地斑块

□　农田基底

图 6-25　协调发展模式下的生态网路结构规划

三、基于粮食安全约束和土地发展权的资源环境承载力提升规划策略建议

依托粮食安全约束和土地发展权,针对现状问题,可采取以下规划策略,提升村庄资源环境承载力。

(一)优化土地利用结构

守住底线,提升与粮食生产相关的承载力原值,重点关注农业结构调整,降低耕地非粮化比例。探索稻虾共养和其他立体农业与共生农业,发挥本地传统和具有潜力的农业生产优势和特色。在此基础上,大力推广有机农业,转变农业生产方式,提高种子抗病虫害的水平,化肥农药减量化,鼓励使用生物农药、高效低毒低残留农药和有机肥料,推广规模养殖场的粪污处理和再利用技术,减少水土环境污损程度;开发和利用农作物秸秆综合利用机制,积极发展低碳、绿色和积极节约型和环境友好型农业,增强农业的持续发展能力。关注重要生态环境斑块保护与修复、水体生物多样性保护、林地生态修复以及重要生态廊道保护与修复等。

(二)推进土地全域整治

推进土地全域整治,减少耕地破碎化。大规模建设旱涝保收高标准农田,提高土地利用率,提升农业生产能力,对分散、细碎、小规模的耕地加大整治,加大农田灌溉等基础设施的建设,确保高标准农田的建设和沃土肥田,提高大型机械化耕种的效率和比例。转变农业生产方式,增强农业科技水平。通过相关科技部门合作来加强基因科学研究,提升种子抗病虫害的水准,在良种技术和栽培技术不断进步的同时,建立合理耕作制度,用养结合,实施保护性耕作,保持土壤养分,改善土壤结构,保护耕地质量,提高耕地产出率,走可持续发展道路。

(三) 提高村庄建设用地的集约度和利用效率

依据村庄常住人口及其人口结构的未来变化趋势,以及村民对于动迁安置地点的意愿,减少自然村的数量,迁居主要安排在附近的城镇以及部分交通便利和基础设施较好的大村,提高土地的集约度和利用效率。按照《溧阳市乡村规划建设(2016—2030)》,河口村域规划1个重点(特色)村(河口集镇)、1个特色村(王家庄)和4个重点村(巷埂、东里、押井、姚家)。按照人口趋势,其他自然村从长期看属于搬迁撤并类,可以实施村庄集约化布局。在分析生态景观格局的基础上,降低破碎度,增加连通性,优化村庄内部居住、农业与生态空间形态。完善基础设施,实现地下管道+污水处理系统全覆盖,垃圾完全实现集中处理,配备公交、养老设施以及运动设施,在提升生活品质和景观质量的同时,减少对土地和河流的环境污染。

(四) 提炼和推广本地地理标志品牌

在土地利用结构转变、资源承载能力提升的同时,提炼和推广本地的地理标志品牌,带动农产品溢价销售,从而获得潜在的经济回报。做强农业,做大农业,发展地理标志品牌农产品的产业链。

(五) 依托区域资源推进"六次"产业

以村委会为乡村治理的主导力量,推进耕地"三权"分置制度改革,盘活耕地资源,增加村民尤其是村集体收入。在集建区外低效建设用地"减量"和"增效",破解土地资源紧约束的压力(田莉,2015)。依托土地发展权,提高农用地征收补偿标准,强化"三块地"改革的试点探索;推进乡村要素与城镇关联融合,在补偿和自愿为主的前提下,鼓励非农就业的乡村人口逐步向城镇转移,推进城乡融合、协调和一体化,提升乡村资源环境承载力。村集体通过货币补偿、定点安置及定点重建等方式补偿村民,实现村民资格权退出,使用权流转至村集体。依托1号旅游公路的资源,与溧阳市其他旅游景观关联,河口村的中部和北部两处可发展田园综合体,允许宅基地转变为经营性用地,从而"筑巢引凤",更好地将一产和三产结合起来发展,盘活空废宅基地,通过招商租客、乡贤捐建,结合乡旅建设美术馆、咖啡馆、特色"馒头店",做大农旅项目,有效激发乡村活力、能力、动力和竞争力,提升村集体和村民收入,进而提升村庄资源环境承载力。

第二节　基于乡村治理的村庄资源环境承载力提升规划策略

乡村治理强调发挥乡村主体——村集体的主观能动性,依托内生动力,同时融合其他外生动力,推动乡村振兴,持续提升村庄资源环境承载力。

一、基于乡村治理的村庄资源环境承载力提升分析框架

依托前文的分析,基于乡村治理的村庄资源环境承载力提升可分为乡村治理结构与协作建构和资源环境承载力提升两部分(图 6-26)。乡村的治理主体是村集体,村集体可以分为村民和村委会,村委会及其村内乡贤构成了村集体精英。从图 6-26 可以看出,村集体精英在乡村治理上占据主导性地位,村集体精英与 4 组群体发生关联,即村内居民、"村外"乡贤、县/镇政府和市场企业等。村集体精英能够掌控的主要资源是村内的水土资源,尤其是土地资源,需要基于土地发展权,通过农地流转和以宅基地为主的乡村建设用地流转,提升土地利用的有效性和强度,撬动四大关系所形成的社会资本、人力资本和物质资本,将土地资源转化为资产和资本,构筑村集体发展的"四大支柱",推动乡村的可持续发展。村集体土地发展权包括农村承包地的"三权分置"和村民宅基地的"三权分置"政策。农村承包地的"三权分置"指村民将承包地的经营权流转给村集体或其他种植大户,并获得流转租金,土地承包权仍然属于村民,土地所有权仍归村集体;村民宅基地的"三权分置"指农村宅基地集体所有权、农户资格权和使用权的"三权分置"改革,允许农户将宅基地的使用权和资格权转移或退出。土地发展权下放"还权赋能",为乡村建设发展注入新动力(周其仁,2017)。村集体精英与村民的关系构成了乡村发展的基础和原动力,基于对美好生活的向往,两者充分协作可以整合村内土地资源,实现耕地流转和宅基地流转,同时通过制度约束和乡规民约,组建以村民为基础的合作社和集体经营性资产股份合作公司,推动资源变资产、资金变股金、村民变股东,通过保底分红、股份合作、利润返还等多种形式,让村民合理分享全产业链增值收益。处理好村集体精英与县/镇政府的关系尤为重要,可以获取来自上级的政策、资金、技术和人才及一定的社会资本的支持,构筑乡村发展的"底气"和推动力。例如:依托农村土地制度改革,获得宅基地集体所有权、农户资格权和村民房屋财产权"三权分置"的政策红利及其财政补助。村集体精英与市场企业的关系是乡村发展的牵引力,市场作为一个消费引力场,决定乡村产业的发展方向,将内生动力与外生动力结合起来。村集体作为一个实体,需要与市场对接,开发观光农业、游憩休闲、健康养生、生态教育等依托农业资源的第三产业,振兴基于传统乡村特色工艺的"绿色"型第二产业,培育家庭工场、手工作坊、乡村车间,实现乡村经济多元化。当村集体能量较为弱小时,可以通过一定土地发展权转移,获得租金和股份带来的利润分红。"村外"乡贤指在村内出生或曾经工作过的具有一定社会地位和资源的"前村民",可以为村集体的发展提供或强联系或弱联系的社会资本(人脉关系网络)及技术和捐助,是乡村发展的强助动力。总体看来,在迈向乡村振兴的治理过程中,村集体精英需要同时扮演三重角色:引领和动员村民的"领导者"、沟通政府和"村外"乡贤的"社会活动家"和具有创新精神的"企业家"。

虽然土地资源及其土地发展权是村集体精英推进乡村振兴的关键抓手,但在实践运作中受到乡村振兴战略目标的约束与赋能,这包括生态安全、粮食安全、产业兴旺和村庄治理等 4 个方面,前两者偏向约束土地发展权,后两者涉及为土地发展权赋能。"生态安全"包括水土资源与水土环境,是乡村空间发展的约束底线及实现生态宜居的基本保障。"粮食安全"包含粮食数量安全和粮食质量安全。人们应加强农业面源污染防治,开展农业绿色发展行动,实现投入品减量化、生产清洁化、废弃物资源化、产业模式生态化,推进有机肥替代化肥、畜禽粪污处理、农作物秸秆综合利用。产业兴旺意味着构建乡村第一、二、三产业融合发展的"六次产业"体系。山水林田湖草应作为一个生命共同体进行保护和修复,推动乡村自然资

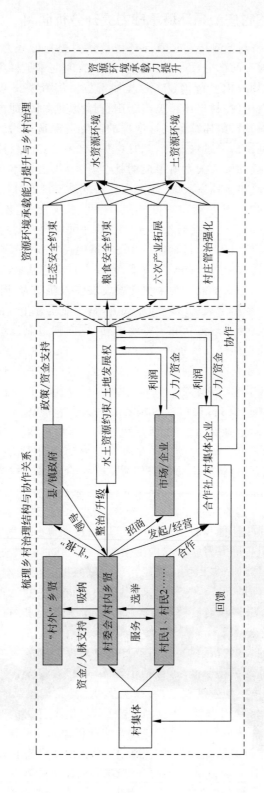

图 6-26 基于乡村治理的资源环境承载力提升分析框架

注：灰色表示乡村主要治理群体及其相互关系。

本加快增值,增加农业生态产品和服务供给,运用现代科技和管理手段,将乡村生态优势转化为发展生态经济的优势。依托耕地流转,推进农机装备升级,开展土地整治和高标准农田建设。基于供给侧改革,走质量兴农之路,推进农业绿色化、优质化、特色化、品牌化,保护地理标志农产品。依托宅基地和其他建设用地的流转,开发农业多种功能,延长产业链,提升价值链,完善利益链,推进产业兴旺和生活富裕的目标。"村庄管治"分为人的管理和物的整治两个方面,主要指村民精神面貌和人居环境提升,坚持村民的主体地位,倡导基于参与的主人翁意识,推进乡风文明和治理有效的目标,把维护村民根本利益、促进村民共同富裕作为乡村治理的出发点和落脚点,完善道路和市政管线等乡村基础设施,以农村垃圾、污水治理和村容村貌提升为主攻方向,推进厕所革命,实施粪污治理,保持乡村风貌,推进宜居宜业的美丽乡村建设。通过这些治理措施,改善水资源环境和土地资源环境的量与质,最终提升资源环境综合承载力。

二、基于乡村治理的资源环境承载力提升规划策略案例

(一)庆丰村概况与发展历程

庆丰村所在的溧阳市位于太湖流域,水资源丰富,水土环境较好(图 6-27)。全年平均降水量达 1149.7mm,2018 年,河流断面的水质监测结果在 III 类及以上。2012 和 2016 年,溧阳市展开了两次土壤监测,各基本农田区监测点的主要重金属污染物全部达标。庆丰村距常苏州、无锡、南京等周边大城市在约 2h 车程内,具有一定的交通区位可达性。村域面积 610hm²,约 9150 多亩,2019 年,农地 7000 多亩,其中耕地 6400 亩,下辖 20 个自然村,29 个村民小组、1074 户、户籍人口 3291。

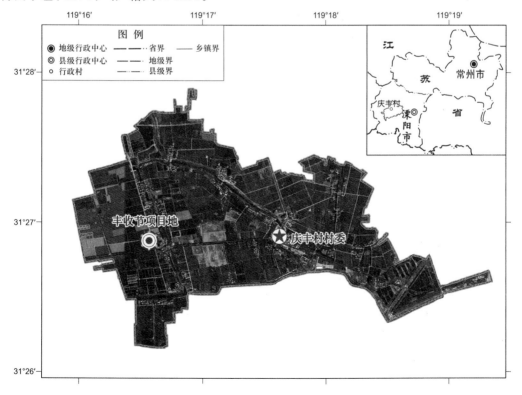

图 6-27 庆丰村的区位图

1. 2019 年之前：拥有万亩丰产农田的贫困村

在经济上，庆丰村一直以水稻、小麦等粮食作物为主，是一个典型的"大田"村庄。1960年，庆丰村走上集体化道路，农业生产以生产队为单位，稻田收成只有 300～400 斤/亩；在1979 年分田到户后，村民之间展开竞争，收成达到 700～800 斤/亩，也有高产 1000 斤/亩。1980 年，庆丰村开塘养鱼，有些生产队集体出劳动力挖塘，鱼塘大约有 720 多亩，通过副业增加收入。尽管属于贫困村，前任 Z 书记一直在做土地整治工作，2009 年和 2015 年两次申请，从上级争取到 1 亿多元的资金进行全域整治，建成集中连片、设施配套、适应现代农业生产和经营方式的高标准农田。农田整治实行土地"确权确股不确地"的办法，即整治时不分各户的土地权属，统一建成标准条田并配套灌溉设施，整治完毕后再依据农户账面占有的农田数量，按照新的养殖和种植规划，就近重新划拨。截至 2018 年，仅有不到 300 亩未完成整治。同年，400 亩左右的水产养殖被整平，变成了耕地。由于农业生产收入不高，整治好后一些农户自己不种，就直接流转给种植大户，一个大户能够耕种 800～1000 亩，因此，庆丰村成为名副其实的拥有万亩丰产农田的"苏南第一方"。同时引入优良育种，"南粳 46 号"综合了母本武香粳 14 的香味和父本关东 194 的软米特性，米饭晶莹剔透，口感柔软滑润，食味品质极佳，2007 年摘得第一届江苏省优质米食味品鉴会桂冠，被誉为江苏"最好吃的大米"。然而，拥有优渥农业生产能力的庆丰村优质大米每斤售价仅 3 元左右，外界知名度低，市场销路不畅。溧阳市在 2018 年规定：村集体经济年收入低于 50 万，归为贫困村。庆丰村除耕地之外，缺乏其他资源，收入来源单一，全年村集体收入仅 22.7 万，其中经营性收入 20万，是典型的经济薄弱村。与我国许多乡村一样，庆丰村的"空心化"同样明显，人口外流尤其是青壮年外出的现象普遍，村内 45% 以上的村民在外地工作，其中 30% 以上的村民全家外出半年及以上，村内长期无人居住的空置房屋达 25%。

2. 2019 年：土地经营与美意田园

2018 年 1 月，庆丰村新一届村委 H 书记上任。在成为村干部之前，H 书记曾经创办企业，开过工厂，是一位敢闯敢干的共产党员和乡贤。庆丰村耕地长期由各家农户散种，种植规模小、成本高且农产品质量不稳定。一些农户私下将土地流转给"种植大户"经营，以获得部分租金收益，但土地资源利用单一化，未能发挥农地的最大价值。为了"盘活"农用地，实现农业现代化经营，村委从 2018 年起开始，逐步将"个体农户"的承包地和"种植大户"承包到期的土地流转至村委代表的村集体，村委以每年每亩 650～800 元支付租金，到 2019 年年底，共流转到 3000 亩土地。之后进一步展开土地整治，其中 2000 余亩土地整治后，在原租金的基础上抬高 50 元，放至市产权交易平台上招标，招标差价在年底时作为利润给股民二次分红；另外 860 亩派遣给村干部专管，专管员再将土地委托给其他合作社，按照村集体有机大米的标准进行种植经营。村集体通过"有机大米认养""有机蔬菜销售""线上＋线下销售"等多种方式，提高农副产品销售额，其中最具代表性的有机作物南粳 46 号大米，零售价可达 10 元/斤。

在获得一定规模流转的土地之后，H 书记与老书记商量如何推销庆丰村大米。H 书记利用个人关系，找到曾在庆丰村上过学，现任市住建局的 Q 局长，商量推销大米和"老集镇"老街改造。在 X 局长的引荐下，2018 年 10 月，H 书记拿着庆丰村老街的规划设想去找两个月才上任的 Z 镇新书记，二人一拍即合，并策划了庆丰村"四美"丰收节。2019 年过完年，溧阳市拿出 8 亿元做"美意田园"，一个镇约分 8000 万元，庆丰村获得"美意田园"的试点，住建局 Q 局长负责资金分配,Z 镇的试点资金全给了庆丰村,后来又增加了 1000 万~2000 万元,用于水利设施和基础设施建设及村庄整治。

为确保"四美"丰收节的顺利举行,庆丰村村委在千亩良田的交通要道沿线,选取以集镇老街为基础的 3 个自然村进行重点风貌改造(图 6-28),动员村民进行土地流转、宅基地流转。"四美"丰收节于 2019 年 7 月开始设计,9 月 28 号定下方案,10 月 1 号进场开始施工,10 月 30 号举办丰收节,前后 28 天完成旅游核心区的改造建设,跑出"庆丰村速度"。"四美"丰收节非常成功,2019 年,中国溧阳市第一届"四美"丰收节被央视等多家媒体宣传报道。

图 6-28　庆丰村旅游核心区风貌

(资料来源:第一届"四美"丰收节宣传片)

2019 年,庆丰村水稻合计种植面积达 6400 多亩,年销售额达 7000 万元。丰产方内的南粳 46 号优质水稻亩均产量达 670kg,获评全国稻米金奖第一名。2020 年和 2021 年,庆丰村又举办了第二节和第三届"四美"丰收节,以及"田里灯会""田上风筝节"等大型活动,打响了庆丰村文旅品牌。目前,庆丰村围绕金色庆丰"农旅小镇公园综合体"的设计理念,持续深入打造餐饮、住宿、娱乐等二期发展项目,区域内年接待游客 50 万人,营收近 1.2 亿元,农民人均收入 3.98 万元。

(二)乡村治理与资源环境承载力的关系

在庆丰村的乡村振兴实践过程中,村委会干部精英起到了重要的引导和推进作用。下面从村集体精英与村民、县/镇政府、市场/企业和"村外"乡贤等 4 组群体的关系展开分析。

1. 村委会与村民:耕地与宅基地"三权分置"

村民对美好生活的向往是村集体精英展开乡村发展的原动力。庆丰村村委会是 2018 年村民选举出来的村内贤达,具有较高的群众基础和信任度。在新一届村委 9 名干部中,拥有专科及以上学历的共有 5 位,具有高中及以上学历的达 78%,尤其是书记领导能力强。与此同时,新一届村干部也充满决心,不断整合内部资源,争取外部资源,带领庆丰村快速发展。在庆丰村"美意田园"项目建设过程中,村民在土地流转、合作社和村集体旅游公司创建 3 方面积极响应,促进了项目的快速破土动工和实施完善。许多村民自愿将承包地流转给村集体统一管理,部分村民将空置房屋流转给村集体,为村委会操作土地发展权铺垫了良好的基础。截至 2020 年年底,庆丰村耕地总面积 6400 亩,流转面积 5000 亩,其中,流转到村集体 3000 余亩,余下 2000 亩仍由各种植大户或农户继续经营,待承包合同到期后将由村集体承接。

为支持"四美"丰收节,村干部起初打算租用部分村民的闲置房屋作为旅游服务用房,后来考虑到成本平衡和长期运营,决定与村民谈判闲置宅基地的长久利用合作,自此踏上了探索村内宅基地"三权分置"改革的道路,采取了收回宅基地资格权、租赁和入股 3 种形式。在收回宅基地资格权上,经过多轮协商,在旅游核心区内,村集体通过货币安置、镇上住房安置和村内规划集中建设区划地自建等 3 种方式,使 13 处村民退出宅基地资格权,宅基地使用权和所有权归村集体;在租赁上,即村民一次性将宅基地租给村委使用 10 年,每年获取 3000 元租金,这种形式流转了 2 户宅基地,村民仍享有宅基地资格权,宅基地使用权和所有权归村集体;在入股上,村集体出资为村民修葺破败房屋,作为回报,村民将房屋免费给村集体使用 10 年,流转 2 户宅基地,村民仍享有宅基地资格权,宅基地使用权和所有权归村集体(图 6-29)。在农地方面,通过村集体的统筹运作后,村民获得土地流转租金、合作社土地股份分红和有机农业务工工资 3 类收入,村集体赚取土地流转管理费和农副产品销售差额。

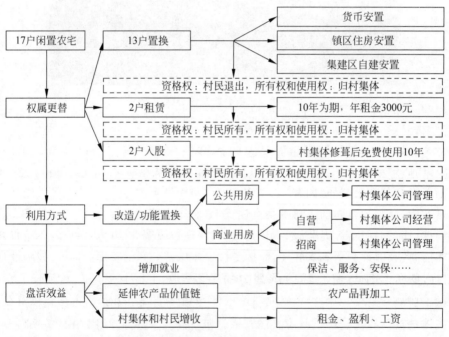

图 6-29　闲置宅基地"三权分置"与效益盘活

为拓展村民增收途径,村委会引导庆丰村创建村集体经济合作社,除户籍人口可按照人均一股入社外,村民可再凭流转土地份额入股,获得合作社收益的分红,由此带动整个村庄的共同富裕。为方便庆丰村农旅项目后期的经营管理,庆丰村还以村委会为主要投资控股方成立旅游公司,以村集体经济合作社和旅游公司为平台,运作村集体资源,管控整个村庄的农旅产业,保障庆丰村村民股东的主体地位。村委会、合作社和旅游公司的相关制度约束和乡规民约使得村民能掌握村庄发展的主动权,保障了村民当家做主的权利,有助于提升村民的主人翁意识,促进村民更加积极主动地投身到乡村治理之中。

2．村委会与县/镇政府：携手建设"美丽乡村"

县/镇政府掌控着一定的政策、资金、人才和社会关系资源，同时也承担着乡村振兴的重任，是乡村发展的推动力。新一届村委在考察本村的发展条件、村民诉求和外部需求后，以建设"美丽乡村"为抓手，以本村优质大米为基础，打造都市农业旅游产品，作为脱贫攻坚的良方。村委经过一年多与镇级领导的沟通，在 2019 年获得"美意田园"的建设试点，以及"领导挂钩、企业联村、干部帮护"脱贫攻坚帮扶试点和 2000 万元左右的资金支持，搭建了以村委为"智库"平台，市委书记、镇（区）书记和村支部书记三级书记一个群的"三合一"联动，以及机关、企业和镇村"三合一"的联建模式，各种资源整合，开启了庆丰村资源环境承载力提升和乡村经济发展的"快进"历程。

3．村委会与市场/企业：生态农业和六次产业

除政府"输血"外，庆丰村也把重点落在村庄自我造血机能上。村庄作为熟人社会，也是一个基于土地村集体所有的经济体。造血机能的实现只能是在市场经济的条件下，通过自身村庄产品特色和比较优势，获取市场青睐。反过来，市场需求也是村庄经济体发展的着眼点和牵引。2019 年年末，庆丰村有 7 家驻村企业、3 户家庭农场和 4 家专业合作社，村庄经济的市场化夯实了乡村发展的基础。设立于庆丰村的岁丰农业科技有限公司成立于 2018 年，专注于生态农业，主要从事承包土地、粮食种植及其核心技术的研发和农业培训。公司发起人就是庆丰村附近的"农民企业家"，看中了庆丰村作为苏南第一方的优质粮食生产基地和没有化工企业污染的周边环境，便于展开现代生态大农业。生态农业的土壤是决定性因素，经过几年的发展和政府鼓励，岁丰农业科技有限公司投资 3000 万元，用于土壤生态化治理和粮食的延伸加工，从一产转为一产、二产、三产结合的精细化经营，做地方特定品牌，打造本地产业链、自己品牌及其基地，以及大米包装和加工团队，稻米加工的附加值约增收 30％。2019 年获得庆丰村和毗邻村庄流转耕地 3200 亩，在其他村管理生态农业基地约 2.6 万亩，培育的生态糯稻品牌采取议价销售和竞标销售，在市场上具有一定的溢价优势。

此外，村委会主导流转的 17 处宅基地的房屋在经过原址改造、功能置换后，换变成了馒头铺、米酒馆、面馆、民宿等商业服务用房。这些新增店铺部分由村集体旅游公司自营，部分通过对外招商，吸引社会资本入驻经营，接受村集体旅游公司的管理。同时，鼓励设计师、艺术家在村内创立工作室，带产进乡。通过"盘活"宅基地，丰富了乡村业态，延长了农产品产业链，为村庄的留守劳动力提供了就业岗位，发挥了增收和宣传旅游产品的多重效益。

4．村委会与"村外"乡贤：认养农业和企业联村

"村外"乡贤是村庄发展的重要社会资源和社会资本。庆丰村为确保土地种植的基本收益和扩大旅游产品的影响力，村委会通过"企业联村"政策支持和自身的社会人脉关系，成功匹配到相关企业，以市场价收购村庄千亩良田的粮食作物，保证庆丰村的农业、旅游业发展两不误。除此之外，村委会干部还基于血缘和地缘的道德信赖和个人榜样，充分吸纳村内外"乡贤"加盟。2021 年，庆丰村登记在册的"乡贤"共 10 人，包括溧阳市住房和城乡建设局局长、人民药房董事长、武警上海政治学院教授，还有副检察长、铜业有限公司董事长、地产开发有限公司总经理，等等。庆丰村的有机大米采取认养农业的方式，每斤 10 元，这些"村外"乡贤所建构的社会资本构成了认养农业的有力支持。如在庆丰村举办特定节庆活动时，联系到高校打造田野美育课堂，开展中小学"研学"活动，邀请当地社会团体（如广场舞、摄影等)做驻场嘉宾,等等,增加节日气氛,提升庆丰村的知名度和影响力(表 6-5)。

表 6-5　第一届 Q 村"四美丰收节""出场"的部分"村外"乡贤和企业

序　　号	第一届 Q 村"四美丰收节""出场"的部分"村外"乡贤和企业
1	开场表演:大溪小学师生的焦尾琴演奏
2	江苏省农业农村厅总农艺师唐明珍致辞
3	中国工程院院士、扬州大学农学院教授张洪程讲话
4	中央美术学院壁画系街画艺术实践基地、一伴艺术空间、星天外艺术空间等 3 家艺术空间揭牌
5	稻花香剧场、上上菜园·花开陌上、1 号菜园·陌上花开、田里课堂、风雨长廊、蛙鸣集市小剧场、篱下菊园、玫瑰园、读田书斋、党群小院等 9 家公共空间揭牌
6	美芥·风吹稻花民宿、三五斗米仓、庆丰公社馒头店、面面具"稻"面馆、三月春米酒工坊、炒米高咖啡馆等 6 家美食工坊(特色民宿)揭牌
7	江苏上上电缆集团有限公司、溧阳国大人民药房有限公司、江苏华晨路桥有限公司、江苏通用路桥有限公司、江苏三益科技有限公司、溧阳市装卸储运有限公司、江苏华达国际物流有限公司授牌稻田认养单位

(三)资源环境承载力提升与乡村治理协调绩效

通过乡村治理,协调村委会与村民、县/镇政府、市场企业和"村外"乡贤等 4 组群体的关系,促进资源环境承载力提升。

1. 生态安全约束

虽然庆丰村的水土环境质量较好,但在 2019 年之前,农业农药化肥使用较为普遍。在 2019 年开始推广有机农业种植之后,农药、化肥大幅减量化。原来的耕地经过 2~3 年的耐心培育,土壤化学结构发生变化,土壤肥力逐渐恢复,水浸润增强,生产出来的稻米特别清香、黏糯。种植有机稻米不能使用农药、化学肥料和生长调节剂,需采用非石油的传统施肥和耕种方法,只有通过有机肥、作物轮作、间作和共生、营养和能量循环,才能使土壤对养分和水的保持能力增强,土壤生物多样性增加,维持和提高土壤的生产力,并大幅降低径流污染土壤和水环境。村内种植户严格按照绿色种植技术规程要求,统一生产操作。各专业大户、家庭农场、合作社建立完整的生产记录台账,通过建立定点农资店、设立绿色优质农产品生产技术宣传栏、开展绿色病虫防控、开展日常监管巡查,确保生产全过程安全绿色。村内推进投入品减量化、生产清洁化、废弃物资源化、产业模式生态化,实施农村垃圾、污水治理,推进厕所革命,实施粪污治理,庆丰村生态环境和人居环境持续改善。

2. 粮食安全约束

由于农业生产意识较强,庆丰村在 10 多年前,在村委领导下,展开了大规模的高标准农田整治,为使用现代大型农机装备提供了基础条件,并提升了粮食生产的规模和质量。近几年,通过退塘还田、多年养地、秸秆还田、减肥减料,进一步增加了粮食的种植面积、产量和质量,同时推广了品牌农业和有机农业,提升了大米的品牌。在土地发展权上,农户将承包地的经营权流转至村委,村委将流转的土地进行统一整治,再交由专业农民进行大规模、标准化、有机化种植。经过土地整治和土地流转后,2015 年,养虾复耕,2017—2019 年,庆丰村耕地又增加了 731 亩,其中规模经营的耕地占比从 69% 提高至 81%。庆丰村大米采用科学方法种植,通过科学的种植技术流程,实行统一品种,统一管理,减少化肥、农药使用,通过增施有机肥,推广稻鸭共生种养生产方式和太阳能杀虫灯、病虫害生物防治绿色生态先进技术,科学种植,极大地提高了水稻产量和质量,生产出更加绿色健康的大米,2019 年,"南粳 46"获得全国优质稻品种食味品质鉴评金奖。

3. 以农生旅和以旅养农

庆丰村六次产业的拓展主要依靠大事件营销,作为农旅项目市场开拓的突破点。处于"苏锡常"大经济圈内,庆丰村周边城镇经济富庶、人口众多,有着巨大的市场消费需求和游客潜力,加之依托溧阳市多年推广的全域旅游品牌,使得发展乡村旅游具有一定优势。庆丰村聚焦于优质稻田文化,做好"大米文章",通过自创寓意美景、美味、美音、美人的"四美"丰收节,打开旅游市场大门。2019 年 10 月底,庆丰村举办第一届"四美"丰收节,宣扬农耕文化,推广本村特色大米的知名度,游客一天超过 2.0 万人,一举成名。后续通过"稻田音乐节""金花节""田上风筝会""萱草节"等活动持续营销,成为旅游"网红村"。2020 年,庆丰村获评第二批全国乡村旅游重点村。庆丰村的农旅项目基本上是从无到有,是村委和镇政府"异想天开"的结果。大事件营销是将物质空间赋予"经济和社会意义"的过程,有利于地域内部各要素之间的相互作用,并最终实现场所提升(张京祥 等,2011)。

近年来,乡村旅游建设如火如荼,市民对乡村田园文化的体验需求催生了巨大的消费市场。为办好丰收节,镇政府亦给予了一定的配套基础设施投资。庆丰村以农生旅、以旅养农,通过发展产业多元化和产业融合,实现了整体产业的结构升级,为庆丰村带来了立竿见影的经济效益。据村卡统计显示:在 2008—2018 年的十年间,庆丰村村集体收入基本稳定在 20 万元左右,经营收入几乎为零;2019 年显著提高,全年村集体收入达到 254.3 万元,其中经营收入 107.8 万元,完全摆脱了贫困村的帽子(图 6-30)。为增加村民收入途径,庆丰村创建了股份经济合作社,除了户籍人口可按照人均一股入社外,村民可再凭流转土地份额入股,当村集体经济收益有富余时,村民可获得合作社分红。为方便后期整个农旅项目的经营管理,庆丰村还以村集体为主要控股方成立了旅游公司,保障了村民的主体权益。

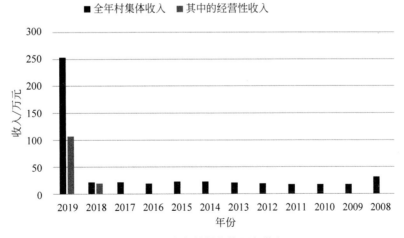

图 6-30　庆丰村村集体历年收入

庆丰村通过农旅融合项目实现第一产业和第三产业的联动互促,在做大生态农业、打响品牌的基础上,将产业链延长,实现了产业结构升级。在 2019 年农旅项目启动后,当年村集体经营性收入达 130 余万元,村民人均收入从 1.58 万元提高到 2.2 万元。在 2020 年新冠肺炎疫情初平后的 5 月——举办风筝节期间,据溧阳市文旅局统计,该村游客累计达 4 万人次,与其他两处发展较成熟的旅游景点并列溧阳市的旅游热门点前三,2020年,村集体经营性收入近200万元。

4. 环境整治与治理有效

"美意田园"助推了人居环境的全面整治,包括道路翻修、房屋修缮、河道疏通、垃圾清理。"万亩丰产方"沿线的村庄环境"脱胎换骨",结合旅游服务,利用旧建筑改造,建成了溧阳市第一个乡村电影院,目前已成为本村和附近村民的"共享公园",是庆丰村名副其实的"社区活动中心",成为生态宜居、乡风文明、治理有效的样板。

三、基于乡村治理的资源环境承载力提升规划策略建议

1. 乡村治理与有机农业相结合

目前,我国已经上升为全球第二大经济体,我国人民对食品质量和食品安全越来越重视,消费能力不断增强,在此背景下,对于缺乏二产和三产的"大田"村庄,可以通过打造有机农业,来获得相对较高的溢价,提升资源环境承载能力,确保粮食安全和生态安全,建设美丽乡村和魅力中国。在实现这个目标的过程中,乡村治理扮演着重要角色。如图6-31所示,村集体精英与村民、县/镇政府、市场企业和"村外"乡贤等4组群体的关系,构成了乡村治理的重要支柱。从一般农业转向有机农业,需要政府前期投资,整治农地和水利设施,建设高标准农田,适应大规模农机装备。具有技术能力的农业企业可以指导和参与土壤改造、循环肥料生产和有机粮食耕种,农科所应提供优质种子和指导耕种,打造具有本地地理标志的有机农产品。在地理标志农产品的召唤下,可以延伸开发旅游、第二产业和第三产业相关服务业,结合我国法定的节庆和农业时节,举办丰收节和其他具有当地文化特质的乡村节庆,既能扩大有机农业产品声誉,强化与"村外"乡贤的联系,又能为持续常态化的旅游产业打下铺垫,提高村民的收入,助力实现乡村振兴的目标。

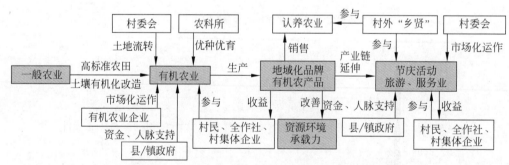

图6-31   乡村治理下有机农业及其延伸产业链分析

2. 乡村治理与认养农业相结合

资源环境承载力提高了,有机农业产品培育出来了,还需要将来之不易的"绿水青山"潜在价值链接至市场,从而以价格的方式显现价值。早期的有机农业产品可能缺少声誉和品牌效应,可以依托乡村治理所形成的政府和"村外"乡贤社会网络,采取认养农业的形式,获得稳定的经济回报,从而激励有机农业扩展规模,推广声誉,获得更大的市场和生存空间,最后让"绿水青山"与"金山银山"和谐共存。

3. 以农生旅和以旅养农相结合

依托地理标志品牌,将农业生产产业链向作坊和旅游延伸,将产业扶贫、乡村旅游、美丽

乡村建设等结合起来,融合生态农业、文化娱乐、乡村体验、旅游康养等多种产业模式,通过农业打底、文化引领、旅游带动,来维护生态安全,保障粮食安全,激发当地各产业的发展活力,使村民参与到六次产业之中,增加乡村就业岗位,发展村集体经济和合作社经济,增强"造血"功能,处理好以农生旅和以旅养农的关系,探索乡村美、产业兴和村民富的发展之路。在拓展六次产业时,需要警惕过度发展第二产业和第三产业,绿水青山、有机生态的第一产业是乡村未来的本底和最大资本。

4. 乡村治理与规模效益相结合

基于农地流转和建设用地流转的土地发展权是村集体精英能够掌控的主要资源。通过流转可以提升土地利用的强度和规模效益,撬动四大关系所形成的社会资本、人力资本和物质资本。将土地资源转化为资产和资本,推动乡村的可持续发展。村集体精英对于产权的经营方式主要有 3 种:租赁,即将整治后的农地租赁给合作社、种田大户或私人企业,收取整治后租金与流转费用,增加村集体收入;自营,即有机农产品可采取来自政府和"村外"乡贤的社会网络,获取高于市场非有机农产品的溢价;其他企业参与的股份合作形式,通过借力,获得实物资本和技术,获取更高的经营收入和股份收益。

第三节　基于生态安全约束的村庄资源环境承载力提升规划策略

生态安全是国家安全的重要组成部分,是人类生存发展的基本条件,生态问题不仅关系到人民群众的日常生活和身体健康,更直接关系到国家经济发展和长治久安,事关国家兴衰和民族存亡。乡村的山体、河湖、湿地、森林、草原、荒漠及生物多样性构成了区域性生态安全的本底。小流域是生态过程的基本单元,拥有完整的地理细胞(王绍增,2015),以小流域为单元进行综合治理,进行景观修复和配套工程,能有效治理水土流失(傅伯杰 等,2010)。从生态规划的角度来看,小流域在尺度和工程设施管理等方面都是生态修复工作展开的适宜基本单元。麦克·哈格的《设计结合自然》和景观生态学领域的其他学者都曾提出构建"景观生态安全格局"(俞孔坚,2016),保证流域的生态系统安全、稳定。整体来看,生态安全格局构建与生态环境质量的影响要素有关,生态安全影响资源环境承载能力。

一、生态安全与资源环境承载力关联分析框架

生态安全指生态系统的完整性及其健康水平,尤其指生存与发展所受到的不良风险处于最小、不受威胁的状态,在时间上能够维持其组织结构,保持对胁迫的恢复力。从保障程度上看,生态安全可理解为人类在生产、生活和健康等方面不受生态破坏与环境污染等影响的保障程度,包括饮用水与食物安全、空气质量与绿色环境等基本要素。国际应用系统分析研究所提出:生态安全指在人的生活、健康、安乐、基本权利、生活保障来源、必要资源、社会秩序和人类适应环境变化的能力等方面不受威胁的状态,包括自然生态安全、经济生态安全和社会生态安全,是一个复合人工生态安全系统。从复合人工生态安全系统的概念出发,笔者以小流域乡村范围内部为分析对象,提出基于生态安全的资源环境承载力的关联分析框

架(图 6-32):在"自然"层面,生态格局流域化;在经济层面,农业生产生态化;在建成环境层面,乡村聚落生境化;在社会层面,基于地方性知识,具有一定动员和领导能力的基层治理乡贤化。在具体措施上,生态格局流域化是基于国土空间山、水、林、田、湖、草等要素,构筑生态斑块、廊道和网络体系,依托地理格局、水文过程、气候条件和生物活力等,对流域性生态基础网络各要素进行检测和生态修复恢复,创造、引导或加速自然演化过程,促进一个群落发展成为由当地物种组成的完整生态系统,或者说是为当地的各种动物提供适宜的栖息环境。农业生产生态化是生产资源的生态化、生产方式的生态化和农业生产的智慧化。乡村聚落生境化指山水居生态体系化、居住空间生境化和基础设施生态化。基层治理乡贤化是融合农旅产业链、推进乡村"精明收缩"和建立共建共享机制。通过这些治理措施,能改善水资源环境和土地资源环境,最终提升资源环境综合承载力。

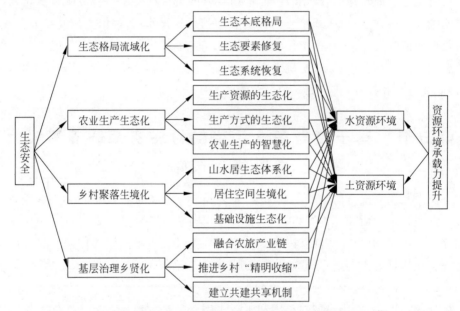

图 6-32　生态安全与资源环境承载力的关联分析框架

二、基于生态安全约束的乡村资源环境承载力提升案例

(一)湖南省茶亭镇概况

湖南省茶亭镇属于洞庭湖流域的湘江水系,位于长沙市望城区东北部,地处长沙市北大门,北接湘阴,东邻汨罗,距离市区 21km(图 6-33)。区域总面积 105km²,2019 年年末,茶亭镇户籍人口为 5.1 万,下辖 1 个社区、12 个行政村。境内交通较为便利,长沙市区的芙蓉北路、岳望高速、岳望高速茶亭互通连接线等已全面通车,即将竣工通车的京港澳西线贯穿全境,并设两个互通。茶亭山水资源丰富,风景秀美怡人,森林覆盖率达 62% 以上,树种资源丰富,水库 11 座,其中小Ⅰ型水库 2 座,小Ⅱ型 9 座,是国家级生态镇。在地貌上:茶亭镇东北部群山绵亘,山脉向西南延伸,九峰环抱;西部呈半丘陵区半垸区(苏蓼垸)分布。祥云片区位于茶亭镇的东部,具有山体、丘陵和水田等基本农业资源(图 6-34)。近年来,茶亭镇在新的领导班子率领下,经济发展迅速,截至 2021 年 7 月底,实现财政总收入 1.8136 亿元,全镇完成固定资产投资 3.77 亿元,工业总产值 48.88 亿元,农村经济总收入 3.06 亿元。然

而,乡村地区经济发展仍比较落后,农村居民人均收入 2.0 万元左右,且收入来源主要是子女外出打工的收入。与此同时,2021 年,长沙市域城镇人均可支配收入超过 6.2 万元,市域农村居民人均可支配收入超过 3.2 万元,是茶亭镇的 1.5 倍。

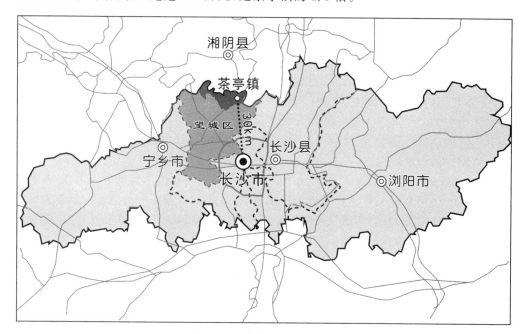

图 6-33　茶亭镇区位分析图

图 6-34　茶亭镇祥云片区现状风貌

（二）祥云片区发展存在的主要问题

曾经的茶亭镇相对偏僻，属于基础薄弱、生产生活较为落后的一个边远乡镇。随着城乡一体化建设的快速推进，长沙市望城由于县改区的重大变化和周边一系列大型基础设施建设的顺利实施，茶亭的区位优势、交通优势发生了较大的改变，迎来了重大发展机遇。高速互通、城市干道的便捷交通和绿色生态本底，为茶亭实现跨越发展提供了巨大的后发优势。为了打赢乡村振兴的"战役"，镇党委、政府决定打造"四季花海，五彩茶亭"，将茶亭镇打造成为色彩斑斓、四季如画的花海名镇。目前，茶亭花海片区坐拥上千亩油菜花海，惜字塔和高陵塔数个景点，已引进了轻奢民宿，孵化了"某谭小院"直播电商平台，开展"亲水小筑"招商，吸引高端民宿餐饮的入驻。每年春天成为市民周边游的热门地，然而，景点单一、配套不完善，难以留住游客，导致热闹之后却收入不多。总体而言，茶亭镇在发展中面临以下几个重要问题。

1. 生态优势与发展定位

茶亭镇政府在旅游策划公司的帮助下，意图打造"四季花海"，但实际上作为一个生态镇，茶亭镇境内的几座山和数十座丘陵上郁郁葱葱，看不到四季花海的色彩。丘陵和山体之间也属于农地，没有花海的"影子"。于是，在调研中，规划团队听从镇基层领导，决策对部分丘陵和山体进行换树种花的改造思路，增添色彩。之前，策划公司的发展策划文本上也看到在耕地上种植如郁金香、薰衣草等鲜花，发展做大茶亭镇"四季花海"旅游的思路。这种打着生态旗号，事实上破坏生态安全和粮食安全的做法被研究团队予以否定（图6-35）。

图 6-35　茶亭艺术花海对农田造成破坏

（资料来源：百度百科）

2. 地理品牌与差异竞争

"四季花海，五彩茶亭"发展目标的基础是"四季花海"，然而，目前主要的"花海"景观是春的油菜花，可是油菜花景观并非茶亭所独有，与周边小镇相比竞争力不够突出。与湖南中部的众多著名景区相比，茶亭景观质量品质不够高，给人印象不够深刻。如何在保护生态环境的同时，拓展途径，挖掘自身的地理品牌旅游产品，进行差异化竞争，这是一个难题。

3. 资源环境与集约利用

第一，虽然茶亭镇祥云片区有多种自然和人文资源，但是各村庄各自为政，分散建设，没有充分整合当地资源，集约程度不高，没有形成规模效应。第二，茶亭镇隶属长沙市，而后者是一个"网红"城市，旅游休闲业较为发达，拥有"文和友""茶颜悦色"等在年轻人等比较有影响的消费品牌，茶亭镇优渥的生态优势，应该与长沙市的"网红"消费群体结合起来，从而为自身的发展创造机遇。

（三）资源环境条件

茶亭镇属亚热带季风气候，年均降水量 1355.6mm 左右，降水充沛，雨热同期，四季分明。土壤以红壤、水稻土为主，其余还有菜园土、潮土、山地黄壤、黄棕壤、山地草甸土、石灰土、紫色土等，适宜多种农作物生长。茶亭镇地势东北高、西南低；境内最高点位于九峰山主峰。祥云片区总地势自东北向西南略有倾斜，东半部最高海拔 254m，东半部最低海拔40m。祥云山山势较陡，坡度超过 25％，山脚下丘陵之间大部分为 2％～6％，地势较为平坦。整体坡向分布为东、东南以及西、西南。坡度和坡向是影响土层深度、土壤水分和肥力的重要因素，地势较高的土壤发育成褐土，地势较洼的土壤发育成潮土，油茶等植物根据自身生长特性主要分布在坡中下位，且多位于朝向为南的斜坡上。河流流向受坡度、坡向影响，径流多在山谷平缓地段，基地内无流量较大河流，径流量较小。水资源量和水环境质量能满足基本生产生活需要。土壤肥力均匀，其光热条件普遍能满足农作物一年两熟需求，土壤污染物含量均在风险管控区以内，土壤环境中各点位的主要重金属污染物（镉、汞、砷、铅、铬）全部达标。经评价，祥云片区耕地的适宜性可各自划分为四级：适宜为现状坡度在 6％以下的耕地；较适宜为坡度为 6％～15％的农用地；一般适宜为其余农用地和可复垦的宅基地；不适宜为生态森林范围和重要的建设用地（图 6-36）。

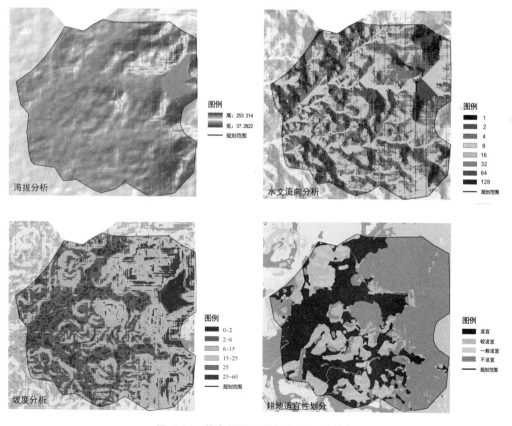

图 6-36　茶亭镇祥云片区资源环境分析

（四）资源环境承载提升与乡村治理协调

茶亭镇祥云片区的祥云山是长沙市森林重点保护区域，也是茶亭镇茶亭水库的水源涵养地,良好自然的生态资源环境是其本底,也是优势所在。关键问题是需要探索如何将生态收益转化为一定的经济收益。研究团队在祥云山山脚下的姚冲湾自然村与当地村民展开参与式规划时,碰到一位原属于窑冲湾,定居在镇上的村民,他们家原来是当地的老中医,告之我们祥云山满山都是"宝",山脚下,他家几乎已经坍塌的老屋房前屋后及周围生长着各种野生的中草药材,包括杠板归、土人参、接骨草、石菖蒲、马齿苋、满江红、芡实、金银花、蒲公英等数十种。这种中草药形状、色彩和芳香气味各异,能够治疗不同疾病,具有多种疗效,这大大开阔了规划团队成员的眼界,也构成了规划团队展开祥云片区乡村振兴策划的基本思路。由此,规划团队提炼出"原生态"自然资源的天然氧吧和野生"芳香植物",是茶亭镇的两大核心 IP,并对政府"四季花海,五彩茶亭"发展目标进行微调,提出"五彩茶亭,芳香小镇"的新定位,希冀依托地方性的独特资源和村民的地方性知识,以及长沙作为"网红"城市的特性,打造出一个以中青年人为主、集"健康教育、旅游休闲、生态疗养"等功能为一体,体现茶亭"乡土原生态、天然氧吧"的网红小镇,具体措施如下。

1. 构建小流域范围内的生态安全本底结构

从小流域的水文特征出发,构建祥云片区乡村的山水林田湖草居生态格局(图 6-37)。茶亭镇所在区域的不同季节容易出现干旱、涝灾以及水土流失,可利用小水利、小水塘和小渠道建设,保护流域水土环境。首先,祥云片区应严控寺冲水库、茶亭水库等属于湘江水系上游的周边生态环境,限制旅游开发。其次,依托小水利、小水塘、小沟渠,构成生态斑块和生态廊道,充分利用河流缓冲带、滨水植物,水边湿地和池塘,培育滨水生态群落,从而有效减少侵蚀泥沙进入河道,减少营养物流入河流水库,改善水体环境。同时,结合本土适应性强且具有一定价值的植被群落设计,稳定根部,稳固水土。最后,把稻田作为生态格局的重要组成部分,改变传统的耕作方式,采用生态农业或有机农业,为祥云片区的生态品牌铺垫基础,从而获得更高的价值溢出。

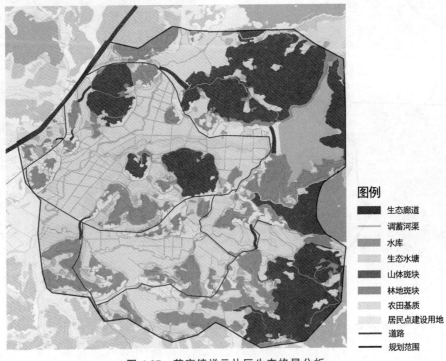

图 6-37　茶亭镇祥云片区生态格局分析

2. 形成基于生态安全的特色化功能区

在保护基本农田和生态资源的前提下,对祥云片区的生态资源进行梳理,挖掘具有本土适应强、易种植等特点的本土芳香植物,与《黄帝内经》五行五脏养生疗法密切关联,结合中医,梳理芳香植物的五行属性及其与人体五脏疗养功效的关系,构造芳香产业本土特色的长产业链。芳香植物具有多种价值和作用,如芳香美食的使用价值、养生功效的药用价值、多色美景的观光价值和科研价值,等等。结合各个村庄特色,把主题概念落到空间布局上,构造以五行属性为主题的五个功能片区(图 6-38)。以五行养生和芳香植物为主题,结合当地的文化要素,分别对应五行金木水火土、人体五脏心肝脾肺肾,种植相应的养生疗愈芳香植物。在具体措施上,可利用当地芳香植物的药用性质:一方面引入健康理念,开发药膳;另一方面,更加贴合旅游开发,制作花茶、花饼等可以存储的小食,将芳香植物景观与文化创新融合,营造富有趣味性、美观性、震撼性的花海景观,提供由观花游乐体验到花式生活的创新体验,结合茶亭镇的湖湘文化,如当地的花鼓戏、惜字文化塔、中共湖南省委旧址,形成融合茶亭文化,开发以植物花卉科普研学为主,制香体验和户外拓展为辅的多种研学产品。

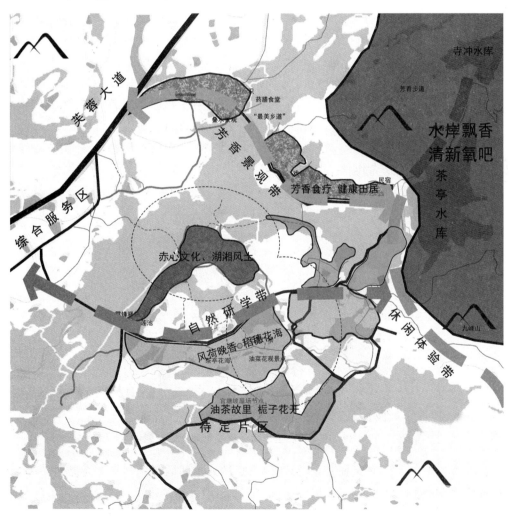

图 6-38　茶亭镇祥云片区功能分区分析

3. 乡村聚落生境化

乡村聚落的环境是小流域生态格局的重要组成部分,因此,乡村聚落的外部环境宜采取山水林田湖草居一体化规划,强调居民点建设结合自然设计和生态化处理,形成生态化的乡村空间结构和生态化的乡村基础设施,不采用城市化景观,减少硬化场地,遵循自然生态机理,使村落与自然环境有机融合。在庭院、稻田、果园等生产空间中,通过树篱、河畔护岸林、农田防护林的自然景观设计,以景观节点、生态斑块或廊道的方式重塑生产空间的景观生态化。保持传统肌理,在房前屋后的庭院中,除必要的蔬菜种植外,依据总体功能布局,种植本土化的芳香植物,将本地生境与资源活化利用结合起来。

4. 基层治理乡贤化

茶亭镇祥云片区乡村振兴的实施要靠人的力量,需要依托"乡贤"展开乡村治理(图 6-39)。茶亭镇在此方面具有良好的基础,如静慎村是湖南省美丽村庄建设示范村和两型建设示范村。最早的乡贤姚书记秉持"凝聚人心、吸纳人才"的初衷,吸引从乡村流出的精英回乡,参与乡村治理,通过道德宣扬和奖励,培育更多村内外村民成为新乡贤。在党建引领下,将法治、德治和村民自治结合起来,开辟一条"九贤治村"的新乡贤治村模式,建立起乡贤治村的完善工作体系及组织架构,进而推动村庄产业发展。许多村庄流失在外的"打工族"返乡创业,经营本土产业,利用自身资源和才华创建本土品牌,为本地经济带来新的创收和新的就业岗位。与 10 年前上访人数不断、村民打架斗殴截然不同,新乡贤倡导"思想复兴""发挥每个人的长处"等理念,文明乡风的教育和约束让村民矛盾消除,人际关系和睦友爱,卫生环境管理改善成效显著。现在,每家每户都有精致的菜地或花园,村容村貌整洁优美。为打造祥云片区的新气象,村民已经无偿提供鱼塘、水田设施用地等约 120 余亩,流转 24 栋土砖房至村级经济合作社。与此同时,镇政府提出探索科学分红机制,对合作经营的民宿、花卉基地、农产品展销等项目,不论盈亏优先保障村民保底分红,企业获得固定分红,再根据收益情况对集体进行浮动分红,建立稳固的利益共同体。

图 6-39　茶亭镇祥云片区村民参与规划讨论现场

在新的愿景引导下,依托原来"乡贤"的基础,祥云片区的势能必将大为提升。首先,需要"乡贤"带头和整合村内资源,发展芳香植物产业,在区、镇两级政府的支持下,形成芳香植物种植、产品加工制造和品牌打造等系统产业链。利用长沙网红流量城市的特征,对接"茶颜悦色""超级文和友"等超级打卡地,吸引游客来茶亭喝本地化的有机芳香茶。从长沙一个喧闹的烟火气息浓重的城市来到茶亭,面对这些美丽的自然风光,游客感到心旷神怡,成为与城市景观完全不同的新网红打卡地。其次,借其芳香经济发展的东风,积极推进基础设施的更新与改造,因地制宜地布局配套民宿和服务设施,同时保护茶亭自然环境不受破坏,提升人居环境质量。再次,策划大型活动,宣传芳香植物教育,培训乡村手工业者,通过纸媒、新媒体等多种渠道,引进外部专业人才,吸引知名企业和其他创业者进入。最后,将祥云片区与茶亭的其他生态和景观资源相互整合,如雪峰山油茶、保生杨梅基地、花卉苗木基地、山亭阁蜜蜂产业园,以及湘江景观风光带、苏蓼垸国家农业公园、静慎家园、乡贤文化公园等,形成规模集聚效应。

三、基于生态安全约束的资源环境承载力提升规划策略建议

对于许多急于改变生活条件的乡村来说,生态安全约束与经济发展成了难以调和的两难矛盾。解决这个困惑的基本路径和钥匙是转化思维,依托生态优势,挖掘基于自身特质的地理标志资源,集中发力,在此基础上延伸产业链,发展第二产业和第三产业,衍生相关产品的加工制造,打通上下游之间的屏障,构建新的产业链运行网络,形成完整的产业链闭环,从而将生态优势转换为经济优势,打造地理新名片,进而形成辐射带头效应,具体建议如下。

(一)建构流域化的生态格局

通过对既有或潜在的对维护和控制流域生态过程有重要意义的关键生态要素,如斑块、廊道和网络等生境空间,进行识别、恢复与重建,从而有效调控特定生态过程,改善景观格局和提升生态效益。遵循自然设计观,结合自然设计,依托地形地貌和水文基础条件,梳理水系、耕地、林地和农田,形成良好的生态格局。发掘本土生长性强、有稳固土壤作用的植物,结合自然环境变化进行景观工程设计。

(二)挖掘本土性的地理标志

寻找和挖掘在当地具有一定相对性的地理标志资源或农产品。所谓地理标志资源或农产品是指产自特定地域,具有依托产地自然因素和人文因素的质量、声誉或其他特性。把地理标志作为产业最重要的一种知识产权,将之升格为本地独特IP,将之做大做强,延伸产业链,树立品牌和声誉,把生态资源优势转化为生态经济优势,实现生态经济效益。

(三)趋向生态化的农业生产

农业生产生态化既能提升生态格局要素的品质,又能促进农产品的生态效应,与地理标志资源或农产品合力,打造富有地方性的特色农产品。农业生产生态化可减少农作物成灾率、人均水资源占有量、单位耕地面积农药施用量,提高农业废弃物综合利用率,减少环境治理投资占GDP比重,有利于提高资源环境承载力。农业生产生态化可从农作物品种的选择、生态科学技术运用、产业发展结构和农业生产方式转型等方面来实现。在农作物品种的选择上,选择减少病虫毒害的合适品种,从而减少化肥农药的使用,提高农产品安全。在生态科学技术上,借用生物消解技术,减少土壤有机质,防止碱化。在生态技术应用上,从源头减少面源污染,尽量使用生态化肥,减少对农田及水域生态环境的破坏,切断污染蔓延途径,在水域与农业生产空间之间布置生产隔离绿带或生态净化装置,吸收农田外排的农药和化

肥。在产业结构上,协调产业与生态环境保护和生态资源利用的关系,探索发展生态旅游业和生态农业等可持续性产业,延长产业链条,提高产品的附加值。

(四)乡村聚落构筑生境化

乡村聚落生境化指人居环境设计与自然环境相结合,在聚落布局、基础设施规划、建筑与景观设计等多方面遵循天人合一的自然法则。麦克·哈格强调自然设计和生态规划,采取"千层饼"模式多因子叠加,对居民的生活空间、公共服务设施和景观基础设施等进行生态化处理。从居民点的土地利用来看,应遵从建设用地减量化;从协调生态空间关系来看,需要梳理村落与周边河流水系的关系,控制建设活动,留出河流廊道适宜安全距离,保护生态斑块;从居民点的环境生态设计来看,应增加生活空间的亲自然设计;从生态基础设施来看,应注重完善村内污水处理设施和环卫设施,改善居民生活环境。

(五)基层治理引入"乡贤化"

生态环境的营造兼具自然性和社会性,在社会-生态系统(SES)中,人类行为会影响生态环境的过程,反过来,生态环境的变化也会改变人类的行为,进而影响生态资源环境,因此,需要从组织层面对人的行为进行引导和控制。从乡土社会的角度来看,实现乡村振兴的关键是凝聚人心,吸引人才,借用本地人力资源发展本土小型企业,构建文化认同。在基层治理上,引入乡贤,在生态环境意识、资金筹措、社会网络与社会资本和企业家精神等方面带动乡村发展,推动三生空间功能和形态优化,形成政府治理和社会调节、村民自治的良性互动,表达村民诉求,解决纠纷,做到"小事不出村、大事不出镇、矛盾不上交",增强德治意识,实现共建共治共享的社会治理格局。

乡村生态环境质量左右着国家的生态安全。必须坚守生态安全底线。既要保护乡村生态环境不受破坏,又要利用好乡村的原生态自然资源,协调好保护与发展的关系,协助开展河湖水生态系统保护与修复、农业结构调整和土地利用结构优化,以及重要生态廊道保护与修复,吸引外生性资源,形成具有内生发展动力的产业发展模式,将资源资产、资本财富有机统一在一起,通过科学发展形成好的造血机制,带动村民创收,反哺乡村人居环境和生态环境,涵养本土资源,达到可持续发展的目标。

第四节   资源环境承载力提升规划策略库

资源环境承载力提升的规划策略库由规划目标、规划策略和规划措施等 3 部分组成(图 6-40)。规划目标可分为总目标、分目标和约束要素,总目标即资源环境优化与承载力提升,分目标是基于社会-生态系统(SES)资源环境承载力提升工具的提炼,包括资源环境约束、资源环境单位承载力提升和资源环境承载力与治理协调等(表 6-6)。资源环境约束指为了保护资源环境须遵守的限制要求;资源环境单位承载提升指采用一定的策略和措施后,土地资源环境和水资源环境的单位承载能力获得提升;资源环境承载与治理协调主要指依托发展"六次"产业、村庄整治和村民发扬主人翁意识等策略,促成乡村经济的发展及土地资源环境承载力和水资源环境承载力的提升。本规划策略库以通用型策略和措施为主,特定区域需依据自身的水土条件有针对性地选择规划策略。

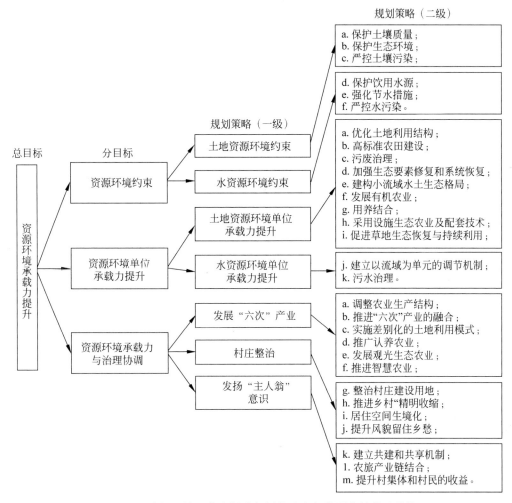

图 6-40　资源环境承载力提升规划策略库相关要素的关系结构

表 6-6　资源环境承载力提升规划策略库

规划目标			规划策略		规 划 措 施
总目标	分目标	约束要素	一级	二级	
资源环境优化与承载力提升	（1）资源环境约束	"非农化""非粮化"	土地资源环境约束	a. 保护土壤质量	• 划定土壤保护优先区域，确定范围、面积和边界； • 淘汰落后产能，监督考核； • 严格准入门槛，防止新项目开发建设对土壤环境的破坏； • 建立农产品产地追溯档案和土壤质量档案； • 建设土壤环境调查评估指标体系，建立开发利用的负面清单，加强建设用地准入管理
				b. 保护生态环境	• 保护和恢复生境斑块、廊道和网络构成的生态体系； • 保护乡村生物多样性，依靠不同种类的土壤生物，利用本地昆虫和鸟类来控制害虫，促使草地鸟类、蝴蝶和其他昆虫资源得到恢复； • 保护本土物种多样性，以景观节点或廊道的方式重塑生产景观系统； • 对具有地理特色的植物进行管理，保护森林、草地和水生植物；

续表

规划目标			规划策略		规划措施
总目标	分目标	约束要素	一级	二级	
资源环境优化与承载力提升	（1）资源环境约束	"非农化""非粮化"	土地资源环境约束	b. 保护生态环境	• 乡村聚落生境化，强调居民点建设结合自然； • 人工环境与自然环境融合，协调聚落风貌与地域特色相统一，保持传统肌理
				c. 严控土壤污染	• 强化规模化的畜禽养殖排污申报登记； • 固体废物控增量和减存量； • 加强畜禽养殖业环境管理，优化畜禽养殖业布局，设置排污口及其废弃物的综合利用水平； • 对土壤环境保护优先区域的污染源、污染物、产排量进行排查和整治，编制污染源整治方案； • 加强污染耕地环境风险控制
		COD、TN、TP	水资源环境约束	d. 保护饮用水源	• 强化饮用水水源及水库的藻类污染防治； • 在饮用水水源保护区严禁各类开发活动，加强水源地水质分析； • 从源头减少面源污染，采用有机种植，利用隔离绿带或生态净化装置切断污染蔓延途径
				e. 强化节水措施	• 加强农业节水、工业节水和生活节水措施； • 发挥水资源的多种功能，协调好生活、生产经营和生态环境用水； • 推行节水灌溉方式和节水技术，增加循环用水次数，鼓励使用再生水等，提高水的利用效率； • 使用滴灌、喷灌等方式来进行农业灌溉，也可与水肥一体机相结合
				f. 严控水污染	• 控制废水重金属和持久性有机污染物的排放； • 促进农残不流入河流，减少二次污染，有利于解决土地板结； • 加强污水接管及监管，加快城镇污水厂和重点行业提标改造，加强地下水污染防治； • 严格畜禽养殖污染防治，划定水产养殖禁养、限养区域，实施水产养殖污染整治；降低污水直排比例，提高环境污染治理投资比例； • 按照水功能区对水质的要求和水体的自然净化能力，建立该水域的纳污能力标准； • 加强改厕与农村生活污水治理的有效衔接及废物资源化利用； • 确定农村生活污水的处理排放标准和排放限值，保护水体环境
	（2）资源环境单位承载力提升	土壤肥力、耕地破碎度、优质种子比例	土壤资源环境单位承载力提升	a. 优化土地利用结构	• 优化生活空间，调整生产空间，整理居民点用地，统筹生活、生产和生态空间； • 强化永久基本农田的复垦与保护； • 推进土地"三集中"，增加耕地面积
				b. 高标准农田建设	• 推进土地全域整治，减少耕地破碎化，整治分散、细碎、小规模的耕地，建设高标准农田； • 提高农田规格，加强排灌渠系、田间道路、地力改良和农田管护体系的建设，改善农田生产条件和抵御自然灾害的能力，提高耕地产出率及生产效益； • 提高大型机械化耕种的占比，促进现代化； • 加强基因科学研究，提升种子抗病虫害的水准； • 建立合理耕作制度，用养结合，实施保护性耕作技术，走可持续发展道路

续表

规划目标			规划策略		规划措施
总目标	分目标	约束要素	一级	二级	
资源环境优化与承载力提升	（2）资源环境单位承载力提升	土壤肥力、耕地破碎度、优质种子比例	土壤资源环境单位承载力提升	c. 污废治理	• 对污染程度较低的区域，采取调整种植结构、农艺调控、土壤污染治理与修复等措施； • 强化土壤污染修复，废物污染环境防治坚持减量化、资源化和无害化原则； • 鼓励使用生物农药、高效低毒低残留农药的有机肥料； • 统筹考虑生活垃圾和农业生产废弃物的利用、处理，建立健全符合生活垃圾收运的处置体系； • 完成农村厕所无害化改造，厕所粪污基本处理或资源化利用
				d. 加强生态修复与生态恢复	• 落实重金属重点防控区专项整治，建立全口径涉重金属重点行业企业清单； • 开展土壤污染治理修复及风险管控；推进土壤污染防治，确保农产品土壤环境质量和人居环境安全； • 通过人工方法，按照自然规律，使生态系统恢复到干扰前的状态，如把一个地区需要的基本植物和动物放到一起，提供基本的条件，让它们自然演化，最后实现恢复； • 促进一个群落发展成为由当地物种组成的完整生态系统，为当地的各种动物提供适宜的栖息环境； • 提高退化土地上的生产力，对现有生态系统进行合理利用和保护，维持其服务功能
				e. 建构小流域水土生态格局	• 运用生态修复技术，设计结合自然，优化生境质量，构建生态安全格局； • 利用河流缓冲带、滨水植物、水边湿地和沼泽地森林或池塘，培育滨水和湿地生态群落，改善水环境； • 设计使用本土适应性强且具有一定价值的植被群落，稳定根部，形成风挡，稳固水土； • 借用生物消解技术，减少土壤有机质，防止土地碱化
				f. 发展有机农业	• 考虑农业干预对农业生态系统的中期和长期影响，在生产食物的同时建立生态平衡，保护土壤肥力和降低虫害； • 探索建立自给自足、零污染零浪费的生态系统； • 建立健康的土壤，通过使用覆盖作物，堆肥和基于生物的土壤改良剂来增加土壤中的有机物质，产生能抵抗疾病和抗虫的植物； • 土壤采用作物轮作、间作、共生协作，有机肥和最小耕作，依托土壤动植物，改善土壤形成和结构，创造更稳定的系统生态； • 利用传统的施肥方法，如回收生物质（堆肥）和种植豆类——豌豆和其他植物，以稳定的生态方式为植物提供养分，同时培育土壤的韧性，保持水土和增加土壤内有机质，土壤中的有机物质有助于良好的土壤结构和保水能力； • 选择适应当地的土壤和气候条件、抗病虫的植物种类及品种，选择有机种子或植物繁殖材料，采取有机生产方式，培育一年生植物的种苗； • 通过适当的耕作与栽培措施来维持和提高土壤肥力，包括回收、再生和补充土壤有机质和养分来补充因植物生长带走的有机质和土壤养分； • 采用种植豆科植物、免耕或土地休闲等措施进行土壤肥力的恢复，使用有机肥以维持和提高土壤的肥力、营养平衡和土壤生物活性，避免过度使用有机肥，造成环境污染；

续表

规划目标			规划策略		规划措施
总目标	分目标	约束要素	一级	二级	
资源环境优化与承载力提升	（2）资源环境单位承载力提升	土壤肥力、耕地破碎度、优质种子比例	土壤资源环境单位承载力提升	f. 发展有机农业	• 病虫草害防治应从农业生态系统出发，综合运用各种防治措施，创造不利于病虫草害滋生和有利于各类天敌繁衍的环境条件，优先采用农业措施，比如选用抗性品种、种子处理、培育壮苗、清园等，还应尽量利用物理措施防治，比如杀虫灯防治、人工除草等； • 有机农业生产环境必须隔离普通农业土地，用树林遮挡农药随风飘入，隔绝有污染的水源
				g. 鼓励自然生物多样性	• 利用植物和动物的多种组合，优化农业生产的养分和能量循环，降低农业对环境的隐性成本，防止自然资源退化； • 维护有机农田内部和周围的自然区域的生态系统，为野生动物创造合适的栖息地； • 使用未充分利用的物种，轮作作物以增加土壤肥力，减少对农业生物多样性的侵蚀，创造一个健康的基因库； • 利用生物多样性提供耕种的生态服务，如土壤形成和调节、土壤稳定、废物回收、碳固存、养分循环、捕食、授粉和栖息地
				h. 用养结合	• 在不破坏耕地的前提下，实施稻鱼、稻虾、稻鳖综合立体养殖； • 使用有机来源的肥料，如堆肥、粪肥、绿肥和骨粉，利用地方重点技术，如轮作和同伴种植； • 防治生物害虫，鼓励混合种植和培育昆虫捕食者； • 禁止使用合成杀虫剂、抗生素、合成肥料、转基因生物和生长激素
				i. 采用设施生态农业及配套技术	• 对农业生态系统进行合理的选择、自然调节，提升生物质产能，实现高效重复利用能量与物质； • 营造一个小的生态循环条件进行农业生产，如水稻龙虾的生态养殖、鱼塘蔬菜生态种养殖等； • 将养殖产生的有机肥（需特殊除菌），用于种植过程，保护生态环境； • 尽可能做到能源自给，将农业废弃物及人畜粪尿进行综合利用和循环使用，将氮、磷、钾、钙、镁等一些要素和营养的损失降到最低限度； • 有效应对有害生物，进行自然防控，减少农药使用率及污染，降低生产成本，增加土壤有机质，提升土壤肥力，让农产品在绿色生态环境中产生良性循环； • 在设施工程的基础上，以有机肥料全部或部分替代化学肥料（无机营养液），以生物防治和物理防治措施为主要手段进行病虫害防治，以动、植物的共生互补良性循环等技术构成的新型高效生态农业模式； • 最大限度减少能源、肥料、饲料和其他物质的输入，促进物质在系统内的循环利用。以沼渣、沼液为肥源，实现种植业（蔬菜）、养殖业（猪、鸡）相结合的能流、物流良性循环系统； • 采用生态种植模式及配套技术，在单位面积土地上，根据不同作物的生长发育规律，采用传统农业的间、套等种植方式与现代农业科学技术相结合，从而合理充分地利用光、热、水、肥、气等自然资源、生物资源和人类生产技能，以获得较高的产量和经济效益； • 发展物质循环利用的生态农业，一个生产环节的产出是另一个生产环节的投入，系统中的物质在生产过程中得到多次循环利用。如猪-沼-果生态农业模式建设等；

续表

规划目标			规划策略		规划措施
总目标	分目标	约束要素	一级	二级	
资源环境优化与承载力提升	(2) 资源环境单位承载力提升	土壤肥力、耕地破碎度、优质种子比例	土壤资源环境单位承载力提升	i. 采用设施生态农业及配套技术	• 发展生物立体共生的生态农业,处于不同生态位的各种生物在类群中各得其所,共生共荣,获得较高的资源利用率和生物产品产出; • 发展农业生态环境综合治理和建设的生态农业,对水土流失、干旱、地力低下、石漠化、盐碱化、农业生产用地污染等影响农业生产和生态环境的因素进行人工生态调控
				j. 促进草地生态恢复与持续利用	• 遵循植被分布的自然规律,按照草地生态系统物质循环和能量流动的基本原理,运用现代草地管理、保护和利用技术,实现草地生态恢复与持续利用; • 在牧区实施减牧还草,在农牧交错带实施退耕还草; • 在南方草山草坡区实施种草养畜,在潜在沙漠化地区实施以草为主的综合治理,以恢复草地植被,提高草地生产力,遏制沙漠东进,改善生存、生活、生态和生产环境
		水丰度、水质等级	水资源环境单位承载力提升	k. 建立以流域为单元的水资源调节机制	• 进行流域水资源供需平衡分析,调整供排水通道格局,促进水资源优化利用; • 对流域内干流和重要支流完成截污,确保出水达到一级 A 类标准,清除河道污染底泥; • 流域统筹,防止淡水跨界污染,提升污水集中处理水平; • 建设全方位一体化的防洪排涝减灾体系; • 推进建设自然积存、自然渗透和自然净化的"海绵城市",疏浚河道,畅通排水,自排和电排并举,构建低影响开发的雨水系统
				l. 污水治理	• 保护植被,植树种草,涵养水源,防治水土流失和水体污染; • 推进水污染防治,水资源合理利用、水生态修复保护、水环境治理改善"三水并重"; • 提高生活污水治理率,建立管护长效机制,推进河长制,推进区域治污"一体化"工程
	(3) 资源环境承载力与治理协调	粮食安全、农地"流转率"、农地"三权分置""空置率"、建设用地"流转率"、建设用地"三权分置"	发展"六次"产业	a. 调整农业生产结构	• 推进耕地"三权"分置; • 推广低碳、绿色的有机农业和规模化种植; • 降低耕地"非粮化"、严禁"非农化"; • 改善农业种植方式,如稻虾养殖和粮菜轮作
				b. 推进"六次"产业的融合	• 依托土地发展权,提高农用地征收补偿标准,强化"三块地"改革的试点探索; • 发展田园综合体"筑巢引凤",更好地将一产和三产结合发展; • 推进乡村要素与城镇关联融合、乡村发展转型和体制机制转换; • 发展"一村一品"经济; • 协调产业与生态环境保护、生态资源利用的关系,探索生态旅游业和生态农业的可持续发展; • 提升特色生态农业产业化水平,延长产业链条,提高产品的附加值,构建更具竞争力的现代化产业格局
				c. 实施差别化的土地利用模式	• 集约利用土地,转变土地利用方式,促进产业升级,对高污染低附加值产业用地进行腾退; • 对已有建设用地进行土地复合利用,提高开发建设强度和社会经济效益; • 提高新增建设用地门槛,严控建设用地增长
				d. 推广认养农业	• 城乡结合,依托乡村治理建构的社会网络,土地或农产品由城里的企业或居民认领,并支付一定的费用,获得高品质农产品的收获权,可以自行去收获,也可以通过快递方式获取

续表

规　划　目　标			规　划　策　略		规　划　措　施
总目标	分目标	约束要素	一级	二级	
资源环境优化与承载力提升	（3）资源环境承载力与治理协调	粮食安全、农地"流转率"、农地"三权分置""空置率"、建设用地"流转率"、建设用地"三权分置"	发展"六次"产业	e. 发展观光生态农业	• 以有机农业或生态农业为基础,强化农业的观光、休闲、教育和自然等多功能特征,形成具有第三产业特征的一种农业生产经营形式; • 发展高科技生态农业园、精品型生态农业公园、生态观光村和生态农庄等观光生态农业模式
				f. 推进智慧农业	• 依托"互联网＋"和两化融合(工业化和信息化),构建农业信息化和农业物联网系统; • 农业信息化＝大田管理＋生产计划＋生产管理(农事操作)＋大数据大屏＋病虫害识别＋智能决策; • 数字农业＝智慧农业＋管理理念＋业务创新＋产业融合
			村庄环境整治	g. 整治村庄建设用地	• 按照人口趋势,实施村庄集约化布局; • 在分析景观格局的基础上,降低破碎度,增加连通性,优化村镇"三生"布局形态; • 促进土地发展权从低效向高效利用转变,推进宅基地"三权分离",减少宅基地"空置率",盘活经营性用地
				h. 推进乡村"精明收缩"	• 依据村庄常住人口及其人口结构的未来变化趋势,缩减自然村数量; • 迁居安置靠近城镇或基础设施较好的大村,提高土地的集约度和利用效率; • 推进城乡融合,促进非农就业的乡村人口向城镇转移; • 改变乡村用地破碎状态,提高土地利用的集约度
				i. 居住空间生境化	• 形成庭院经济为主的生态农业,在一家一户的生产单元中,建立小型循环生态系统; • 将居住环境、生产环境与生态环境有机地结合起来
				j. 提升风貌留住乡愁	• 注重乡土味道保留,强化地域文化元素符号; • 慎砍树、禁挖山、不填湖、少拆房,保护乡情美景; • 大力提升农村建筑风貌,突出乡土特色和地域民族特点; • 提升田园风光品质,推进村庄绿化,植树造林、湿地恢复,建设绿色生态村庄
			增强主人公意识	k. 建立共建共享机制	• 建立政府、村集体、村民等各方共建、共管、共评和共享的机制; • 倡导新乡贤文化,以乡情乡愁为纽带,动员村民投身美丽家园建设; • 发挥村规民约作用,提升村民参与人居环境建设的自觉性、积极性、主动性
				l. 农旅产业链融合	• 在出售有机食品的同时,面向社会提供民宿、露营、儿童托管、工作室租赁等服务,接待学生社会实践,为公司团建提供场地,一起体验喂养动物、清洗圈舍、清除杂草、采摘蔬果、制作奶酪的乡村生活; • 安装太阳能板,将堆肥过程中释放的热量收集起来,用于民宿的热水供应
				m. 提升村集体和村民的收益	• 鼓励村集体经济组织通过依法盘活空闲建设用地,增加集体收益; • 土地整理指标可以作为股份引入城市资本下乡,增加村集体收入; • 增加就业岗位,使"留守"人口再就业,改善农业劳动力结构

第五节　小结

本章先基于人类与自然相互作用的关系,依据资源环境承载力概念与生态安全、粮食安全、"两山理论"和乡村振兴之间的联系,提出资源环境承载力与人类行为多目标干预及其规划策略之间的关联分析框架;然后分别从生态保护约束、粮食安全约束、土地发展权和乡村治理等4大因素出发,利用基于SES的资源环境承载力提升工具,对江苏省溧阳市社渚镇河口村、南渡镇庆丰村和湖南省长沙市茶亭镇祥云片区等3个典型案例展开资源环境承载力提升规划策略的实证性分析;最后结合前几章的案例研究,凝练资源环境承载力提升的规划策略库,包括规划目标、规划策略和规划措施等3部分。

第七章

基于资源环境承载力的村镇规划指南

基于前述研究形成的村镇尺度资源环境承载力综合评估测算与提升技术方法,结合空间规划体制改革趋势,提炼基于资源环境承载力的村镇规划指南,有利于提升村镇规划相应内容的科学性、合理性,助力更多村镇实现经济社会与资源环境承载力的均衡发展。本章内容旨在结合建立国土空间规划体系背景下的村镇规划定位、内容和编制要求等,理清基于资源环境承载力的村镇规划指南定位,探索将 SDES 模型框架和测算技术系统融入村镇规划编制框架的路径与结合点,在此基础上,针对可结合的村镇规划内容,介绍基于资源环境承载力的具体技术要点,为后续制定相关技术指南奠定基础。

第一节 基于资源环境承载力的村镇规划指南的定位

村镇规划是一个复合概念,一般涵盖村庄规划和乡镇规划两个层级。在我国规划体系演变的不同时期,村镇规划的具体内涵也有所不同。在国土空间规划体系的初步建立时期,针对村庄规划和乡镇规划的统一技术规范还很缺乏,管理部门也倾向于在通过指导文件明确编制总体要求的基础上,由各地结合实际制定适用于本地情况的村庄规划和乡镇规划技术规范。在此背景下,基于资源环境承载力的村镇规划指南,宜定位于编制村镇规划中开展资源环境承载力评价和提升工作的技术指引,而不是乡镇国土空间规划、村庄规划编制指南的升级版。

一、村镇规划的概念范畴

对村镇规划这一概念的规范性解释,最早出现在《村镇规划编制办法(试行)》中:其第二条规定"本办法适用于村庄、集镇,县城以外的建制镇可以按照本办法执行";第三条将村镇规划分为"村镇总体规划"和"村镇建设规划"两个阶段;第十二条和第二十条分别对村镇总体规划和村镇建设规划的内容和任务进行了界定,即村镇总体规划的任务是对"乡(镇)域范围内村镇体系及重要建设项目"进行整体部署,而村镇建设规划是"对镇区或村庄建设进行的具体安排",按规划对象的层级又分为"镇区建设规划"和"村庄建设规划"。

因此,村镇规划是一个复合概念,从地理空间单元上包括:村庄规划,含自然村和行政村两个层次;镇规划,含镇区(乡集镇)和镇(乡)域两个层次,镇域指一般建制镇的管辖范围,乡域即乡政府的管辖范围。《村镇规划编制办法(试行)》的制定依据《中华人民共和国城市规划法》,随着 2008 年《中华人民共和国城乡规划法》的出台而废止,对应《中华人民共和国城乡规划法》提出的城乡规划类型,从法理和对《村镇规划编制办法(试行)》规定的适用范围的延续性来说,村镇规划的概念应该包括镇规划(不含县人民政府所在地镇)、乡规划和村庄规划。

近年来,随着"多规合一"空间规划体制改革的完成,村镇规划的概念范畴又产生了新的变化。按照《中共中央 国务院关于建立国土空间规划体系并监督实施的若干意见》及主管部门的解释口径,我国将建立"五级三类"的国土空间规划体系,村镇规划中的乡镇规划和村庄规划被分别划入不同的规划类型。其中,乡镇规划虽然属于"五级"国土空间总体规划中的最低层级,但中央文件未对其做强制要求,而是提出"各地结合实际编制乡镇国土空间规划"。村庄规划则属于"三类"国土空间规划中的详细规划,对其规定是"在城镇开发边界外的乡村地区,以一个或几个行政村为单元,由乡镇政府组织编制'多规合一'的实用性村庄规划,作为详细规划,报上一级政府审批"。

二、村镇规划的编制要求

目前,国家层面对乡镇规划的指导意见尚未出台,而村庄规划则在实施乡村振兴战略的背景下,出台了若干指导性文件,主要包括《中央农办 农业农村部 自然资源部 国家发展改革委 财政部关于统筹推进村庄规划工作的意见》(农规发〔2019〕1 号)、《自然资源部办公厅关于加强村庄规划促进乡村振兴的通知》(自然资办发〔2019〕35 号)、《自然资源部办公厅关于进一步做好村庄规划工作的意见》(自然资办发〔2020〕57 号)等。

《中央农办 农业农村部 自然资源部 国家发展改革委 财政部关于统筹推进村庄规划工作的意见》提出了两方面村庄规划的工作要求。一是坚持县域一盘棋。要求结合乡村振兴战略规划编制实施,逐村研究村庄人口变化、区位条件和发展趋势,明确县域村庄分类。统筹考虑县域产业发展、基础设施建设和公共服务配置,引导人口向乡镇所在地、产业发展集聚区集中,引导公共设施优先向集聚提升类、特色保护类、城郊融合类村庄配套。二是推动各类规划在村域层面"多规合一"。要求统筹谋划村庄发展定位、主导产业选择、用地布局、人居环境整治、生态保护、建设项目安排等。

《自然资源部办公厅关于加强村庄规划促进乡村振兴的通知》明确村庄规划范围为村域全部国土空间,并提出了统筹村庄发展目标、统筹生态保护修复、统筹耕地和永久基本农田保护、统筹历史文化传承与保护、统筹基础设施和基本公共服务设施布局、统筹产业发展空间、统筹农村住房布局、统筹村庄安全和防灾减灾、明确规划近期实施项目等 9 方面村庄规划主要任务。

《自然资源部办公厅关于进一步做好村庄规划工作的意见》从统筹城乡发展的角度,进一步细化了对村庄规划编制的要求。一方面,加强上位规划指导和分类引导,要求在县、乡镇级国土空间规划中,统筹城镇和乡村发展,合理优化村庄布局;根据不同类型村庄发展需要,有序推进村庄规划编制,集聚提升类等建设需求量大的村庄加快编制,城郊融合类的村庄可纳入城镇控制性详细规划统筹编制,搬迁撤并类的村庄原则上不单独编制。另一方面,明确村庄各类功能布局原则,要求工业布局原则上安排在县、乡镇的产业园区,农村产业业态可根据实际条件就近布局;严格落实"一户一宅",引导农村宅基地集中布局;强化县城综合服务能力,把乡镇建成服务农民的区域中心;统筹布局村基础设施、公益事业设施和公共设施,促进设施共建共享。

按照已出台的相关文件精神,国家层面很可能不再制定统一的村镇规划编制指南和技术标准,而是由各省级行政区自行制定。在乡镇规划方面,《自然资源部关于全面开展国土空间规划工作的通知》在"明确国土空间规划报批审查的要点"部分提出,乡镇级国土空间规划的审查要点,由各省(自治区、直辖市)根据本地实际,参照上述审查要点制定。在村庄规划方面,《自然资源部办公厅关于加强村庄规划促进乡村振兴的通知》提出,各省(区、市)可按照本意见要求,制定符合地方实际的技术标准、规范和管理要求;《自然资源部办公厅关于进一步做好村庄规划工作的意见》提出,省(自治区、直辖市)自然资源主管部门可根据各地实际,细化具体要求。

三、基于资源环境承载力的村镇规划指南定位

结合上述对村镇规划概念范畴和编制要求进行的梳理,制定基于资源环境承载力的村镇规划指南,宜定位于编制村镇规划中开展资源环境承载力评价和提升工作的技术指引,而不是各地制定的乡镇国土空间规划、村庄规划编制指南的改进版,指南的主要目标是,在编制乡镇级国土空间总体规划和村庄规划时,提高相应规划内容基于资源环境承载力视角的科学性、合理性。

第二节　村镇规划的内容框架和传导链

按照《中共中央 国务院关于建立国土空间规划体系并监督实施的若干意见》,结合目前全国和省、市县三级国土空间总体规划编制实践来看,国土空间规划体系的建立强调自上而下的传导性,要求逐级分解约束性指标和刚性管控要求。在此背景下,研究国土空间规划体系中的村镇规划内容框架和传导链的目的是,梳理村镇规划在调节本级资源配置方面真正能发挥作用的领域,与资源环境承载力测算及提升方法做到有效结合。

一、村镇规划的内容框架

通过对国家相关政策指导文件和已印发的国土空间规划指南(包括省级地方性指南)进行梳理,可以大致确定村镇规划涵盖的内容框架。

在乡镇规划方面,已出台的省级地方性指南基本延续市县级国土空间规划的框架,内容主要包括:现状分析与目标定位、国土空间格局、自然资源保护与利用、居民点体系与产业布局、乡镇政府驻地规划、基础保障体系、历史文化与景观风貌、生态修复与国土综合整治、规划传导与实施、近期建设等 10 个方面。

在村庄规划方面,已出台的省级地方性指南主要按照《中央农办 农业农村部 自然资源

部 国家发展改革委 财政部关于统筹推进村庄规划工作的意见》《自然资源部办公厅关于加强村庄规划促进乡村振兴的通知》等政策文件的要求设定规划内容,主要包括:村庄发展目标、生态保护修复、耕地和永久基本农田保护、历史文化传承与保护、基础设施和基本公共服务设施布局、产业发展空间、农村住房布局、村庄安全和防灾减灾、规划近期实施项目等9个方面。此外,由于村庄规划在发挥村民主体作用、强化公众参与等方面的要求较高,因此,湖南、江西、安徽等地采用"工作指南+技术指南"两个文件的形式印发指南,通过工作指南明确公众参与的程序、要求等。

二、村镇规划的内容传导链

按照已印发的国土空间规划指南,对村镇规划内容框架中涉及自上而下传导的内容版块进行传导链梳理,可以了解在国土空间规划体系中,村镇规划在调节本级资源配置方面可以有效作用的领域。

(一)目标定位

村镇目标定位的传导类型以定性传导为主,属于弱传导。传导链包括市—县—乡—村四级。

(二)重要控制线

重要控制线的传导内容主要包括生态保护红线、永久基本农田、城镇开发边界等三条控制线,以及历史文化保护、水域、岸线、湿地、蓄滞洪区、天然林、生态公益林、基本草原等其他控制线。其传导类型是定量+定位传导,属于强传导。传导链主要是:市县级明确空间范围和坐标界线,乡镇级落实到具体地块,并分解到村,村级严格落实。其中,城镇开发边界只分解到乡镇,但乡镇级要落实市县规划下达的城乡建设用地规模,划定村庄建设边界,明确建设用地规模和管控要求。

(三)规划分区

国土空间规划分区的传导内容主要是规划一级分区、规划二级分区和用地安排。其传导类型为层层细化的较强传导,传导链为市—县—乡—村四级。具体而言:市级规划划定一级分区,包括生态保护区、生态控制区、农田保护区,以及城镇发展区、乡村发展区、海洋发展区、矿产能源发展区7类(中心城区划分至二级分区);县级规划划定二级分区,中心城区、生态保护区、耕地保护区划分到三级;乡镇规划明确农用地、建设用地、其他用地的规模、范围,其中乡镇域划分二级类,镇区划分三级类;村级规划落实具体地块用地类型(三级类,基本为居民点内建设用地)。

(四)约束性指标

约束性指标的传导类型为层层分解的强传导。按照不同指标,其传导链也有所区分,具体而言:①市—县—乡—村四级传导的指标,包括生态保护红线面积、永久基本农田保护面积、耕地保有量、建设用地面积、城乡建设用地面积、林地保有量、基本草原面积、湿地面积等;②市—县—乡三级传导的指标,包括用水总量、自然海岸线保有率、人均城镇建设用地面积等;③县—乡—村三级传导的指标,包括农用地整理面积、建设用地整理面积、新增生态修复面积等;④乡—村两级传导的指标,包括村庄建设用地规模、人均村庄建设用地等。

（五）村镇分类

村镇分类的传导类型以定性传导为主，属于较强传导，还会出现越级传导现象，即由市县级规划直接确定村庄分类。其传导链包括以下三种情况：①市—县、乡、村传导，即市级规划明确城镇体系的规模等级和空间结构，提出村庄布局优化的原则和要求；②县—乡、村传导，即县级规划确定乡镇特色类型，确定村庄分类及农村宅基地规模、布局；③乡—村传导，即乡镇级规划按照乡镇政府驻地、中心村、基层村三个等级，细化居民点体系等级结构、职能分工和发展方向。

（六）要素配置

要素配置的传导类型以层层落实＋细化为主，属于强传导。其传导链按照不同空间要素分为以下几种情况：①交通和基础设施类。逐级落实上级规划提出的设施选线、走向和用地，细化衔接提出本级的设施布局。②公共服务设施类。市县规划提出不同空间层级公共服务设施的差异化配置要求，乡镇规划确定各类设施的布局、规模和数量，村级规划落实用地。③防灾减灾类。市县规划确定防灾减灾的目标和设防标准，划示灾害风险区，提出各类重大防灾设施标准、布局要求与防灾减灾措施；乡镇规划按照主要灾害设防标准，合理布局各类防灾减灾设施，提出灾害预防和治理措施；村庄规划划定灾害影响范围和安全防护范围，提出预防和应对各类灾害的措施。

（七）其他

主要包括农业发展、资源储备、土地整治、生态修复等规划内容，其传导类型以定量＋定位传导为主，属于强传导。传导链按照不同规划内容，分以下情况：①农业发展类。县—乡—村三级传导的内容主要包括农业"三区"（粮食生产功能区、重要农产品生产保护区、特色农产品优势区）划定，农牧副渔等设施用地和设施农用地规模分解等；乡—村两级传导的内容包括果蔬生产、畜牧、养殖及特色农产品等农业生产布局。②资源储备类。市—县—乡—村四级传导，包括永久基本农田储备区划定，耕地后备资源分布。③土地整治类、生态修复类。市—县—乡三级传导，即市、县规划提出目标、重点区域和重大工程，乡镇规划确定各类工程的规模、布局、时序、建设内容。

三、村镇规划与资源环境承载力测算及提升的结合领域

综合来看，国土空间规划语境下的村镇规划内容框架主要包括现状分析和评估、定位与目标、国土空间布局、居民点体系规划、集中建设区规划、产业发展与布局、公共服务和基础设施规划、历史文化与景观风貌、生态保护修复和国土综合整治、规划传导与实施、近期建设规划等11个方面。其中，除历史文化与景观风貌、近期建设规划等内容外，其他各板块内容（见表7-1）对资源环境承载力测算及提升方法而言，都具有可切入点。

表 7-1　村镇规划中与资源环境承载力可结合领域的主要任务

内容板块	主要任务
现状分析和评估	分析村镇发展阶段及未来发展变化的趋势，评估现行土地利用规划、城乡规划实施情况，总结村镇建设存在的主要问题、风险、机遇和挑战等
定位与目标	结合上位规划确定的村镇分类和职能分工，以及自身特色、发展条件，明确村镇发展定位，并按照发展定位，结合落实上位规划分解下达的约束性指标，制定村镇规划目标指标体系

内 容 板 块	主 要 任 务
国土空间布局	明晰开发保护区域、轴带及重要节点,提出国土空间开发保护总体格局,落实永久基本农田、生态保护红线、城镇开发边界三条控制线,划定生态空间、农业空间和建设空间,并明确各类用地布局
居民点体系规划	分析村镇人口流动、结构和分布变化,明确乡镇政府驻地、村庄等居民点体系规模结构,提出各级居民点建设用地规模控制指标。乡镇层面应划分村庄类型,以及村庄规划编制单元
集中建设区规划	乡镇规划需对乡镇政府驻地、村庄规划需对村庄居民点等集中建设区内的建设用地做出安排,明确集中建设区的范围和总规模,合理安排各类用地的比例结构和规划布局
产业发展与布局	结合上位规划、同级经济社会发展规划确定的产业发展策略及村镇的特色资源,提出村镇产业发展的重点方向和合理规模,统筹规划村镇第一、第二、第三产业的发展和空间布局
公共服务和基础设施规划	确定教育文化、医疗卫生、商业服务、物流集贸、养老殡葬等公共服务体系布局,道路、供水、排水、供电、燃气、供热、垃圾处置等公用设施布局,以及防洪、排涝、抗震、消防、应急避难及地质灾害治理等综合防灾体系布局
生态保护修复和国土综合整治	提出水域湿地、森林草原、矿山等生态修复重点区域和工程项目,以及农用地、建设用地、后备土地等国土综合整治重点区和工程项目
规划传导与实施	提出规划实施保障措施。编制乡镇规划需提出对村庄规划的传导要求

第三节 村镇规划资源环境承载力测算与提升的主要技术方法

本节介绍村镇规划中开展资源环境承载力测算与提升的主要技术方法,基于前文的SDES模型理论方法及应用案例,可将其分为两大类。一类是综合评价测算方法,包括村镇建设与资源环境协调度评价方法、村镇建设资源环境承载力的PSG(压力-状态-治理)综合评估方法。另一类是针对水、土资源和生态环境的单要素评价测算与提升方法,包括水环境、水资源、耕地资源、建设用地、生态承载力等评价测算方法。

一、综合评价

(一)村镇建设与资源环境协调度评价

收集村镇建设、村镇经济发展、村镇社会发展、村镇公共设施发展等村镇建设指标,以及村镇土地资源占用、村镇水资源开发强度、村镇生态资源、村镇水环境胁迫、村镇固废环境胁迫等村镇资源环境指标,通过指标体系综合计算协调度,划分协调类型,总体上可分为失调衰退型、协调发展型。每种类型可再根据计算结果细分失调、协调等级。在此基础上,可根据分项指标对比,分别分析人地协调性、人水协调性、水土匹配度、居业协同度等,判断村镇建设与资源环境协调中的突出矛盾。

(二)村镇建设资源环境承载力的 PSG(压力-状态-治理)综合评估

PSG(压力-状态-治理)是衡量资源环境承载力的典型模型。压力维度(P)主要反映村镇社会、经济发展对资源环境获取产品和服务,及其带来的附属废弃物对资源环境造成的直接或间接的影响。状态维度（S）主要表征资源系统提供的空间规模与结构，及不同空间供给村镇建设所需的产品与服务，即资源单位。治理维度（G）表征村镇在建设过程中，政府、村集体、居民及市场等多利益主体在相关政策、规则导向下，通过自上而下干预、自下而上的能动，以及市场影响对村镇资源环境进行的利用及管理。一方面，以行政村为单元，建立指标体系测算模型，对压力指数、状态指数、治理指数和综合承载力的指数进行测算，划分等级并绘制空间分布图，对乡镇全域村镇建设资源环境承载力进行全局分析。另一方面，定量识别各 PSG 综合指数等级区的资源环境承载力的主导障碍因素，识别全局障碍因子、局部障碍因子、单区障碍因子及其空间分异，分析村镇资源环境承载力提升的关键因素。

二、单项评价

（一）村镇水环境承载力评价

评价步骤：①根据上位规划确定的流域水环境容量，通过降尺度测算模型，测算本村镇可用的水环境容量；②对村镇水环境的分散源污染、点源污染分别进行调查统计，综合测算村镇水环境占用量；③结合可用水环境容量和水环境占用量，对村镇水环境容量进行供需比较分析，判断村镇水环境的超载、平衡或富余状态；④对水环境超载或紧平衡的村镇，识别主要污染源产业。

（二）村镇水资源承载力评价

评价步骤：①建立水资源承载力评价指标体系；②测算水资源现状承载状态，包括压力指数、承载指数等；③根据评价指标的历史变化情况，运用系统动力学模型进行多情景分析，测算不同水权分配方案下压力指数、承载指数的变化情况。

（三）村镇耕地资源承载力评价

一方面，基于光照、温度、降水（灌溉）、土壤等自然条件，采用逐级订正法，分别计算光合生产潜力、光温生产潜力、气候生产（光温水）潜力、土地生产潜力（光温水土）、农业生产潜力（管理水平和生产要素投入）。另一方面，分别收集村镇农业生产中的农户行为参数[①]、自然气候参数[②]，并结合耕地保有量及空间分布等空间限制性因素，进行农作物单产拟合分析，测算各类因素对农作物单产的影响机制，以及村镇耕地资源对各类主要农作物的生产潜力。

（四）村镇建设用地承载力评价

评价步骤：①通过构建以建设用地经济产出最大化、耕地粮食产量最大化等为目标的目标函数，以及涵盖政策、耕保、生态、经济、水平衡、碳平衡等的约束条件，建立建设用地承载力测算模型；②通过模型测算在多目标平衡、多条件约束下的村镇建设用地总量及各类建设用地承载力满载水平，并与各类建设用地现状面积进行比较，识别超载和尚有潜力的建设用地类别。

（五）村镇生态承载力评价

评价步骤：①结合全国、省级生态功能分区，以及国家生态乡镇名录等，通过空间叠置分析，确定村镇主导生态功能（包括水源涵养、生物多样性、水土保持、防风固沙、防灾减灾等类型）；②建立村镇生态承载力评价指标体系，测算生态压力、生态弹性力、复合承载力等；

---

① 包括农民年龄、农业收入比重、耕作面积、施肥强度、农药投入、机械投入、种植意愿等。

② 包括光照、温度、降水（灌溉）、土壤等。

③结合村镇主导生态功能和生态承载力评价结果，在多目标平衡下开展情景模拟分析，并结合上位规划的"三线一单""三区三线"等，进一步确定村镇建设的生态约束条件；④分别测算生态约束下的村镇主导产业的最大规模、经济规律约束下的村镇主导产业的最小规模。

第四节　基于资源环境承载力的村镇规划内容要点

本节按照村镇规划中可与资源环境承载力测算与提升相结合的规划内容领域，结合承载力测算与提升的主要技术方法，逐一介绍各规划内容中可具体运用资源环境承载力测算与提升方法的技术要点，这可以作为制定基于资源环境承载力的村镇规划指南的主体内容。

一、现状分析和评估

开展村镇规划现状分析评估，村镇资源环境承载力分析作为重要方面。

（1）对照村镇承载力分区分类，找准本村镇主导功能和资源环境承载力的主要约束因素。在乡镇层面，可结合乡镇所在的全国资源环境基础分区（包括西北生态/水资源约束地域、西南地质灾害胁迫地域、北方水资源约束地域、青藏地形/热量约束地域、南方耕地/环境约束地域）、所属县域主体功能定位（包括城市化地区、农产品主产区、重点生态功能区等），以及本乡镇功能分类，如养殖类、种植类、工矿类、商旅类、生态类、居住类等，分析本乡镇经济社会发展与资源环境承载力的主要矛盾。在村庄层面，可结合所属县域主体功能、所属乡镇主导功能，以及本村庄功能分类①，分析本村庄经济社会发展与资源环境承载力的主要矛盾。

（2）开展村镇建设与资源环境协调度评价，分析本村镇建设发展与资源环境承载力的协调程度。

（3）在乡镇层面，应开展村镇建设资源环境承载力的 PSG 综合评估。

二、定位与目标

（1）明确村镇发展定位。结合村镇建设资源环境承载力分区分类，避免提出不符合本地资源环境承载力本底条件的发展定位。

（2）制定村镇规划目标指标体系。将村镇建设资源环境承载力的相关指标纳入控制指标体系，包括但不限于水资源开发利用约束指标、水环境容量约束指标、水环境保护指标、农用地保护约束指标、建设用地开发约束指标、生态环境保护和改善指标等。

（3）确定村镇规划的相关指标值。结合不同村镇类型的村镇建设资源环境承载力合理阈值，进行综合校验测算，以达到村镇经济社会发展与资源环境的平衡状态。包括：按照资源环境合理阈值约束下的产业经济规模，以及与资源环境条件类似地区的横向比较，合理调整人均 GDP 等经济发展指标；按照村镇建设资源环境协调度评价的人地协调性、人水协调性等，合理框定村镇人口预期规模及其城乡分布；按照村镇建设土地资源承载力阈值及现状承载状态，合理调整人均建设用地控制指标；按照村镇建设生态环境承载力阈值及现状承载状态，合理制定各类污染物的排放量控制目标等。

---

① 包括但不限于产城融合类（可细分为加工制造、物流贸易等）、农产品供给类（可细分为粮菜、水产、果木、肉乳等）、乡村旅游类（以观光农业为主）、生态保育类（可细分为生态旅游、自然保护、退化修复等）。

三、国土空间布局

（1）谋划乡镇国土空间开发保护总体格局。将村镇建设资源环境承载力 PSG 综合评估的等级划分和空间分布结果作为划定空间分区的重要依据，并明确各空间分区的资源环境承载力的主要约束因子和提升策略。

（2）划定村镇生态空间、农业空间和建设空间。以各类空间的约束条件评价为前提，包括基于水体和水环境管制的水体范围调整、水环境容量约束评价；基于林业调查的自然林地开发约束评价；基于农业生产适宜性的农业空间边界约束评价；基于生态敏感性的生态空间边界约束评价；基于用地适宜性的生产、生活空间边界约束评价等。同时，可在分析景观格局的基础上，从降低破碎度增加连通性的角度，提出优化村镇内部三类空间形态的方案。

（3）明确村镇农业空间内各类用地布局。以耕地资源承载力评价为基础，结合村镇主要农产品种类，根据自然要素对农产品生产潜力的影响，提出农用地、各地类空间布局的调整方案。

（4）明确村镇建设空间的用地规模布局。以基于以水定地、上位规划、乡村振兴等政策约束的建设用地承载力评价为基础，根据评价得到的建设用地现状承载水平和可承载潜力，确定建设用地总量控制约束条件和城乡建设用地配比约束条件，在此基础上提出村镇建设空间的规模和分布方案。

四、居民点体系规划

（1）预测村镇合理人口规模。以水土资源承载力评价为前提，按照村镇建设资源环境协调度评价的人地协调性、人水协调性等，合理预测村镇人口规模。对于"一方水土养不活一方人"的村镇来说，应有序疏散人口。

（2）乡镇规划确定居民点体系的规模结构。以行政村为单元开展水土资源承载力评价，结合评价得到承载力空间分异，确定各级居民点的合理规模，确保各级居民点的规模与当地资源环境承载力相适应。

（3）确定各级居民点建设用地的规模控制指标。在符合相关标准、上位规划控制要求的基础上，按照村镇建设土地资源承载力阈值及现状承载状态，合理调整人均建设用地控制指标，并结合人口规模预测确定城乡建设用地总量。

（4）乡镇规划在划分乡村振兴村庄类型时，如城郊融合类、集聚提升类、特色保护类、搬迁撤并类、保留改善类等，应以行政村为单元的村镇建设资源环境承载力 PSG 综合评价作为基础，特别是在集聚提升类村庄的选择方面，应重点选择综合承载力高的村庄，避免选择综合承载力低的村庄；在划分村庄功能类型时，可建立指标体系，对村庄各项功能在本乡镇内的优势度进行测算，以村庄最大优势功能类型作为划分依据。

五、集中建设区规划

（1）确定集中建设区范围与建设用地总规模。综合建设用地资源承载力阈值及现状承载状态，基于用地适宜性的生产、生活空间边界约束评价，以及村镇居民点体系规划结论等，进行综合分析、统筹谋划。

（2）确定集中建设区主要用地类型的比例结构。除符合相关标准要求外，应以村镇建设用地承载力评价为依据,根据评价识别的超载和尚有潜力的建设用地类别,制定建设用地比例结构调整方案,调减已超载的建设用地类别占比,调增尚有潜力的建设用地类别占比。

六、产业发展与布局

村镇产业发展与布局规划应将村镇生态承载力评价、水环境承载力评价、耕地资源承载力评价作为重要依据。

(1) 开展村镇生态承载力评价,并作为确定村镇主导产业合理规模的依据。根据评价结果分别测算生态约束下的村镇主导产业的最大规模,经济规律约束下的村镇主导产业的最小规模,并结合村镇主导产业现状规模,进行主导产业发展规模生态权衡,确定村镇主导产业的合理规模,并提出缩减生态负效益、提升经济正效益的村镇生态承载力提升方案。

(2) 开展村镇水环境承载力评价,并作为制定产业发展引导策略的依据。根据评价得到的水环境容量及其超载状态,针对村镇主要污染源产业,提出污染控制、规模控制(产业用地面积)、养分利用效率提升等产业发展的导向要求。

(3) 开展村镇耕地资源承载力评价,并作为调节种植业产量、结构和管理模式的依据。根据评价得到的主要农作物生产潜力,结合现状实际产量,合理制定农作物产量目标;结合农作物单产拟合分析得到的农户行为合理阈值区间,提出农业管理模式改进措施;结合农作物单产拟合分析得到的自然气候因素对各类农作物产量的影响,提出调整农业种植结构的方案,以及开展气候变化预警等农业提升措施。

(4) 结合基于水体和水环境管制的水体范围调整、水环境容量约束评价,以及村镇水环境分散源污染、点源污染调查统计结果,提出农业、工业等主要水污染产业布局调整的方案。

七、公共服务和基础保障体系

(1) 公共服务、公用设施、综合防灾等体系布局应结合基于资源环境承载力的村镇居民点体系规划布局,按照需求导向、供需匹配的原则进行统筹安排,适当发挥设施布局对居民点分布的引导作用。

(2) 确定污水处理和排水设施的规模和布局应结合村镇水环境承载力评价提出的污染控制目标,以及村镇水环境分散源污染、点源污染的分布情况,作出针对性安排。

八、生态修复与国土综合整治

(1) 村镇生态修复与国土综合整治应结合村镇水资源承载力评价、土地资源承载力评价、生态承载力评价等,找出资源环境承载力方面的突出问题,并结合上位规划提出有助于承载力提升的工程。具体而言:①村镇水资源承载力提升可重点关注上位规划确定的流域水环境综合治理、河湖水生态系统保护与修复、饮用水水源地保护、海洋生态系统保护与岸线环境修复、南水北调等调水蓄水工程、水土保持工程等;②村镇土地资源承载力提升可结合区域大型土地资源整治项目,在本村镇范围内相应开展农业结构调整、土地利用结构优化、自然地质灾害防治等工程;③村镇生态承载力提升可安排重要生境斑块保护与修复,如损毁山体治理、水体生物多样性保护工程、林地生态修复、退化草地生态修复等,重要生态廊道保护与修复等工程包括"踏脚石""阻碍点""脆弱点"等。

(2) 编制村镇规划,提出生态修复措施应将基于水环境承载力评价提出的养分利用效率提升措施,基于耕地承载力评价提出的农户行为改进措施,基于生态承载力评价提出的生态负效益缩减措施等作为重要内容。

（3）编制村镇规划,安排生态系统修复时序应根据生态承载力评价过程中确定的村镇主导生态功能,以及重要生态功能区的调查分析结果,优先对主导生态功能区域、高价值生态区域内部的脆弱地区进行修复。

（4）编制村镇规划,安排国土综合整治工程应重点关注低效土地整理提升,可包括以下内容：农业用地、农村集体建设用地整治；高标准基本农田建设,城镇工矿建设用地整治,土地复垦（含土壤污染修复）,非农建设占用耕地耕作层,表土剥离、滩涂、围圩养殖用地修复等。

九、规划传导与实施

（1）制定村镇规划,实施保障措施,应树立资源环境承载力提升导向,将定期开展村镇建设与资源环境协调度评价、村镇建设资源环境承载力 PSG 综合评价作为规划实施的评估内容。

（2）乡镇规划提出对村庄规划的传导要求,可结合村镇水资源承载力评价,以改善提升水资源承载力为目标,通过合理调节压力指数、承载指数,制定水权分配调整方案,将可用水资源量作为村庄规划传导落实的重要内容。

（3）乡镇规划划分村庄规划编制单元[①],应结合村镇建设资源环境承载力 PSG 综合评估的等级划分和空间分布结果,避免将不同承载力等级、不同资源环境承载力主要约束因子的村庄划入同一个村庄规划编制单元。

第五节　小结

一方面,本章在梳理国家相关政策文件对村镇规划的要求及国土空间规划体系中村镇规划内容框架的基础上,讨论了基于资源环境承载力的村镇规划指南的定位,以及村镇规划内容框架中可与资源环境承载力测算和提升技术方法相结合之处。通过梳理发现,除历史文化与景观风貌、近期建设规划等内容外,村镇规划的其他各板块内容均可采用资源环境承载力测算及提升方法,进行编制思路、编制技术改进,显示出资源环境承载力测算与提升方法在村镇规划领域具有丰富的应用场景。另一方面,本章介绍了村镇规划资源环境承载力测算与提升的主要技术方法,包括综合评价测算方法和单要素评价测算与提升方法两类,并按照村镇规划内容板块,逐一介绍现状分析和评估、定位与目标、国土空间布局、居民点体系规划、集中建设区规划、产业发展与布局、公共服务和基础设施规划、生态保护修复和国土综合整治、规划传导与实施等 9 项规划编制内容,运用资源环境承载力测算与提升方法的技术要点,为制定基于资源环境承载力的村镇规划指南奠定了基础。

总体而言,我国地域广大,东中西差异很大,在规划内容上提出放之四海而皆准的规则并不现实。基于此,本研究更多地着重于规划与方法层面的讨论,并最终通过规划策略与指南的形式,为村镇规划师提供有利于资源环境承载力提升的工具,为国土空间规划与村镇的长远可持续发展提供指引。

---

① 按照《中共中央 国务院关于建立国土空间规划体系并监督实施的若干意见》的精神,村庄可以以一个行政村为编制单元,也可以以几个行政村为单元共同编制。

参 考 文 献

毕岑岑,王铁宇,吕永龙,2011.基于资源环境承载力的渤海滨海城市产业结构综合评价[J].城市环境与城市生态,24(2):19-22.

唱彤,郦建强,金菊良,等,2020.面向水流系统功能的多维度水资源承载力评价指标体系[J].水资源保护,36(1):44-51.

陈百明,1991."中国土地资源生产能力及人口承载量"项目研究方法概论[J].自然资源学报,6(3):197-205.

陈彩虹,刘照程,佘济云,等,2011.基于GIS的城市生态公园生态敏感性评价研究:以广西南丹城市生态公园建设为例[J].中国农学通报,27(14):187-191.

陈晨,杨贵庆,徐浩文,等,2021.地方产业驱动乡村发展的机制解析及规划策略——以浙江省三个典型乡村地区为例[J].规划师,37(2):21-27.

陈雯,禚振坤,赵海霞,等,2008.水环境约束分区与空间开发引导研究:以无锡市为例[J].湖泊科学(1):129-134.

陈先鹏,吴次芳,方恺,2020.资源环境承载力研究范式的分化与比较[J].中国土地科学,34(12):17-24.

陈兴鹏,戴芹,2002.系统动力学在甘肃省河西地区水土资源承载力中的应用[J].干旱区地理,25(4):377-382.

陈昭,2017.现代化视角下乡村治理的柔性路径——基于江宁的观察[J].城市规划,41(12):73-81.

程剑敏,2019.以郊野公园为抓手,推进国土综合整治和提升区域资源环境承载力:上海的实践[J].上海城市规划(4):32-38.

崔博庶,茅明睿,张云金,2020.面向社区规划的智能工具箱研究与应用:以北京朝阳区责任规划师工作为例[J].北京规划建设(S01):136-142.

代晓玲,2019.海岸带湿地生态保护下农民发展权受限及补偿机制研究[D].南宁:广西大学.

但雨生,周忠发,张昊天,等,2020.喀斯特山区土地资源建设开发承载力评价:以贵阳市为例[J].中国农业资源与区划,41(6):270-276.

董文,张新,池天河,2011.我国省级主体功能区划的资源环境承载力指标体系与评价方法[J].地球信息科学学报,13(2):177-183.

董玥玥,2016.城乡一体化导向的农村环境污染治理研究[J].农业经济(5):15-16.

杜东,马震,孙晓明,2007.MATLAB遗传算法工具箱(GAOT)在水资源优化计算中的应用[J].水利科技与经济,13(2):73-7578.

段学军,王传胜,李恒鹏,等,2021.村镇建设资源环境承载力测算的基本逻辑与框架[J].生态与农村环境学报(7):817-826.

段学军,王雅竹,康珈瑜,等,2020.村镇建设资源环境承载力的理论基础与测算体系[J].资源科学,42(7):1236-1248.

樊杰,2019.资源环境承载力和国土空间开发适宜性评价方法指南[M].北京:科学出版社.

范凌云,徐昕,刘雅洁,2019.乡村振兴背景下苏南乡村生态营建规划策略[J].规划师,35(11):24-31.

方创琳,贾克敬,李广东,等,2017.市县土地生态-生产-生活承载力测度指标体系及核算模型解析[J].生态学报,37(15):1-12.

方创琳,贾克敬,李广东,等,2017.市县土地生态-生产-生活承载力测度指标体系及核算模型解析[J].生态学报,37(15):1-12.

费频频,杨京平,2011.杭嘉湖水网平原村域水环境污染及其负荷分析[J].环境科学与技术,34(4):104-109.

封志明,李鹏,2018.承载力概念的源起与发展:基于资源环境视角的讨论[J].自然资源学报,33(9):1475-1489.

封志明,杨艳昭,闫慧敏,等,2017.百年来的资源环境承载力研究:从理论到实践[J].资源科学,39(3):379-395.

封志明,游珍,杨艳昭,等,2021.基于三维四面体模型的西藏资源环境承载力综合评价[J].地理学报,76(3):645-662.

冯现学,2004.对公众参与制度化的探索——深圳市龙岗区"顾问规划师制度"的构建[J].城市规划,(1):78-80.

冯现学,2015.城市规划区农用地征收补偿标准研究[D].昆明:云南大学.

冯现学,2004.对公众参与制度化的探索:深圳市龙岗区"顾问规划师制度"的构建[J].城市规划(1):78-80.

傅伯杰,徐延达,吕一河,2010.景观格局与水土流失的尺度特征与耦合方法[J].地球科学进展,25(7):673-681.

傅湘,纪昌明,1999.区域水资源承载能力综合评价:主成分分析法的应用[J].长江流域资源与环境(2):168-173.

高吉喜,2001.可持续发展理论探索:生态承载力理论、方法与应用[M].北京:中国环境科学出版社.

高吉喜,陈圣宾,2014.依据生态承载力　优化国土空间开发格局[J].环境保护,42(24):12-18.

高洁宇,2013.基于生态敏感性的城市土地承载力评估[J].城市规划,37(3):39-42.

高文,2019.基于系统动力学的京津冀地区土地综合承载力评价研究[D].北京:清华大学.

高原,于江浩,田莉,2020.村镇资源环境承载力研究评述与展望[J].城市与区域规划研究,13(2):180-196.

顾朝林,田莉,管卫华,等,2020.国家规划:SD模型与参数——城镇化与生态环境交互胁迫的动力学模型与阈值测算[M].北京:清华大学出版社.

关小克,张凤荣,李乐,等,2010.北京市耕地后备资源开发适宜性评价[J].农业工程学报,26(12):304-310.

胡伟,冯长春,陈春,2006.农村人居环境优化系统研究[J].城市发展研究(6):11-17.

胡艳霞,周连第,李红,等,2011.北京密云水源地村级尺度生态安全承载力分析[J].中国农学通报,27(23):221-226.

胡岳岷,刘元胜,2013.中国粮食安全:价值维度与战略选择[J].经济学家,(5):50-56.

虎渠摇,2004.粮食安全的三层内涵[J].中国粮食经济,(6):34.

黄安,田莉,于江浩,等,2021.治理视角下村镇建设资源环境承载力综合评估[J].农业工程学报,37(13):232-241.

黄安,许月卿,刘超,等,2018.基于土地利用多功能性的县域乡村生活空间宜居性评价[J].农业工程学报,34(8):252-261.

黄常锋,何伦志,2011.相对资源承载力模型的改进及其实证分析[J].资源科学,33(1):41-49.

黄光球,王文昕,2021.城市大气环境极限承载力及调控方法研究[J].系统仿真学报,33(1):159-168.

黄晶,薛东前,代兰海,2020.农产品主产区村镇建设资源环境承载力空间分异及影响因素:以甘肃省临泽县为例[J].资源科学,42(7):1262-1274.

黄宁生,匡耀求,2000.广东相对资源承载力与可持续发展问题[J].经济地理,20(2):52-56.

黄茹莉,徐中民,王康,2010.甘州区社会经济系统水循环研究[J].水利学报,41(9):1114-1120.

黄秋森,赵岩,许新宜,等,2018.基于弹簧模型的资源环境承载力评价及应用:以内蒙古自治区陈巴尔虎旗为例[J].自然资源学报,33(1):173-184.

贾克敬,张辉,徐小黎,等,2017.面向空间开发利用的土地资源承载力评价技术[J].地理科学进展,36(3):335-341.

姜广辉,张瑞娟,张翠玉,等,2015.基于空间集聚格局和边界修正的基本农田保护区划定方法[J].农业工程学报,31(23):222-229.

靳相木,李陈,2018.土地承载力研究范式的变迁、分化及其综论[J].自然资源学报,33(3):526-540.

靳亚亚,靳相木,李陈,2018.基于承压施压耦合曲线的城市土地承载力评价:以浙江省 32 个城市为例[J].地理研究,37(6):1087-1099.

赖敏,蒋金龙,欧阳玉蓉,等,2021.海洋资源环境承载力评价研究进展[J].生态经济,37(1):164-171.

李昂,周怀东,吴佳鹏,等,2016.村镇生态系统健康评价研究:以北京市昌平区南口镇为例[J].环境污染与防治,38(5):111.

李国煜,曹宇,万伟华,2018.自然生态空间用途管制分区划定研究:以平潭岛为例[J].中国土地科学,32(12):7-14.

李慎鹏,张建新,项广鑫,等,2018.生态文明建设背景下的国土资源环境承载力评价技术[J].中国农学通报,34(24):82-87.

李裕瑞,刘彦随,龙花楼,等,2013.大城市郊区村域转型发展的资源环境效应与优化调控研究:以北京市顺义区北村为例[J].地理学报,68(6):825-838.

李渊,严泽幸,刘嘉伟,2019.基于斑块尺度的资源环境承载力测算与国土空间优化策略:以厦门市为例[J].城市与区域规划研究(1):105-123.

李泽红,董锁成,汤尚颖,2008.相对资源承载力模型的改进及其实证分析[J].资源科学(9):1336-1342.

梁盛泉,2007.甘肃省各地市人均 GDP 的马尔可夫预测及变动分析[J].中国农业资源与区划,28(2):38-41.

林巍,户艳领,李丽红,2015.基于土地承载力评价的京津冀城市群结构优化研究[J].首都经济贸易大学学报,17(2):74-80.

林耀奔,叶艳妹,杨建辉,2019.浙江省城市土地利用集约化与生态化协调性评价[J].中国土地科学,33(1):65-72.

刘东霞,张兵兵,卢欣石,2007.草地生态承载力研究进展及展望[J].中国草地学报(1):91-97.

刘鹏,陈荣蓉,杨朝现,等,2017.基于“三生空间”协调的农村居民点布局优化研究[J].水土保持研究,24(2):283-288.

刘小媛,2019.基于资源环境承载力评价视角下的县域国土空间规划路径探索[D].西安:西北大学.

刘晓丽,方创琳,2008.城市群资源环境承载力研究进展及展望[J].地理科学进展,(5):35-42.

刘彦随,2018.中国新时代城乡融合与乡村振兴[J].地理学报,73(4):637-650.

刘彦随,2020.中国乡村振兴规划的基础理论与方法论[J].地理学报,75(6):1120-1133.

刘彦随,杨子生,2008.我国土地资源学研究新进展及其展望[J].自然资源学报,23(2):353-360.

刘寅,黄志勤,辜寄蓉,等,2016.基于资源环境承载力的建设用地布局优化方法研究[J].环境与可持续发展,(3):95-100.

刘颖,周宝同,于晓凤,等,2015.21 世纪以来四川省耕地变化驱动因素及耕地利用效率定量研究[J].四川农业大学学报,33(2):237-244.

刘云刚,陈林,宋弘扬,2020.基于人才支援的乡村振兴战略——日本的经验与借鉴[J].国际城市规划,35(3):94-102.

龙花楼,屠爽爽,2018.乡村重构的理论认知[J].地理科学进展,37(5):581-590.

卢龙辉,陈福军,许月卿,等,2020.京津冀“生态系统服务转型”及其空间格局[J].自然资源学报,35(3):532-545.

卢亚丽,2013.区域综合承载力评价预测研究进展及评述[J].资源节约与环保(5):78-79.

闾海,顾萌,葛大永,2018.要素流动视角下的苏南地区乡村振兴策略探讨[J].规划师,34(12):140-146.

马荟,苏毅清,王卉,等,2021.从成员个体理性到村社集体理性:乡村精英的作用机制分析——以 S 省 Y 村为例[J].经济社会体制比较,(4):119-128.

毛靓,李桂文,徐聪智,2012.村落生态基础设施研究[J].城市建筑(5):120-122.

牛方曲,封志明,刘慧,2019a.资源环境承载力综合评价方法在西藏产业结构调整中的应用[J].地理学报,74(8):1563-1575.

牛方曲,孙东琪,2019b.资源环境承载力与中国经济发展可持续性模拟[J].地理学报,74(12):2604-2613.

农殷璇,臧俊梅,许进龙,2018.珠江—西江经济带土地综合承载力测算及其系统耦合协调度研究[J].水土保持研究,25(4):264-269.

潘护林,陈惠雄,2014.可持续水资源综合管理定量评价:基于IWRM理论的实证研究[J].生态经济,30(11):145-150.

彭晶,2017.空间利益视角下城镇发展备用地中的农村发展用地探讨[D].厦门:厦门大学.

彭文英,刘念北,2015.首都圈人口空间分布优化策略:基于土地资源承载力估测[J].地理科学,35(5):558-564.

曲衍波,朱伟亚,郧文聚,等,2017.基于压力-状态-响应模型的土地整治空间格局及障碍诊断[J].农业工程学报(3):241-249.

曲衍波,朱伟亚,郧文聚,等,2017.基于压力-状态-响应模型的土地整治空间格局及障碍诊断[J].农业工程学报,33(3):241-249.

任冲锋,2017.不确定性条件下石羊河流域水资源承载力优化提升研究[D].北京:中国农业大学.

任俊涛,2018.用水效率与经济发展的耦合协调研究[D].兰州:兰州大学.

邵挺,2013.未来十年中国基础设施潜力分析[J].财经界(25):39-41.

沈满洪,许云华,2000.一种新型的环境库兹涅茨曲线:浙江省工业化进程中经济增长与环境变化[J].浙江社会科学(4):53-57.

施卫良,杨凌,2020.刚性管控"打底"弹性留白"框量":北京市国土空间分区规划解析[J].资源导刊(1):56-57.

石忆邵,尹昌应,王贺封,等,2013.城市综合承载力的研究进展及展望[J].地理研究,32(1):133-145.

宋永永,2019.黄土高原城镇化过程及其生态环境响应[D].西安:陕西师范大学.

宋永永,薛东前,马蓓蓓,等,2020.黄土高原城镇化过程及其生态环境响应格局[J].经济地理,40(6):174-184.

苏鹤放,曹根榕,顾朝林,等,2020.市县"双评价"中优势农业空间划定研究:理论、方法和案例[J].自然资源学报,35(8):1839-1852.

苏毅清,秦明,王亚华,2020.劳动力外流背景下土地流转对农村集体行动能力的影响:基于社会生态系统(SES)框架的研究[J].管理世界,36(7):185-198.

孙慧,刘媛媛,2014.相对资源承载力模型的扩展与实证[J].中国人口·资源与环境,24(11):126-135.

孙俊荣,2019.农业种植结构优化探讨[J].商品与质量(2):237.

孙莹,张尚武,2019.作为治理过程的乡村建设:政策供给与村庄响应[J].城市规划学刊(6):114-119.

田莉,姚之浩,郭旭,等,2015.基于产权重构的土地再开发——新型城镇化背景下的地方实践与启示[J].城市规划,39(1):22-29.

王建华,姜大川,肖伟华,等,2017.水资源承载力理论基础探析:定义内涵与科学问题[J].水利学报,48(12):1399-1409.

王婧媛,2017.县域"多规合一"中"三生空间"划定方法研究——以周至县为例[D].西安:西北大学.

王秦,赵玮,2020.国外区域资源环境承载力评价的实践案例研究[J].河北环境工程学院学报,30(3):21-26.

王秋颖,2014.黑龙江省人口发展预测及人口指数变化分析[D].哈尔滨:东北农业大学.

王山海,刘耀林,孔雪松,等,2016.基于物元模型的村镇建设用地综合适宜性评价[J].湖北农业科学,55(3):803-809.

王绍增,2015.主编心语[J].中国园林,1(1):1.

王书华,毛汉英,赵明华,2001.略论土地综合承载力评价指标体系的设计思路:我国沿海地区案例分析[J].人文地理,16(4):57-61.

王永胜,张定青,2010.西安市秦岭北麓村镇生态化建设规划初探:以周至县为例[J].华中建筑,28(12):126-130.

王雨,段威,2017.基于生态承载力的县域乡村建设规划研究:以河北安新县白洋淀地区为例[J].小城镇建设(8)：18-23.

卫思夷,居祥,荀文会,2018.区域国土开发强度与资源环境承载力时空耦合关系研究：以沈阳经济区为例[J].中国土地科学,32(7)：58-65.

魏晓旭,颜长珍,2019.生态承载力评价方法研究进展[J].地球环境学报,10(5)：441-452.

文博,徐聪,夏敏,2021.基于集对分析的城市周边永久基本农田保护红线划定决策研究[J].地理与地理信息科学,37(2)：93-99.

吴次芳,叶艳妹,吴宇哲,等,2019.国土空间规划[M].北京：地质出版社.

吴宇翔,2017.市县"多规合一"之"一张蓝图"探析：以山东省桓台县"多规合一"试点为例[J].城市发展研究(6)：53-58.

谢高地,2011.中国生态资源承载力研究[M].北京：科学出版社.

熊昌盛,谭荣,2016.基于GIS和LSA的林地质量评价与保护分区[J].自然资源学报,31(3)：457-467.

熊建新,陈端吕,彭保发,等,2014.洞庭湖区生态承载力系统耦合协调度时空分异[J].地理科学(9)：1108-1116.

许联芳,谭勇,2009.长株潭城市群"两型社会"试验区土地承载力评价[J].经济地理,29(1)：69-73.

许明军,杨子生,2016.西南山区资源环境承载力评价及协调发展分析——以云南省德宏州为例[J].自然资源学报,31(10)：1726-1738.

薛英岚,吴昊,吴舜泽,等,2016.基于环境承载力的适度人口规模研究：以北海市为例[J].环境保护科学,42(1)：1-6.

杨连海,2020.基于可持续发展的甘州区水资源合理配置研究[J].中国农村水利水电(2)：6-10.

杨青生,乔纪纲,艾彬,2013.基于元胞自动机的城市生态安全格局模拟——以东莞市为例[J].应用生态学报,24(9)：2599-2607.

杨天荣,匡文慧,刘卫东,等,2017.基于生态安全格局的关中城市群生态空间结构优化布局[J].地理研究,36(3)：441-452.

杨伟,2013.基于区域特色模式的重庆市农村土地整治潜力评价研究[D].重庆：西南大学.

杨正先,索安宁,张振冬,等,2018."短板效应"理论在资源环境承载能力评价中的应用及优化研究[J].海洋环境科学,37(4)：602-607.

姚成胜,黄琳,吕晞,等,2014.基于能值理论的中国耕地利用集约度时空变化分析[J].农业工程学报(8)：1-12.

叶宏亮,2013.基于国内外耕地资源有效供给的中国粮食安全研究[D].杭州：浙江大学.

叶菁,谢巧巧,谭宁焱,2017.基于生态承载力的国土空间开发布局方法研究[J].农业工程学报,33(11)：262-271.

叶有华,韩宙,孙芳芳,等,2017.小尺度资源环境承载力预警评价研究：以大鹏半岛为例[J].生态环境学报,26(8)：1275-1283.

于汉学,解学斌,2006.黄土高原沟壑区城镇体系协调发展的生态学途径[J].建筑科学与工程学报(4)：84-89.

于江浩,田莉,2021.基于承载力提升视角的村镇资源环境承载力评价研究：以北京大兴区采育镇为例[J].生态与农村环境学报,37(7)：843-851.

俞孔坚,2016.生态安全格局与国土空间开发格局优化[J].景观设计学,4(5)：6-9.

岳文泽,代子伟,高佳斌,等,2018.面向省级国土空间规划的资源环境承载力评价思考[J].中国土地科学,32(12)：66-73.

曾鹏,朱柳慧,蔡良娃,2019.基于三生空间网络的京津冀地区镇域乡村振兴路径[J].规划师,35(15)：60-66.

曾维华,解钰茜,王东,等,2020.流域水环境承载力预警技术方法体系[J].环境保护,48(19)：9-16.

翟虎渠,2004.粮食安全的三层内涵[N].瞭望新闻周刊,(13)：60.

张蚌蚌,郭芬,黄丹,等,2020.陕北"一户一田"和"一组一田"耕地细碎化整治模式与绩效评价[J].农业工程学报,36(15):28-36.

张芳怡,濮励杰,张健,2006.基于能值分析理论的生态足迹模型及应用:以江苏省为例[J].自然资源学报,21(4):653-660.

张京祥,陆枭麟,罗震东,等,2011.城市大事件营销:从流动空间到场所提升——北京奥运的实证研究[J].国际城市规划,26(06):110-115.

张立新,宋洋,朱道林,等,2020.长江经济带城市建设用地利用效率空间非均衡性及影响因素[J].地域研究与开发,39(6):154-159.

张利君,2021.国土空间规划"双评价"中气象灾害评价研究[J].国土资源信息化(3):61-66.

张晓玲,2018.基于社会-生态系统框架下的小城镇转型治理机制研究[J].环境经济研究,3(1):156-166.

张引,杨庆媛,闵婕,2016.重庆市新型城镇化质量与生态环境承载力耦合分析[J].地理学报,71(5):817-828.

张永凯,王蕾,2016.干旱区农业水资源利用与环境经济协调发展研究以张掖市节水型社会建设试点为例[J].资源开发与市场,32(2):142-145,243.

张友安,陈莹,2005.土地发展权的配置与流转[J].中国土地科学,19(5):10-14.

张宗毅,杜志雄,2015.土地流转一定会导致"非粮化"吗?:基于全国1740个种植业家庭农场监测数据的实证分析[J].经济学动态,(9):63-69.

赵莉,杨俊,李闯,等,2016.地理元胞自动机模型研究进展[J].地理科学,36(8):1190-1196.

赵毅,陈超,许珊珊,2020.特色田园乡村引领下的县域乡村振兴路径探析——以江苏省溧阳市为例[J].城市规划,44(11):106-116.

郑开雄,运迎霞,常玮,2018.滨海城市"气候承载—空间适应"方法研究:厦门气候承载空间模拟分析[J].城市发展研究,25(8):51-58.

郑小玉,刘彦随,2018.新时期中国"乡村病"的科学内涵、形成机制及调控策略[J].人文地理,33(2):100-106.

郑孝建,李泽新,刘雪丽,2020.资本介入全过程视角下的土地流转撬动乡村振兴——以遂宁市青龙村为例[J].现代城市研究,(3):46-53.

中国科学院,1991.中国土地资源生产能力及人口承载量研究[M].北京:中国人民大学出版社.

钟茂初,2021.黄河流域发展中的生态承载状态和生态功能区保护责任[J].河北学刊,41(5):182-189.

周晶,张一帆,曲林静,等,2020.海岸线占补平衡制度初探[J].海洋环境科学,39(2):230-235.

周侃,樊杰,2015.中国欠发达地区资源环境承载力特征与影响因素:以宁夏西海固地区和云南怒江州为例[J].地理研究(1):39-52.

周其仁,2017.城乡中国[M].北京:中信出版社.

朱凤武,高永年,鲍桂叶,2015.江苏沿海地区土地综合承载力指标预警与短板要素识别[J].长江流域资源与环境,24(S1):15-22.

朱介鸣,郭炎,2014.城乡统筹发展规划中的土地经济租金、"乡乡差别"与社会公平[J].城市规划学刊,(1):33-38.

朱晶,钟甫宁,2004.市场整合、储备规模与粮食安全[J].南京农业大学学报(社会科学版),(3):19-23.

朱晓霞,2005.基于承载力分析的蓟县土地资源优化配置研究[D].天津:天津师范大学.

朱玉林,李明杰,顾荣华,2017.基于压力-状态-响应模型的长株潭城市群生态承载力安全预警研究[J].长江流域资源与环境,26(12):2057-2064.

祝秀芝,李宪文,贾克敬,等,2014.上海市土地综合承载力的系统动力学研究[J].中国土地科学,28(2):90-96.

祖廷勋,刘澈元,2007.甘肃河西地区农业经济结构调整的产业定位与区域布局研究[J].甘肃社会科学(4):211-213.

ADDISON J,GREINER R,2016. Applying the social-ecological systems framework to the evaluation and design of payment for ecosystem service schemes in the Eurasian steppe [J]. Biodiversity and

Conservation,25(12): 2421-2440.

ALLAN W,1965. The african husband man[M]. Münster: Lit Verlag.

BATTY M,2003. Agents,Cells and Cities: New representational models for simulating multi-scale urban dynamics[R]. London: University College London.

BENNETT T,WALLACE L,WILLIAMSON I P,2008. A toolbox for mapping and managing new interests over land[J]. Survey Review,40(307): 43-53.

CHEN D,ZHOU Q,YU L,2020. Response of resources and environment carrying capacity under the evolution of land use structure in Chongqing Section of the Three Gorges Reservoir Area[J]. Journal of Environmental Management,274: 111169.

CHEN Y,ZHU M,LU J,et al.,2020. Evaluation of ecological city and analysis of obstacle factors under the background of high-quality development: Taking cities in the Yellow River Basin as examples[J]. Ecological Indicators,118: 106771.

COX M,2014. Applying a Social-Ecological system framework to the study of the Taos valley irrigation system[J]. Human Ecology,42(2): 311-324.

ELLINGWOOD B R,CUTLER H,GARDONI P,et al.,2016. The centerville virtual community: a fully integrated decision model of interacting physical and social infrastructure systems[J]. Sustainable and resilient infrastructure,1(3-4): 95-107.

FANG C L,WANG Y,FANG J W,2016. A comprehensive assessment of urban vulnerability and its spatial differentiation in China[J]. Journal of Geographical Sciences,(2): 153-170.

FAO,1982. Potential population supporting capacities of lands in the developing world[M]. ROME: Food and Agriculture Organization.

FENG J,ZHAO Z,WEN Y,et al.,2021. Organically linking green development and ecological environment protection in Poyang Lake,China using a social-ecological system (SES) framework[J]. International Journal of Environmental Research and Public Health,18(5): 2572.

GUO S L,LI C J,LIU S Q,et al.,2018. Land carrying capacity in rural settlements of three gorges reservoir based on the system dynamic model[J]. Natural Resource Modeling,31(2): 1-15.

GU C L, YE X Y,CAO Q W,et al.,2020. System dynamics modelling of urbanization under energy constraints in China[J]. Nature Scientific Reports(10): 9956-9972.

HOUBALLAH M,CORDONNIER T,MATHIAS J,2020. Which infrastructures for which forest function? Analyzing multifunctionality through the social-ecological system framework[J]. Ecology and Society,25 (1): 22-42.

HUANG A,XU Y,LIU C,et al.,2019. Simulated town expansion under ecological constraints: A case study of Zhangbei County,Heibei Province,China[J]. Habitat International,91: 1-12.

HUANG X J,ZHOU Y,2018. Environmental stress testing of coal power enterprise in China[J]. China Environment Management,10(6): 36-42.

HU G,ZENG W,YAO R,et al.,2021. An integrated assessment system for the carrying capacity of the water environment based on system dynamics[J]. Journal of Environmental Management,295: 113045.

JIA Z, CAI Y, CHEN Y, et al., 2018. Regionalization of water environmental carrying capacity for supporting the sustainable water resources management and development in China [J]. Resources, Conservation and Recycling,134: 282-293.

JONATHAN D W,2001. Carrying capacity and the comprehensive plan: Establishing and defending limit to growth[J]. Boston College Environmental Affairs Law Review,21(3): 112-125.

KLISKEY A,ALESSA L,GRIFFITH D,et al.,2021. Transforming sustainability science for practice: a social - ecological systems framework for training sustainability professionals[J]. Sustainability Science, 16(1): 283-294.

KUANG K J, HU D, LIU J F, et al., 2021. Dynamic simulation of resource and environmental carrying capacity under different ecosystem management scenarios[J]. Acta Scientiae Circumstantiae, 41(9): 1-13.

KYUSHIK O, YEUNWOO J, DONGKUN L, et al., 2004. Determining development density using the Urban Carrying Capacity Assessment System[J]. Landscape and Urban Planning, 73(1): 25-43.

LESLIE H M, BASURTO X, NENADOVIC M, et al., 2015. Operationalizing the social-ecological systems framework to assess sustainability[J]. Proceedings of the National Academy of Sciences, 112(19): 5979-5984.

LIAO S, WU Y, WONG S W, et al., 2020. Provincial perspective analysis on the coordination between urbanization growth and resource environment carrying capacity (RECC) in China[J]. Science of The Total Environment, 730: 138964.

LIU L, ZHANG H, GAO Y, et al, 2019. Hotspot identification and interaction analyses of the provisioning of multiple ecosystem services: Case study of Shaanxi Province, China[J]. Ecological Indicators, 107: 105566.

LIU P, LIN B, ZHOU H, et al., 2020. CO2 emissions from urban buildings at the city scale: System dynamic projections and potential mitigation policies[J]. Applied energy, 277: 115546.

LIU Y, HE Q, TAN R, et al, 2016. Modeling different urban growth patterns based on the evolution of urban form: A case study from Huangpi, Central China[J]. Applied Geography, 66: 109-118.

LUO W Z, REN Y T, SHEN L Y, et al., 2020. An evolution perspective on the urban land carrying capacity in the urbanization era of China[J]. Science of The Total Environment, 744: 140827.

MARTINO J P, 1972. The limits to growth: a report for the club of Rome's project on the predicament of mankind[J]. Technological Forecasting & Social Change, 4(3): 323-332.

MCGINNIS M D, OSTROME, 2014. Social-ecological system framework: initial changes and continuing challenges[J]. Ecology and Society, 19(2): 30-42.

MIKUL I H, CABEZAS H, VUJANOVI M, et al., 2016. Environmental assessment of different cement manufacturing processes based on Emergy and Ecological Footprint analysis[J]. Journal of Cleaner Production, 130: 213-221.

MILLINGTON R, GIFFORD R, 2011. Energy and how we live[R]. Australian: UNESCO Seminar.

NAGENDRA H, OSTROM E, 2014. Applying the social-ecological system framework to the diagnosis of urban lake commons in Bangalore, India[J]. Ecology and Society, 19(2): 67-85.

NAKAJIMA E S, ORTEGA E, 2016. Carrying capacity using emergy and a new calculation of the ecological footprint[J]. Ecological Indicators, 60: 1200-1207.

NIU F Q, SUN D Q, 2019. Modelling the sustainability of China's growth based on the resource and environmental carrying capacity[J]. Acta Geographica Sinica, 74(12): 2604-2613.

ODUM E P, 1971. Fundamentals of ecology[M]. California, USA: W. B. Saunders Company.

ODUM H T, 1988. Self-Organization, Transformity, and Information[J]. Science, 242(4882): 1132-1139.

OSTROM E, 2009. A general framework for analyzing sustainability of Social-Ecological Systems[J]. Science, 325(5939): 419-422.

PARK R F, BURGOSS E W, 1921. An introduction to the science of sociology[M]. Chicago: The University of Chicago Press.

PARTELOW S, GLASER M, SOLANO ARCE S, et al., 2018. Mangroves, fishers, and the struggle for adaptive comanagement: applying the social-ecological systems framework to a marine extractive reserve (RESEX) in Brazil[J]. Ecology and Society, 23(3): 19-41.

PENG T, DENG H, 2021. Evaluating urban resource and environment carrying capacity by using an innovative indicator system based on eco-civilization—a case study of Guiyang[J]. Environmental Science and Pollution Research, 28(6): 6941-6955.

PETERS C,WILKINS J,FICK G,2007. Testing a complete-diet model for estimating the land resource requirements of food consumption and agricultural carrying capacity: The New York State example[J]. Renewable Agriculture and Food Systems,22(2): 145-153.

REES W E,1992. Ecological Footprints and Appropriated Carrying Capacity: What Urban Economics Leaves Out[J]. Environment and Urbanization,4(2): 121-130.

REES W E,WACKERNAGEL M,1996. Urban ecological footprints: Why cities cannot be sustainable and why they are a key to sustainability[J]. Environmental Impact Assessment Review(16): 223-248.

SCHMITT-HARSH M L,MINCEY S K,2020. Operationalizing the social-ecological system framework to assess residential forest structure: a case study in Bloomington,Indiana[J]. Ecology and Society,25(2): 14-31.

SHEN L,SHU T,LIAO X,et al,2020. A new method to evaluate urban resources environment carrying capacity from the load-and-carrier perspective[J]. Resources,Conservation andRecycling,154: 104616.

SLESSER M E,1990. Enhancement of carrying capacity option ECCO[R]. London: The Resource Use Institut.

SMAAL A C,PRINS T C,DANKERS N,et al. ,1997. Minimum requirements for modelling bivalve carrying capacity [J]. Aquatic Ecology,31(4): 423-428.

SUN B,YANG X,2019. Simulation of water resources carrying capacity in Xiong'an new area based on system dynamics model[J]. Water,11(5): 1085.

SU Y,GAO W,GUAN D,2019. Integrated assessment and scenarios simulation of water security system in Japan[J]. Science of The Total Environment,671: 1269-1281.

SU Y,YU Y,2020. Dynamic early warning of regional atmospheric environmental carrying capacity[J]. Science of The Total Environment,714: 136684.

TIAN L,TAO R,2019. Land reform, housing guarantee, and transition of urban-rural development opportunities and challenges for developing rental housing in collective land[J]. City planning,43(9): 53-60.

TOBLER W R,1970. A Computer Movie Simulating Urban Growth in the Detroit Region[J]. Economic Geography[J]. 46(2): 234-240.

UNESCO F,1985. Carrying capacity assessment with a pilot study of Kenya: a reource accounting methodology for sustainable development [R]. Paris: United Nations Educational,Scientific and Cultural Organization.

WANG X,LIU L,ZHANG S,2021. Integrated model framework for the evaluation and prediction of the water environmental carrying capacity in the Guangdong-Hong Kong-Macao Greater Bay Area[J]. Ecological Indicators,130: 108083.

WANG Z,YANG L,YIN J,et al,2018. Assessment and prediction of environmental sustainability in China based on a modified ecological footprint model[J]. Resources,Conservation and Recycling,132: 301-313.

XU Z Q,LIU X Y,DENG Q Y,et al. ,2020. Scenario analysis and forecasts of water environment carrying capacity in Nanjing City[J]. Journal of Environmental Engineering Technology,10(3): 494-503.

YANG J,LEI K,KHU S,et al. ,2015. Assessment of Water Resources Carrying Capacity for Sustainable Development Based on a System Dynamics Model: A Case Study of Tieling City,China[J]. Water Resources Management,29(3): 885-899.

ZHONG Y G,JIA X J,QIAN Y,2013. System Dynamics [M]2nd ed. Beijing City,China: Science Press.

ZHOU X,ZHENG B,KHU S,2019. Validation of the hypothesis on carrying capacity limits using the water environment carrying capacity[J]. Science of The Total Environment,665: 774-784.

ZHOU Y J,ZHOU J X,2017. Urban atmospheric environmental capacity and atmospheric environmental carrying capacity constrained by GDP – PM2. 5[J]. Ecological Indicators(73): 637-652.

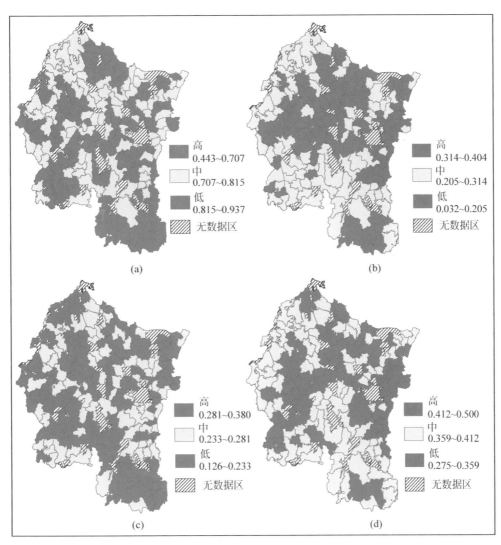

高
0.443~0.707
中
0.707~0.815
低
0.815~0.937
无数据区

(a)

高
0.314~0.404
中
0.205~0.314
低
0.032~0.205
无数据区

(b)

高
0.281~0.380
中
0.233~0.281
低
0.126~0.233
无数据区

(c)

高
0.412~0.500
中
0.359~0.412
低
0.275~0.359
无数据区

(d)

图 3-6 溧阳市资源环境承载力综合评估结果图

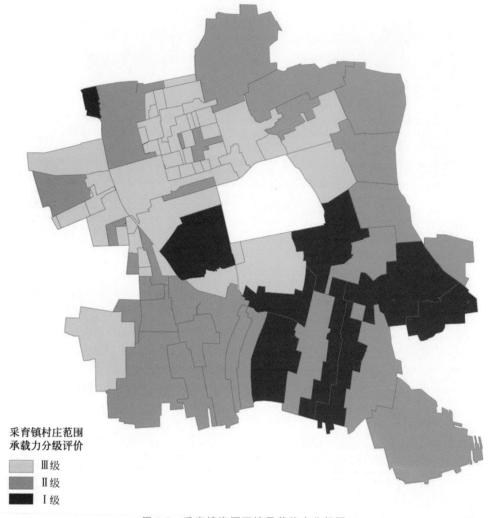

采育镇村庄范围
承载力分级评价

▢ Ⅲ级
▢ Ⅱ级
▢ Ⅰ级

图 3-7　采育镇资源环境承载能力分级图

图 4-26　社渚镇的水环境污染状况

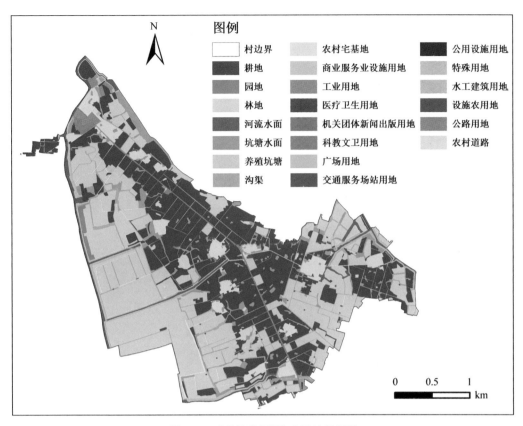

图例

	村边界		农村宅基地		公用设施用地
	耕地		商业服务业设施用地		特殊用地
	园地		工业用地		水工建筑用地
	林地		医疗卫生用地		设施农用地
	河流水面		机关团体新闻出版用地		公路用地
	坑塘水面		科教文卫用地		农村道路
	养殖坑塘		广场用地		
	沟渠		交通服务场站用地		

0   0.5   1
km

图 6-15 "现状发展"模式用地规划图

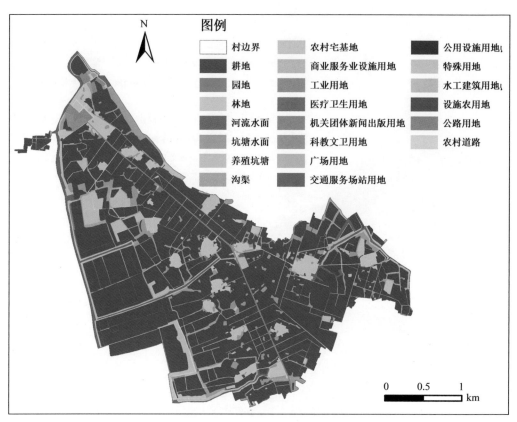

图例

	村边界	农村宅基地	公用设施用地
	耕地	商业服务业设施用地	特殊用地
	园地	工业用地	水工建筑用地
	林地	医疗卫生用地	设施农用地
	河流水面	机关团体新闻出版用地	公路用地
	坑塘水面	科教文卫用地	农村道路
	养殖坑塘	广场用地	
	沟渠	交通服务场站用地	

图 6-16　耕地保护模式用地规划图

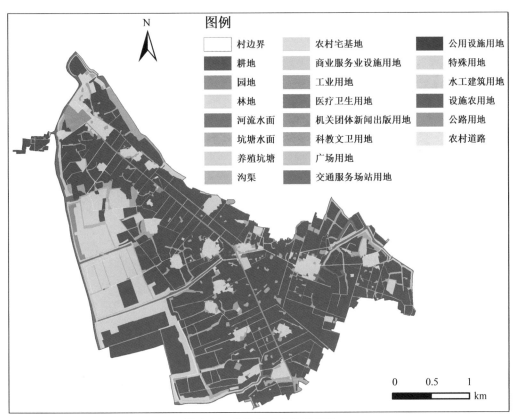

图例

村边界	农村宅基地	公用设施用地	
耕地	商业服务业设施用地	特殊用地	
园地	工业用地	水工建筑用地	
林地	医疗卫生用地	设施农用地	
河流水面	机关团体新闻出版用地	公路用地	
坑塘水面	科教文卫用地	农村道路	
养殖坑塘	广场用地		
沟渠	交通服务场站用地		

0 0.5 1
km

图 6-17 经济模式用地规划图

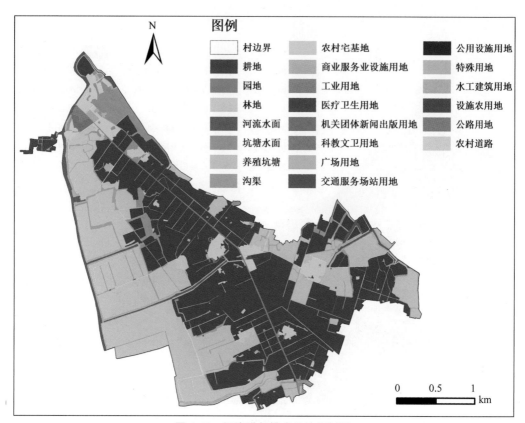

图例

村边界	农村宅基地	公用设施用地
耕地	商业服务业设施用地	特殊用地
园地	工业用地	水工建筑用地
林地	医疗卫生用地	设施农用地
河流水面	机关团体新闻出版用地	公路用地
坑塘水面	科教文卫用地	农村道路
养殖坑塘	广场用地	
沟渠	交通服务场站用地	

图 6-18　经济增长模式用地规划图

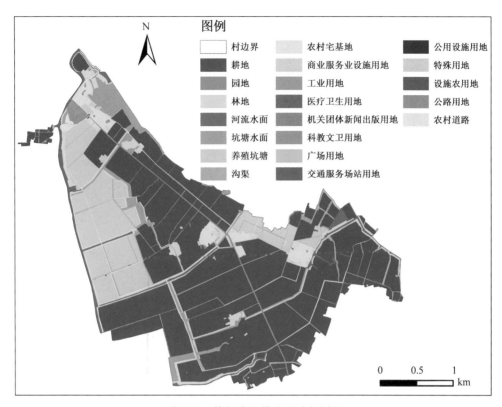

图例

	村边界		农村宅基地		公用设施用地
	耕地		商业服务业设施用地		特殊用地
	园地		工业用地		设施农用地
	林地		医疗卫生用地		公路用地
	河流水面		机关团体新闻出版用地		农村道路
	坑塘水面		科教文卫用地		
	养殖坑塘		广场用地		
	沟渠		交通服务场站用地		

0   0.5   1
km

图 6-19　协调发展模式用地规划图

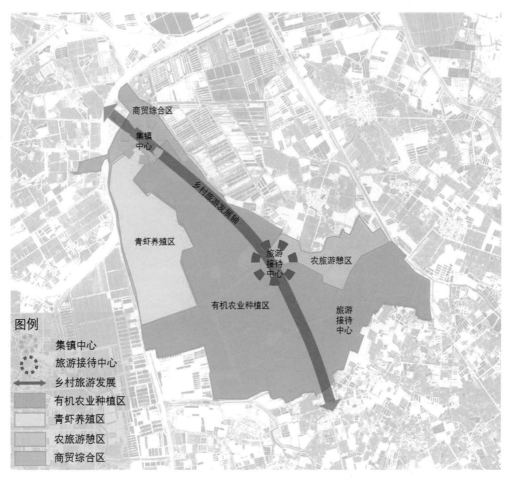

图 6-24　协调发展模式下的功能空间结构规划

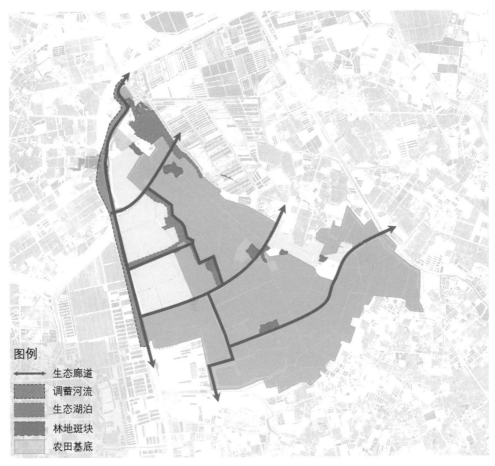

图 6-25　协调发展模式下的生态网路结构规划

图例

➤ 生态廊道

▉ 调蓄河流

▉ 生态湖泊

▉ 林地斑块

▉ 农田基底

图 6-28　庆丰村旅游核心区风貌

（资料来源：第一届"四美"丰收节宣传片）

图 6-34　茶亭镇祥云片区现状风貌

图 6-35　茶亭艺术花海对农田造成破坏

（资料来源：百度百科）

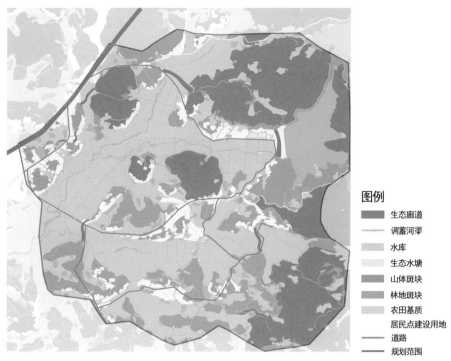

图例

生态廊道
调蓄河渠
水库
生态水塘
山体斑块
林地斑块
农田基质
居民点建设用地
道路
规划范围

图 6-37　茶亭镇祥云片区生态格局分析

芙蓉大道

寺冲水库

芳香步道

水岸飘香
清新氧吧

茶亭水库

综合服务区

芳香景观带

赤心文化、湖湘风土

药膳食堂 "最美乡道"

叠翠飘香

芳香食疗 健康田居

民宿

自然研学带

休闲体验带

九峰山

连池

风荷晚香 稻穗花海

茶亭花海 油菜花观景点

油茶故里 栀子花开

待定片区

图 6-38　茶亭镇祥云片区功能分区分析

图 6-39　茶亭镇祥云片区村民参与规划讨论现场